불황 때문이라고 말하지 마라!

절대 실패하지 않는 성공시스템

클레멘트 스톤 지음

장영빈 옮김

서른세개의 계단

목차

서문

성공시스템이라는 것이 정말로 있는가? . . . 누구나 원하는 것이 있다 . . . 유일한 곳 . . . 소망은 모든 성취의 출발점이다 . . . 내일의 풍요를 준비하라

Part I
탐구가 시작되다

Chapter 1 어린 소년의 탐구가 시작되다

소년의 탐구가 계속되다 . . 상승하기 . . . 결정은 행동이 따라줄 때 큰 의미를 지니게 된다 . . . 원하는 것을 얻고자 한다면 그것을 손에 넣기 전엔 돌아오지 마라!

Chapter 2 내일을 준비하라

당신이 쓴 돈의 값어치를 되찾아라 . . . 절반의 시간에 두 배를 성취하라 . . . 스스로 생각하라 . . . 내가 수줍음과 두려움을 극복한 방법 . . . 수줍음과 두려움을 무력화시키는 방법 . . . 그만둘 때를 알아라 . . . 그가 당신의 이야기를 듣게 만드는 방법 . .

. 이기려면 놀아라 . . . 이 글을 쓴 이유 . . . 당신에게 절대 실패하지 않는 성공시스템이란 어떤 의미인가?

3장 자신의 건설자가 되어라

그건 당신 마음에 달린 거예요 . . . 자신을 낱낱이 조사하라 . . . 그는 시간기록 카드를 고안해냈고 자신의 건설자가 되었다 . . . 의지력 . . . 당신은 정신을 매개로 영혼과 만난다 . . . 보이지 않는 벽을 무너뜨려라 . . . 자신의 건설자가 되어라

4장 당신의 미래를 뒤에 남겨두지 마라

당신의 미래는 뒤에 남겨졌는가? . . . 그는 자신의 미래를 뒤에 남겨두었다 . . . 자신을 이기는 법 . . . 옳으니까 옳은 일을 하도록 노력하라 . . . 무일푼에서 부자로 . . . 올바른 마음자세와 영감을 주는 불만족 . . . 노력이라는 축복

Part Ⅱ
나는 보물지도를 찾았다

Chapter 5 성공하는 것이 실패하는 것보다 노력이 적게 든다

성공하는 게 실패하는 것보다 노력이 적게 든다 . . . 나는 적은 것에 대해 많이 배웠다 . . . 잠깐의 성공과 긴 실패 . . . 두려워하는 것을 하라 . . . 그 문은 두려움의 대상이자 기회의 문이었다 . . . 잠깐의 실패, 그리고 끝없는 성공 . . . 당신이 찾는 것을 발견하는 방법

Chapter 6 올바른 길에 올라서라

필요한 게 있으면, 그것을 구할 수 있는 곳을 알아두어라 . . . 그는 패배를 승리로 바꾸었다 . . . 연습으로 장애를 극복하다 . . . 하나가 빠지면 셋은 셋이 아니다 . . . 성공에서 실패로 . . . 넌 근성이 있어, 네가 바로 그거야! . . . 모든 해답을 알 필요는 없다 . . . 성공의 가장 중요한 요소

Chapter 7 밀고 나가는 힘, 동력

뒤섞인 감정은 추진력을 증폭시킨다 . . . 가장 위대한 동기 . . . 원하는 게 있으면 그것을 쫓아가라 . . . 동기를 부여하려면 심금을 울려라 . . . 믿음은 숭고한 동기이다 . . . 영감이 지식과 노하우를 낳는다 . . . 자발적으로 행동하라

Part III
파란만장한 여정

Chapter 8 나는 훌륭한 선원을 선택했다

미지의 세계로 들어갈 용기를 가져라 . . . 적절한 토대를 쌓아라 핫도그와 우유 한 잔 . . . 흥분상태를 유지하라 . . . 나를 여럿 만들기로 결심하다 . . . 당신이 만든 기회를 붙잡아라 . . . 당신을 도울 수 있는 사람에게 조언을 구하라 . . . 배우기에 너무 늦은 때란 없다

Chapter 9 우리는 역경을 무사히 헤쳐 나왔다

두려움 그 자체 말고는 두려워할 것이 없다 . . . 삶의 위급상황에 대비하라 . . . 삶의 목적은 삶 그 자체이다 . . . 위기에 대처할 준비를 하라 . . . 다른 사람의 경험에서 배워라 . . . 나는 문제를 공격했다 . . . 내가 몰랐던 것 . . . 필요라는 동기가 나를 움직였다 실행성공 . . . 됨됨이-자세-배우고자 하는 열의 . . . 태도 때문에 한물 간 사람이 된다

Chapter 10 어떻게 하는지 알면 쉽다
열정은 끌어당긴다 . . . 나에겐 문제가 있었다 . . . 성공을 위한 세부계획 . . . 성공하려면 환경을 선택하라 . . . 불리한 상황을 유리하게 바꿔라 . . . 놀라운 발견 . . . 판매기록부

Chapter 11 힘이 나오는 신비한 곳
그녀의 기도는 응답받았다 . . . 혼을 읽는 사람 . . . 보이지 않는 정신의 경로 . . . 예측하기 . . . 순환 . . . 성장의 흐름 . . . 당신을 속박에서 풀어줘라

Chapter 12 만인의 길
내가 원하는 선은 행하지 아니하고, 도리어 원치 않는 악을 행한다 . . . 암시는 부추긴다… 자기암시는 악을 물리친다 . . . 함께함 . . . 배신자 . . . 나중에 저항할 수 있도록 지금 자신을 무장하라

Chapter 13 지금 있는 곳에서 원하는 곳으로 옮겨가는 법
일자리를 원하면 쫓아가라 . . . 성공시스템을 공부하고 배우고 사용하면 그 덕을 본다 . . . 그는 끝없는 띠를 엮었다 . . . 좋은 사람 한 명이 다른 사람을 끌어당긴다 . . . 여태껏 쓰인 책들 중 가

장 이상한 책 . . . 생각하라 그러면 부자가 되리라 . . . 석탄 한 덩어리와 책 두 권 . . . 보물지도가 완성되었다 . . . 살아있는 철학

Part IV
부, 그리고 삶의 진정한 보물

Chapter 14 부와 기회

우리의 위대한 유산 . . . 부는 어떻게 만들어지는가 . . . 세금은 좋은 것이다 . . . 나라의 부 . . . 나눔으로 커지는 부 . . . 국제수지 . . . 냉전에서 더 빨리 승리하라 . . . 당신, 부, 그리고 기회

Chapter 15 열정의 스위치를 켜라

그에게 살아갈 이유를 줘라 . . . 내가 그에게서 동기를 유발한 방법 . . . 그에게 꿈을 실현할 기회를 줘라 . . . 설렘이 동기가 된다 . . . 절대 실패하지 않는 성공시스템으로 . . . 열정의 스위치를 켜라 . . . 어떻게 하면 학교 공부를 더 잘 할 수 있나요? . . . 일자리를 구하는 법

Chapter 16 재능은 타고나는 게 아니라 만들어지는 것이다

당신의 잠재된 힘을 발견할 수 있는 테스트 . . . 전문가의 말 . . . 동기부여가 가장 중요하다 . . . 잠재적 천재를 소개하겠다 . . . 아이큐는 높일 수 있다

Chapter 17 운명을 바꾸는 힘

운명을 바꾸는 힘을 사용하라 . . . 뇌를 써라 . . . 그는 욕망에 이

끌려 잘못을 저질렀다 . . . 그의 도덕규범은 그를 막지 못했다 . . . 높은 도덕기준은 범죄를 막는다 . . . 높은 도덕기준은 나쁜 암시를 물리친다 . . . 운명을 바꾸는 힘을 개발하는 법

Chapter 18 삶의 진정한 보물

당신에게 삶의 진정한 보물은 무엇입니까? . . . 예술과 삶의 진정한 보물 . . . 그는 음악에 대한 사랑을 함께 나누며 진정한 보물을 발견한다

Part V
탐구가 끝이 나다

Chapter 19 성공지표가 성공을 가져온다

선행지표 . . . 가이신저 지표 . . . 연관 짓고 완전히 내 것으로 만드는 방법 . . . 그의 시간기록 카드와 절대 실패하지 않는 성공시스템 . . . 점검하지 않았으면 기대도 하지 마라 . . . 라페 . . . 스스로에게 정직하라 . . . 당신에게 달렸다

Chapter 20 작가는 자신의 글을 되새겨본다

제 정신은 눈을 떴어요 . . . 보는 눈을 넓혀라 . . . 자기계발 책이 그의 인생을 바꾸었다 . . . 따뜻한 마음을 가진 규율담당자 . . . 제 사람들을 사랑하니까요 . . . 커다란 문도 작은 경첩에 매달려 있다 . . . 보물이 숨겨져 있는 곳

서 문

성공시스템이라는 것이 정말로 있는가?

"작은 잉크 방울이 수천, 어쩌면 수백만의 사람들을 생각하게 만든다."

바이런이 돈 후안에서 한 말이다. 그리고 이 수백만의 사람들이 무엇보다도 중요하게 생각하는 것은 개인적 성공, 혹은 가족과 사업에서의 성공이다.

오늘날도 세계 곳곳에는, 어떻게 하면 자신의 빛나는 목표를 향해 나아갈 수 있는지, 어떻게 하면 자기계발을 이룰 수 있는지 궁금해 하는 이들이 있다.

그들 중 몇몇은 가슴과 영혼 깊은 곳에서 자신을 높은 성취로 이끌어줄 비밀을 찾을 것이다. 하지만 대부분의 사람들은 그저 계속 궁금해 하고…꿈꾸고…소망할 것이다. 그리고 어느 날 문득 자신이 젊은 시절 꿈꾸고 있던 바로 그 자리에 여전히 머물고 있다는 것을 발견하곤 충격 속에서 깨어날 것이다. 하지만 그때는 이미 꿈도 잃었기에 그저 왜 이렇게 되었는지 궁금할 뿐이다.

누구나 원하는 것이 있다

그게 무엇이든 간에 말이다 : 돈, 지위, 명성…특별한 성취…다른 이들에게 봉사할 수 있는 기회…사랑, 행복한 결혼과 가정생활.

누구나 어떤 종류의 성취, 어떤 형태의 성공을 갈망한다. 행복하고 건강하고 부유해지고 삶의 진정한 보물을 경험하고자 하는 것은 보편적인 염원이다. 그리고 우리가 그것을 이루도록 행동을 하게 할 영감은 우리의 내면에서 충동의 형태로 주어진다.

당신과 나도 예외는 아니다. 많은 이들이 멋진 소망을 실현시키기도 하고 실패하기도 했던 이 무한한 기회의 땅에서, 당신 또한 다른 이들과 마찬가지로 지위의 높고 낮음에 관계없이 성공할 수도 실패할 수도 있는 동등한 기회를 지니고 있다.

왜 누구는 성공하고 누구는 실패하는가? 그 대답이 여기 있다. 이 책을 읽다 보면 그 답을 발견할 것이다.

제시하는 순서대로 따른다면 삶에서 멋진 것을 구하는 자들에게 가져다주는 공식, 처방, 레시피-법칙, 원리, 시스템-와 보물지도까지 있기 때문이다. 종종 성공의 법칙은 너무 단순하고 분명해서 눈에 띄지도 않는다. 하지만 그것을 찾고자 한다면 당신 역시 찾을 것이다.

그리고 구하는 과정에서도 멋진 일들을 경험하게 된다. 지식과 경험을 얻고, 영감을 받게 될 것이기 때문이다. 그러면서 성공에 필요한 요소들을 이해하기 시작할 것이다.

유일한 곳

얼마 전에 나는 켄터키 루이빌에 있는 켄터키 아동센터의 초대를 받아 방문했다. 그곳에서 책임자인 로레인 골든 박사의 이야기를 들을 수 있었다. 그녀는 개인병원을 열었다면 벌 수 있었을 큰돈을 포기하고 자신의 재능과 경험과 신의 손길을, 불구인 아이들이 걸을 수 있게 하는 데 바치고 있었다.

난 병원을 둘러보며 모든 것이 티 하나 없이 깨끗한 것을 보았다. 의자에 앉아 있는 작은 여자아이를 보고는 걸음을 멈췄다.

"이름이 뭐니?" 부드럽게 물었다.

"제니에요" 아이가 대답했다. 아이의 어머니가 가까이에 앉아 있어서 나는 그녀에게 제니에 관해 물었다.

그녀는 내 눈을 깊이 응시하며 대답했다.

"제니는 6살이에요. 태어나서 4년 동안은 불구로 살았어요. 걸을 수가 없었죠. 우리는 돈이 없었기 때문에 아이를 이 병원에 데려왔어요. 골든 박사는 제니의 신경이 막혀 제 역할을 못했던 거라고 말씀하셨어요. 이제 제니는 걸을 수 있게 되었죠."

그녀는 망설였다. 표정을 보니 뭔가 개인적인 이야기가 남아 있는 것 같았다. 그래서 기다렸다.

"스톤씨… 이걸 알아주셨으면 해요…" 그녀는 망설이다가 말했다.

"예배당을 제외하고는 이곳이 제가 신의 존재를 느끼는 유일한 곳이에요."

그녀는 말을 마치고 감정을 숨기려는 듯, 어쩌면 눈물을 보이지 않으려는 듯 고개를 숙였다. 제니, 태어나서 4년 동안 불구로 살았던 아이가 엄마를 향해 팔을 벌리고 걸어와서 그녀를 안고 키스해 주었다.

난 병원을 계속 둘러보면서 골든 박사의 강한 소망이 있었기에, 그리고 결코 꺾이지 않는 관대하고 헌신적이며 자기희생적인 소망이 있었기에 켄터키 아동센터가 현실로 이루어질 수 있었음을 깨달았다. 하지만 소망을 행동으로 옮기기 위해서는 소망을 야망과 진취성과 결합시켜야 한다.

소망은 모든 성취의 출발점이다

야망이 없는 사람이 어떻게 야망을 계발하는가?
진취성이 없는 사람은 또 어떻게 진취성을 계발하는가?
자신이나 타인에게 어떻게 동기를 부여하는가?

나는 부모, 교사, 목사에서부터 판매원, 판매 매니저, 경영자, 그리고 고등학생과 대학생에 이르기까지 온갖 계층의 사람들에게서 이 질문들을 받았다.

그러면 난 "먼저 소망을 계발하세요."라고 대답한다.

하지만 어떻게 소망을 싹트게 하는가? 어떻게 시작하는가? 이 책을 계속 읽다 보면 그 대답은 저절로 분명해질 것이다.

소망에는 마법이 있음을 기억하라. 또 마법은 마법사의 기술에서 나오는 것이다. 그리고 기술에는 세 가지 요소가 필요하다. 사실 어떤 분야에서든 계속적인 성공은 이 세 가지 중요 요소에 의해 결정된다. 이것이 내가 알게 된 것이다. 그리고 이것이 바로 절대 실패하지 않는 판매시스템을 계발하면서 내가 증명한 것이다. 그리고 나는 그 과정에서 절대 실패하지 않는 성공시스템이라는 놀라운 발견에 도달하게 되었다.

내일의 풍요를 준비하라

나는 성공원리가 모든 분야의 수백 명의 삶에서 작동하는 것을 보았다. 내가 성공과 실패 모두의 원인을, 그리고 한걸음 더 나아가, 실패한 이들이 나중에 성공할 수 있도록 동기 부여하는 방법을 발견한 것은 오로지 계속적인 연구와 실험의 결과였다.

좋고 아름다운 것을 나누면 더 많아지고 커진다는 믿음이 있기 때문에 내가 발견한 성공의 기법을 이 책을 통해 당신과 나누고자 한다.

그리고 당신이 나와 함께 이 책 속으로 들어가 각 장을 넘나드는 보물찾기 여행을 떠난다면, 당신 역시 절대 실패하지 않는 성공시스템을 사용해 자신의 가치 있는 소망을 실현시킬 수 있다. 나는 그것을 경험으로 알고 있다.

옛 힌두 전설에 이런 이야기가 있다. 신들이 세상을 만들고는 말했다.

"가장 귀중한 보물을 잃어버리지 않으려면 어디에 숨기는 게 좋을까? 인간의 욕망과 탐욕이 이 보물을 훔치거나 파괴하지 못하게 하려면 어떻게 숨기는 게 좋을까? 이 보물이 인류를 위해 대대로 이어지게 하려면 어떻게 해야 할까?"

그래서 신들은 너무 분명해서 눈에 띄지 않는 곳을 최선이라고 생각하고 숨길 곳을 정했다. 그리고 그곳에 삶의 진정한 보물을 놓아두고, 그 보물이 끝없이 도로 채워지게끔 마법의 힘을 부여했다. 절대 실패하지 않는 성공시스템을 이용하면 모든 땅 위에 살아 숨쉬는 모든 사람이 이 비밀장소에 있는 보물을 찾을 수 있다.

이 책을 읽을 때, 당신의 친한 친구가 당신만을 위해 쓴 글이라고 생각하며 이 책을 읽기 바란다. 나는 이 책을 당신에게, 그리고 삶의 진정한 보물을 구하는 모든 이들에게 바친다.

윌리엄 클레멘트 스톤

SUCCESS

1부-탐구가 시작되다

행동이 따르지 않는 결정은 쓸모가 없다
실패는 당신에게 득이 될 수 있다
상상의 벽이 당신을 가로막지 못하게 하라
생각을 지휘하고 감정을 통제하며 운명을 결정하라

Chapter 1

어린 소년의 탐구가 시작되다

나는 여섯 살이었고 두려웠다. 시카고의 험악한 빈민가에서 나보다 나이가 많은 아이들이, 사람들로 붐비는 모퉁이를 차지한 채 큰 소리를 내면서 주먹을 쥐어 보이며 겁주는 상황 속에서 신문을 팔기란 쉬운 일이 아니었다. 이 시절은 아직까지 내 기억 속에 흐릿하게 남아 있는데 이것이 내가 기억하는, 불리한 상황을 유리한 상황으로 바꾼 첫 경험이기 때문이다. 이건 간단한 이야기고 지금 보면 별 일도 아니지만, 이것이 시작이었다.

내가 신문을 파는 모퉁이 근처에는 홀씨의 식당이 있었는데 그곳은 많은 사람들로 붐비고 있기에 그곳에서 신문을 팔아보자는 생각이 떠올랐다. 하지만 6살 아이가 감당하기에는 두려운 일이었다. 나는 불안했지만 부리나케 식당 안으로 들어가 운 좋게 첫 번째 테이블에서 신문을 팔 수 있었다. 그 후 두 번째와 세 번째 테이블에서 식사를 하던 사람들에게도 신문을 팔았다. 하지만 내가 네 번째 테이블로 가자 홀씨가 나를 문 밖으로 내쫓았다. 그래도 난 세 부의 신문을 팔았다. 그래서 홀씨가 보지 않을 때를 틈타 다시 식당으로 들어가서 네 번째 테이블 앞에 섰다. 분명 이 쾌활한 손님은 나의 근성을 좋아하는 것 같았다. 그는 신문값에다 10센트를 더 얹어주었다. 곧이어 홀씨가 나를 또다시 밖으로 쫓아냈다. 하지만 나는 네 부의 신문을 팔았고 보너스로 10센트도 얻었다. 그리고 난 다시 식당으로 들어가 신문을 팔기 시작했다. 여기저기서 웃음소리가 터져 나왔다. 손님들은 이 광경을 즐기고 있었다. 홀씨가 다시 내게 왔을 때 누군가가 큰소리로 말했다. "그 아이를 그냥 두시죠." 약 5분 후 난 가지고 있던 모든 신문을 팔았다.

다음날 저녁 다시 그곳으로 갔다. 홀씨는 나를 문 밖으로 쫓았다. 하지만 내가 다시 들어오자 그는 두 손을 들어 올리며 외쳤다. "무슨 소용이람." 나중에 우리는 멋진 친구가 되었고, 나는 그곳에서 아무 문제없이 신문을 팔 수 있었다.

몇 년이 흐른 후, 나는 종종 이 어린 소년을 내가 아닌 내가 오래 전에 알았던 이상한 친구로 떠올리곤 한다. 재산을 모으고 거대 보험 제국의 책임자가 된 어느 날, 내가 깨닫게 된 내용에 비추어 소년의 행동을 분석해보았다.

1. 소년은 돈이 필요했다. 신문을 팔지 못한다면 사 놓은 신문들은 아무 짝에도 소용없게 될 것이다. 왜냐하면 소년은 신문을 읽지도 못하기 때문이다. 신문을 사려고 몇 페니의 돈을 빌렸는데 그것도 잃을 것이다. 6살 아이에게 있어서 이 재앙은 그가 계속 시도하게끔 동기를 부여하기에 충분했다. 따라서 그에게는 *행동하게 만드*

는 *영감*이 있었다.

2. 식당에서 세 부의 신문을 파는데 성공한 후, 소년은 창피를 당하고 다시 내쫓길 수 있다는 걸 알았지만 다시 들어갔다. 세 번을 들어갔다 다시 쫓겨나는 것을 반복하면서 식당에서 신문을 파는 요령을 익힐 수 있었다. 따라서 그는 *노하우*를 얻었다.

3. 소년은 무슨 말을 해야 할지 알고 있었다. 그보다 더 큰 아이들이 신문의 머리기사 제목을 외치고 다니는 것을 봤기 때문이다. 예상 고객에게 접근해서 해야 할 일이라고는 좀 더 부드러운 목소리로 그가 들은 것을 똑같이 말하는 것뿐이었다. 따라서 그는 필요한 *지식*을 가지고 있었다.

나의 어린 친구가, 나중에 성공시스템으로 발전해 그 자신과 다른 이들이 재산을 모을 수 있게 해 준 바로 그 기법을 이용해서 신문팔이로 성공했다는 것을 깨닫자 웃음이 나왔다. 그런데 내가 좀 앞서나가긴 했다. 지금으로서는 이 세 개의 단어만 기억하라.

행동으로 이끄는 영감, 노하우, 지식.

이것들이 성공시스템의 핵심이다.

소년의 탐구가 계속되다

난 비록 가난하고 황폐한 동네에서 자랐지만 행복했다. 잠잘 곳, 먹을 음식, 놀 장소만 있다면 가난이야 어떻든 모든 아이들이 행복하지 않은가?

나는 친척집에서 어머니와 함께 살았는데 그 아파트의 꼭대기 층에는 여자애가 살았다. 그녀의 할아버지는 우리가 튀긴 쌀과 우유를 먹는 동안 카우보이와 인디언에 관한 이야기를 해주었는데 그것은 내 상상력에 불을 지폈다. 그렇게 매일 할아버지가 이야기를 해주다 지치면 나는 아래층으로 내려가 뒷마당에서 버팔로 빌이나 위대한 인디언 전사의 수장이 된 것처럼 놀았다. 막대기나 오래된 빗자루가 내 조랑말이 되었는데 서부에서 제일 빠른 말이었다.

한 어머니의 모습을 그려보라. 그녀는 직장에서 돌아와 침대에 누운 아들을 바라보며 오늘 무슨 일이 있었는지, 어떤 좋은 일이 있었는지, 어떤 나쁜 일이 있었는지 이야기해보라고 한다. 그렇게 잠시 동안 이야기를 나누고 나서 어머니가 길을 알려달라고 신에게 기도하면, 소년도 침대에서 나와 어머니 옆에서 같이 무릎을 꿇고 있다. 이 모습이 그려지는가? 당신도 삶의 진정한 보물에 대한 나의 탐구가 시작됐을 때의 느낌을 알 수 있을 것이다.

어머니는 기도할 일이 많았다. 모든 좋은 어머니들처럼 그녀도 자신의 아들이 착한 아이라고 생각했다. 하지만 아이가 '나쁜 친구'와 어울려서 걱정이 됐다. 게다가 아이가 담배를 피우기 시작하자 어머니는 여간 걱정이 되는 게 아니었다.

담배는 비쌌다. 그래서 담배가 없을 때면 커피 찌꺼기를 담배 종이에 넣고 말아서 피우곤 했다. 담배를 피우면 중요한 사람이 된 것 같은 기분을 느꼈던 것 같다. 나와 또 다른 남자아이는 다른 애들이 주변에 있을 때만 담배를 피웠는데, 그들의 충격 받은 모습을 통해 은밀한 즐거움을 얻었다. 집에 손님이 오면 나는 직접 만든 담배를 피우며 내가 얼마나 어른 같은지 보여 주려고 했다. 어떤 패턴이 생기고 있었다. 물론 좋은 것이 아니었다.

잘못된 길에 들어서는 아이들이 으레 그렇듯이 나도 학교를 빼먹기 일쑤였다. 이렇게 하면서 기분이 좋았던 것은 아니다. 죄책감을 느꼈다. 하지만 그런 식으로라도 내가 집단의 여느 아이들과는 다르다는 걸 보여주려고 애썼던 것 같다. 한 가지 내가 잘 한 일도 있었다. 저녁이면 어머니와 이야기를 나눈 것이다. 어머니에게는 항상 진실하게 모든 것을 털어놓았다.

길을 알려달라는 어머니의 기도는 응답을 받았다. 어머니는 일리노이 주 나우부에 있는 교구 기숙학교인 스폴딩 학교에 나를 등록시켰다. 그곳은 건강한 환경을 내게 제공해주었다. 바로 그곳이 *절대 실패하지 않는 성공시스템*의 세 가지 요소가 모두 갖춰진 환경이었다. 그러자 *뭔가가* 일어났다. 그것은 좋은 일이었다.

교구 기숙학교는 자기계발을 원하는 사람이 행동의 영감을 일구어내는데 참 좋은 환경이다. 이곳의 선생님들은 자신의 전 생애를 신에게 바치면서 다른 이들의 영혼을 구하고 자신의 영혼을 정화하기 위해 애쓰는 사람들이다. 됨됨이를 가르치는 데 필요한 지식과 노하우를 이들만큼 아는 사람은 많지 않을 것이다. 그곳에서 몇 주의 시간이 흐르고, 다시 몇 달, 몇 년의 시간이 흐르면서 난 마음속으로 포부를 키우게 되었는데 그것은 바로 내가 존경하고 사랑하는 그 학교의 선생님처럼 되자는 것이었다.

하지만 나는 어머니를 무척 사랑했기에 어머니가 많이 보고 싶었다. 집에서 떨어져 사립학교에 사는 아이들이 으레 그렇듯이 나에게도 향수병이 찾아왔다. 나는 어머니를 볼 때마다, 또 편지를 쓸 때마다 제발 집으로 데려가 달라고, 계속 집에서 살 수 있게 해달라고 빌었다.

나우부에서 지낸 지 2년이 흐른 후 어머니는 내가 준비가 됐다고 느꼈다. 마찬가지로 어머니 또한 준비가 되었다. 아니 어쩌면 모성애 때문이었을까, 그녀는 간절히 나를 곁에 두고 싶어 했다. 내가 과연 새로운 환경에 잘 적응할 수 있을지는 알 수 없었지만, 필요하다면 언제든 나를 다시 나우부에 되돌려 보낼 수 있는 일이었다. 나는 준비가 되었고, 어머니 또한 그랬다.

상승하기

어머니는 일찍이 바느질을 배운 데다가 진취성과 재능, 감각이 있었기 때문에 그 분야에서 충분한 실력을 갖추게 되었다. 내가 나우부로 떠난 직후, 어머니는 집과 일에 변화를 주는 것이 자신에게도 좋겠다고 생각했다. 이제 그녀가 일하러 가있는 동안 나를 돌봐 줄 사람을 찾느라 걱정하지 않아도 되니, 뭔가를 해볼 수 있는 상황이 된 것이다.

그녀는 딜런이라는 고급 수입 여성복 전문점에 일자리를 얻었다. 2

년 후 그녀는 디자인, 피팅, 바느질의 총 책임자가 되었고, 더불어 상류 고객들 사이에서 뛰어난 디자이너이자 재봉사라는 명성도 얻었다. 수입도 많아져서 더 좋은 동네에서 어머니 소유의 아파트도 장만할 수 있었다.

우리 아파트에서 한 블록 가량 떨어진 곳에 하숙집이 있었는데 그 집의 주인은 직접 요리를 했고 나는 그곳에서 식사를 했다. 쇠고기 스튜, 구운 콩, 집에서 만든 파이, 으깬 감자와 고기국물, 그 집에 세 들어 사는 어른들이 농담 삼아 불평하기도 했지만 음식은 아주 훌륭했다. 그 어른들은 11살 꼬마가 보기에는 세상에서 가장 재미있는 사람, 바로 극장에서 쇼를 하는 사람들이었다. 그들 역시 나를 좋아했다. 나는 그곳에서 유일한 어린아이였다.

이 무한한 기회의 땅에서 상승의 기회를 붙잡는 수많은 사람들처럼, 어머니도 직접 사업을 해도 될 만큼 충분한 돈을 모았다. 디자이너와 재봉사로서 명성이 있었기 때문에 괜찮은 고객들이 찾아왔다. 하지만 그녀는 은행 대출을 이용하는 노하우가 부족했다. (건전한 자금조달을 통해 작은 사업체가 커지도록 돕는 것이 은행의 일이라는 걸 사업주가 이해하기만 한다면 작은 사업체도 큰 사업체가 될 수 있다)

운영자금이 부족했기 때문에, 아니면 은행 대출을 제대로 이용할 줄 몰랐기 때문에 그녀의 재봉점은 자신과 두 직원의 범위를 넘어 확장하지 못했다. 자신의 사업체를 구축하고자 애쓰는 대부분의 사람들처럼 어머니도 재정상의 어려움을 겪었다. 하지만 이런 문제로 인해 우리는 주는 즐거움과 같은 삶의 진정한 보물을 많이 얻게 되었다.

나는 *새터데이 이브닝 포스트*라는 잡지와 신문을 팔며 내 용돈을 직접 벌었다. (나는 예금 계좌를 개설해서 저축한 돈의 일부를 용돈으로 쓴다) 매일 밤 어머니는 내게 문제가 있으면 말하라고 했지만 결코 자신의 문제는 내보이지 않았다. 하지만 난 느낄 수 있었다. 어느 날 아침 어머니는 수심이 가득해 보였다. 그날 나는 나로서는 꽤 큰 돈을 인출해 어머니가 퇴근하기 전에 내가 살 수 있는 가장 멋진 선물인, 장미 12송이를 샀다.

어머니는 나의 이런 사랑 표현에 기뻐했고, 이 모습은 나에게 영감을 줘서 주는 자의 진정한 기쁨을 이해하게 되었다. 몇 년이 지나도록 그녀는 종종 친구들에게 이 기다란 열두 송이 장미가 얼마나 아름다웠는지, 이게 그녀에게 어떤 일을 해주었는지 뿌듯해하며 이야기하곤 한다. 이 경험을 통해 나는 돈을 갖는 것은 좋은 일임을 깨달았다. 돈으로는 좋은 일을 할 수 있으니까.

1월 6일은 늘 나와 어머니의 인생에서 중요한 날이었다. 그날은 어머니의 생일이다. 그날도 1월 6일이었는데 무슨 이유에서인지 -아마 크리스마스 쇼핑 때문이었을 것이다- 내 계좌에 남은 돈이 1달러도 안 됐다. 어머니에게 생일 선물을 사주고 싶은 마음이 굴뚝같았기 때문에 나는 무척 걱정스러웠다. 나는 길을 알려 달라고 기도했다.

점심시간에 학교에서 집으로 걸어가며 발밑에서 얼음이 깨지는 소리에 정신이 쏠려 있었다. 갑자기 걸음을 멈추고 뒤돌아섰다. *뭔가가* 나에게 되돌아가서 살펴보라고 말했다. 나는 지나온 길을 되돌아가서 구깃구깃한 녹색 종이를 주웠다. 놀랍게도 그것은 10달러짜리 지폐였다. (이 *뭔가*에 대해서는 나중에 더 얘기하겠다)

나는 신이 났다. 하지만 결국 선물을 사지 않기로 했다. 나에겐 더 멋진 계획이 있었다.

어머니는 점심을 먹으러 집에 와 있었다. 어머니가 식탁을 치우려고 접시를 들자 손으로 직접 쓴 생일카드와 10달러짜리 지폐가 있었다. 나는 또다시 주는 자의 기쁨을 맛보았다. 다들 어머니의 생일을 깜빡했을 때, 어머니는 당시 어머니에게도 상당한 금액이 들어있는 봉투를 발견하게 되어 더더욱 기쁨을 감추지 못했다.

결정은 행동이 따라줄 때 큰 의미를 지니게 된다

내 개인적인 경험을 보면, 아이나 어른이 어떤 상황에서 새로운 결정을 내릴 때 그것이 하나하나 모여 생각의 패턴이 되고, 그 생각의 패턴은 후에 자신의 삶에 지대한 영향을 끼친다는 것을 알 수 있다. 사람이 과거에 어리석은 결정을 내렸다면 현재의 결정도 어리석을 수 있다. 그가 과거에 올바른 결정을 내렸다면 현재의 결정도 올바른 것일 수 있다. *왜냐하면 좋은 것은 그것이 작을지라도 더 큰 좋은 것으로 자라나고, 나쁜 것은 그것이 작을지라도 더 큰 나쁜 것으로 자라나기 때문이다.* 이것은 결정에 있어서도 적용된다.

하지만 좋은 결정에는 행동이 뒤따라야 한다. 행동이 없다면 좋은 결정도 무의미하다. 소망을 실현시키려는 시도가 부족하면 그 소망은 죽어버리기 때문이다. 따라서 당신이 좋은 결정을 내렸다면 그 즉시 행동해야 한다.

*원하는 것을 얻고자 한다면
그것을 손에 넣기 전엔 돌아오지 마라!*

내가 12살 때 동네에는 내가 존경하는 형이 있었다. 그는 보이스카우트 모임에 나오라며 나를 초대했다. 나는 모임에 갔고 무척 재미있었다. 그래서 그가 단장으로 있는 보이스카우트 23군단에 합류했다. 그의 이름은 스튜어트 피 월시였고 시카고 대학의 학생이었다.

나는 결코 그를 잊지 못할 것이다. 그는 됨됨이가 훌륭한 사람이었다. 그는 23군단의 모든 아이들이 짧은 시간 안에 최고의 스카우트가 되기를 원했고, 모두에게 자신의 군단이 시카고에서 최고가 되기를 바라도록 영감을 불어넣었다. 그의 23군단은 실제로 시카고에서 최고가 되었는데 그것은 아마 그가 불어넣은 영감 때문이었을 것이다. 또 다른 이유를 꼽자면 그의 확고한 신념도 한몫 했을 것이다. 당신이 누군가를 가르치고 그들에게 영감을 주고 훈련시키고 지휘할 때, *원하는 것을 얻으려면 주의 깊게 점검하라.*

23군단의 모든 아이들은 한 주에 한 번 보고서를 냈는데 그것 안에는 매일 어떤 좋은 일을 했는지, 어떤 보답도 받지 않고 누군가를 도와줬는지를 기록했다. 보고서를 쓰면서 아이들은 좋은 일을 할 기회를 찾게 되었고, 찾았기 때문에 기회를 발견할 수 있었다.

스튜어트 피 월시는 23군단 아이들 각각의 머릿속에 스카우트 규율의 원리를 잊히지 않게 각인시켰다. "스카우트는 믿음직스럽고 충실하고 남들을 잘 돕고 다정하고 정중하고 친절하고 복종하고 활기

차고 검소하고 용감하고 건전하고 경건하다."

하지만 더 중요한 점은, 그는 각각의 스카우트 멤버가 단순히 앵무새처럼 말만 기억하게 하지 않았다는 것이다. 그것을 현실에서 적용할 수 있도록, 이 원리들을 나와 관련짓고 완전히 내 것으로 흡수해서 사용하는 법을 알고 있는지 주의 깊게 살폈다. 나는 지금도 그의 목소리가 들리는 것 같다.

"원하는 것을 얻고자 한다면 그것을 손에 넣기 전엔 돌아오지 마라!"

다음 장에서는 나의 스카우트 단장이 가르쳐준 이 원리가 어떻게 내 마음 속 깊이 배어들어서 *절대 실패하지 않는 성공시스템*으로 한 발짝 더 나아갈 수 있게 했는지 보게 될 것이다. 나도 처음에는 내가 그렇게 되고 있다는 걸 알아차리지 못했다. 이 장의 첫 부분에서 당신이 읽었던 여섯 살짜리 신문팔이 꼬마는 자신이 어디로 가고 있는지 아직은 알지 못했다. 하지만 그는 그 길 위에 있었다.

커다란 문도 작은 경첩에 매달려 있다

모든 성공은 아래의 세 구절에 달려 있다.
이 구절들이 의미하는 바를 진정으로 이해한다면 당신도 황금빛 미래로 가는 길 위에 있는 것이다.
이 책의 나머지 장에서 당신이 세 구절의 의미를 이해하게 도울 것이다. 하지만 당신은 마음을 열고 의미를 찾아야 한다.

1. 행동으로 이끄는 영감
2. 노하우
3. 지식

Chapter 2

내일을 준비하라

내가 문법 학교를 졸업할 무렵 내 인생에서 가장 중요한 교훈이 나를 비집고 들어왔다. 그리고 이 교훈은 중요한 원리로 발전했다.

당신은 주위 환경의 결과물이다.
따라서 바라는 목표를 향해 당신을 가장 잘 발전시켜 줄 환경을 선택하라.

당시에는 지금처럼 간결한 문장으로 개념을 정리할 순 없었지만 그 이면의 원리는 알고 있었다. 고등학교에 입학할 때가 되자 나는 레이크뷰 고등학교보다 센 고등학교가 더 좋겠다고 결론지었다. 당시 우리 아파트가 있던 동네에 계속 살았다면 나는 레이크뷰 고등학교에 다녀야만 했다. 하지만 어머니는 사업상 중요한 변화를 주고 있었고 그 때문에 디트로이트로 이사를 가야 했다. 그래서 나는 센 지역에 있는 훌륭한 영국인 가족의 집에서 함께 살게 되었다.

나는 또 새로운 학교에 들어가면 친구들을 직접 선택하리라 마음먹었다. 됨됨이와 지성이 뛰어난 친구들을 찾아보았다. 그리고 구했기 때문에 원하는 것을 발견할 수 있었다. 나에게 좋은 영향을 많이 줄 수 있는 훌륭하고 멋진 사람들을.

당신이 쓴 돈의 값어치를 되찾아라

내가 좋은 가정환경에 있으면서 괜찮은 공립학교를 다니게 되자, 어머니는 미시건 주 디트로이트에 있는 미국 손해보험사를 대리하는 작은 보험영업점에 돈을 투자했다.

결코 잊을 수 없을 것이다. 어머니는 자신의 다이아몬드 두 개를 전당포에 맡겨 돈을 마련하고, 원래 가지고 있던 돈까지 합해 영업점을 인수하는 데 필요한 현금을 조달했다. 어머니는 사업체를 구축하기 위해 은행 대출을 이용하는 방법을 몰랐다는 것을 기억하라. 그녀는 시내에 있는 사무실 건물에서 책상 자리 하나를 임대한 후 부푼 마음으로 첫째 날의 판매실적을 기대했다. 그날 운이 좋았다. 열심히 했지만 하나도 팔지 못했던 것이다. 이건 좋은 일이다!

모든 것이 꼬여만 갈 때 당신은 어떻게 하는가? 의지할 곳이 전혀 없을 때 당신은 어떻게 하는가? 심각한 문제에 부딪혔을 때 당신은 어떻게 하는가?

어머니는 이렇게 했다. 어머니가 나중에 나에게 얘기했던 표현을 빌리자면 이랬다. "난 필사적이었단다. 가지고 있던 돈을 몽땅 투자했고 내가 투자한 돈의 값어치를 되찾아야만 했지. 나는 최선을 다했지만 하나도 팔 수 없었지."

"그날 저녁 난 길을 알려달라고 기도했단다. 다음날 아침에도 길을 알려달라고 기도했지. 집을 나선 나는 디트로이트 시에서 가장 큰 은행으로 갔어. 거기서 은행의 출납 직원에게 보험을 팔고, 근무시간 동안 은행 안에서 판매를 해도 좋다는 허락도 받았다. 내 안에서 나를 이끄는 힘이 너무나 진실해서 장애물들이 모두 사라지는 것 같았지. 그날 난 44개의 보험을 팔았단다."

첫째 날의 시행착오를 통해 어머니에게는 영감을 주는 불만족이 생겨났다. 그녀에게 *행동의 영감*이 일어난 것이다. 어머니가 과거 아들에 관한 문제를 겪을 때 누구에게 길을 묻고 도움을 구해야 하는지 알았던 것처럼, 생계를 유지하려고 애쓰는 지금도 누구에게 길을 묻고 도움을 구해야 하는지 알고 있었다.

둘째 날의 시행성공을 통해 그녀는 손해보험을 파는 데 필요한 노하우를 얻었고 그것은 그녀를 위한 성공적 판매시스템으로 발전했다. 이제 그녀는 행동으로 이끄는 영감과 지식뿐 아니라 노하우까지 가지게 되었다. 따라서 *상승의 여정*에는 속도가 붙었다.

다른 사람들처럼 세일즈맨도 *상승의 여정*에서 종종 실패를 한다. 이것은 그들이 자신이 성공했을 때 어떻게 성공했는지 그 원리를 하나의 공식으로 압축하지 않았기 때문이다. 그들은 어떤 사실들은 알지만 그 속에서 원리를 뽑아내지는 못했다.

어머니가 판매로 괜찮은 삶을 누릴만한 돈을 벌어들이게 되자 이제는 미시건 주 전체를 포괄하는 판매조직, 리버티 레지스트리를 구축하기 시작했다.

휴일과 방학 때면 난 어머니를 만났다. 나는 고등학교에서 두 번째 맞는 여름방학을 어머니가 있는 디트로이트에서 보냈다. 바로 이 때 손해보험을 파는 것을 배웠고, 이곳에서 나만의 판매시스템, *절대 실패하지 않는 시스템*을 탐구하기 시작했다.

절반의 시간에 두 배를 성취하라

리버티 레지스트리 사의 사무실은 프리 프레스 빌딩 안에 있었다. 나는 하루 종일 사무실에 있으면서 다음날 팔아야 할 보험증권을 읽고 공부했다.

내가 받은 판매 지침은 다음과 같았다.
1. 다임은행 건물 전체를 샅샅이 방문한다.
2. 꼭대기 층에서 시작해 모든 사무실을 방문한다.
3. 사무실에 잠깐 들어갔다 금방 나오는 식은 피한다.
4. 여는 문장으로는 이 문장을 사용한다.
 "잠시 시간을 내주시겠습니까?"
5. 방문하는 모든 이들에게 판매를 할 수 있도록 노력한다.

그래서 나는 지침을 따랐다. 기억하라, 나는 보이 스카우트 시절에 배운 게 있다.

"뭔가를 하려고 나섰다면, 그것을 해내기 전에는 돌아오지 마라."

내가 두려웠냐고? 물론이다.
하지만 지침을 따르지 않는다는 생각은 아예 들지도 않았다. 더 나은 방법을 몰랐으니까. 이런 점에서 난 습관의 산물, 좋은 습관의 산물이었다.

첫째 날 두 개의 보험을 팔았다. 내가 평생 팔았던 것보다 두 개 더 많은 수치였다. 둘째 날에는 네 개를 팔았다. 판매가 100 퍼센트 증가했다. 셋째 날에는 여섯 개를 팔았다. 50 퍼센트가 증가했다. 그리고 넷째 날 중요한 것을 배웠다.

나는 규모가 큰 부동산 사무실을 방문했다. 영업관리자의 책상 옆에 서서 여는 말을 했다. "잠시 시간을 내주시겠습니까?" 나는 깜짝 놀랐다. 매니저가 오른손 주먹으로 책상을 꽝 치고 펄쩍 뛰며 거의 고함을 치듯이 말했기 때문이다. "얘야, 앞으로 살아있는 동안 절대 누군가에게 시간을 부탁하지 말아라! 그냥 그의 시간을 취해!"

그래서 나는 그의 시간을 취했고 그날 그 관리자와 그의 판매원 26명에게 보험을 팔았다.

이 일로 나는 이런 생각이 들었다.

"내일 보험을 많이 팔 수 있는 과학적인 방법이 분명 있을 거야. 여러 시간에 할 일을 한 시간에 할 수 있는 방법이 분명 있어. 절반의 시간에 두 배를 팔 수 있는 시스템이 있다면 왜 찾고 있지 않지? 각 시간에 들인 노력이 최대의 결과를 가져오게 하는 공식을 왜 개발하고 있지 않지?"

그때부터 나는 원리들을 발견하기 위해 의식적으로 노력했다. 그 원리들은 후에 *절대 실패하지 않는 판매시스템*이 되었다. 나는 추론했다.

"성공은 공식으로 압축될 수 있다. 실패도 공식으로 압축될 수 있다. 이 중 하나는 사용하고 다른 하나는 피하면 된다. 스스로 생각하라."

스스로 생각하라

당신이 누구든지 간에 좋은 판매기법을 배워두는 것은 가치 있다. 왜냐하면 판매란 다른 사람을 설득해서 당신의 서비스, 상품, 아이디어를 받아들이도록 하는 것이기 때문이다. 이런 점에서는 모든 사람이 판매원이다. 물론 내가 말하는 앞으로 말하게 될 판매시스템에서 세세한 사항들은 당신에게 중요하지 않다. 하지만 거기 깔려 있는 원리들은 당신이 판매원이든 아니든 관계없이 중요할 수 있다.

당신에게 중요한 것은 당신이 관심 있는 어떤 분야에서 성공하거나 실패했던 경험을 통해 원리를 배우고, 그 원리들을 공식으로 압축하는 것이다. 글로 쓰면 더 좋다. 하지만 당신이 읽고 듣고 경험했던 것으로부터 어떻게 원리를 추출하는지 모를 수도 있다. 내가 했던 방법을 이야기해보겠다. 하지만 *당신은 스스로 생각해봐야 한다.*

내가 수줍음과 두려움을 극복한 방법

십대였던 내가 호화로운 사무실의 닫힌 문을 열고 들어가서 사업가들에게 판매를 하려고 할 때 내가 느꼈던 수줍음과 두려움을 어떻게 극복했는지 이야기하기 전에, 먼저 내가 어린 아이였을 때 같은 문제에 맞닥뜨렸던 경험을 말해보겠다.

많은 이들은 어린 아이였던 내가 수줍어하고 두려워했다는 걸 믿기 어려워한다. 하지만 새로운 경험을 하거나 새로운 상황에 놓이게 될 때면 누구나 어느 정도 두려움을 느낀다. 그것은 자연 법칙이다. 자연은 이 방법을 통해 개개인에게 경각심을 줘서 위험으로부터 보호한다. 어린이와 여자는 남자보다 이런 감정을 더 크게 느낀다. 다시 말하지만 이것은 자연이 개개인을 해로운 것으로부터 보호하는 방식이다.

어렸을 때 수줍음이 많았던 난, 집에 손님이 오면 다른 방으로 들어가 숨어버리곤 했다. 폭풍우가 칠 때면 침대 아래에 숨어있었다. 하지만 어느 날 나는 생각했다.

"어차피 번개가 칠 것이라면 침대 밑에 있으나 방 어디에 있으나 똑같이 위험할 것이다."

나는 이 두려움을 정복하기로 결심한 것이다. 기회가 왔다. 폭풍우가 쳤다. 그때 나는 힘을 내서 창문을 통해 번개를 바라봤다. 놀라운 일이 일어났다. 번개가 하늘을 통과하며 내는 불빛의 아름다움을 즐기기 시작한 것이다. 이제는 폭풍우를 나보다 더 많이 즐기는 사람이 없다.

나는 다임은행 건물에 있는 사무실들을 차례로 방문했지만 문을 여는 두려움을 극복하지 못했다. 안을 들여다볼 수 없을 때엔 더욱 더 두려웠다(많은 유리문들이 불투명하거나 안에 커튼이 쳐 있었다). 나 자신을 강제로 들어가게 할 필요가 있었다.

나는 구했기 때문에 답을 찾을 수 있었다. 나는 생각했다.

'성공은 시도하는 자의 것이다. 시도해서 잃을 게 없고 성공할 경우

큰 이득을 얻을 수 있다면 무슨 수를 써서라도 시도하라!'

나는 이 두 가지의 동기유발 문구 중 하나를 되뇌면서 이성에 호소할 수 있었다. 하지만 여전히 두려웠고 여전히 행동할 필요가 있었다. 운 좋게도 나는 나 자신을 행동하게 만들 수 있는 실행 스위치, *'지금 하라!'*를 생각해냈다. 나는 올바른 습관을 들이기 위해 노력하는 값어치와 나쁜 습관을 갖게 되었을 때의 해로움을 알았기 때문에 한 사무실을 나오자마자 곧장 다음 사무실로 들어간다면 나 스스로를 강제적으로 행동하게 만들 수 있겠다는 생각이 들었다. 망설이는 마음이 생기면 나는 실행 스위치, *'지금 하라!'*를 되뇌고 그 즉시 행동할 것이다. 나는 그렇게 했다.

수줍음과 두려움을 무력화시키는 방법

일단 문을 열고 사무실 안으로 들어가고 나서도 여전히 마음이 편치 않았다. 하지만 곧 낯선 사람과 이야기하는 두려움을 무력화시키는 방법을 배웠다. 그 방법은 목소리를 조절하는 것이다.

큰 목소리로 빨리 말하고, 내가 하는 말을 글로 적었다 쳤을 때 마침표나 쉼표가 있는 자리에서 잠시 멈추고, 미소 짓는 것 같은 목소리를 유지하고, 말의 소리와 리듬에 변화를 주면, 뱃속부터 떨려오는 찌르르한 느낌이 사라지는 것을 발견했다. 나중에 이 기법이 정통 심리학의 원리에 기초하고 있다는 것을 알게 되었다. (두려움과 같은) 감정은 이성에는 즉각적으로 복종하지 않지만 행동에는 복종한다는 이론이다.

원하지 않는 감정을 생각으로 무력화시킬 수 없다면 행동으로는 가능하다.

부동산 사무실의 영업관리자는 "잠시 시간을 내주시겠습니까?"라는 나의 여는 문장을 좋아하지 않았다. 게다가 많은 사람들이 이 여는 문장을 듣고 "아니오!"라고 대답했다. 그래서 나는 이 문장을 버리고 시험을 거쳐 새로운 여는 문장을 생각해냈는데, 이 문장을 그때부터 계속 써오고 있다. 그것은 바로 "당신도 이걸 흥미 있어 할 겁니다."라는 문장이다.

이 여는 문장을 듣고는 아무도 "아니오!"라고 대답하지 않았다. 대부분은 "그게 뭡니까?"라고 물었다. 그러면 나는 그들에게 판매토크를 시작했다. 판매에서 여는 문장의 목적은 오로지 그 사람이 내 이야기를 듣도록 만드는 것뿐이다.

그만둘 때를 알아라

어머니는 내게 "방문한 모든 사람에게 판매를 성사하도록 노력해야 한다."고 지침을 주었다. 그래서 나는 모든 잠재고객 곁에서 때때로 그들을 지치게 했다. 하지만 그곳을 나올 때는 나 또한 지쳐 있었다. 내가 하는 일처럼 낮은 비용의 서비스를 판매하는 경우에는 시간 당 평균 판매량을 높이는 것이 필수적인 것 같았다. 한 사업장에서 27개를 파는 일이 매일 생기지는 않았기 때문이다.

그래서 *판매하는데 내가 정한 시간보다 오래 걸리면* 방문하는 모든 사람에게 판매를 하지는 *않기*로 결심했다. 계속 잠재고객과 있으면 결국 팔 수 있다는 걸 알지만, 그를 기분 좋게 한 후 빨리 그 자리를 나오려고 노력했다.

멋진 일들이 일어났다. 나의 일 평균 판매량은 엄청나게 증가했다. 게다가 몇 번은 이런 일도 있었다. 잠재고객은 내가 계속 설득할 거라고 생각했는데 기쁜 마음으로 그냥 나와 버리자 내가 판매를 하고 있던 옆방에 찾아와 이렇게 말했다. "나한테 이럴 순 없어요. 다른 보험판매원들은 모두 계속 버티고 있었을 거예요. 다시 내 방에 와서 계약서를 쓰세요." 판매가 시도로만 그친 경우에도 나는 피곤해지기는커녕, 다음 잠재고객에게 들려줄 프레젠테이션을 생각하며 열정과 에너지를 느꼈다.

내가 배운 원리는 단순하다.

"피곤함은 일을 최선으로 수행하는 데 도움이 안 된다. 에너지 수준을 너무 낮춰서 배터리를 닳아 없어지게 하지 마라. 신경계는 몸이 휴식으로 재충전될 때 더 활발하게 움직인다. *시간은 성공 공식에서 가장 중요한 요소이다. 시간을 절약하라. 시간을 현명하게 투자하라.*"

그가 당신의 이야기를 듣게 만드는 방법

"말을 할 때는 그의 눈을 쳐다봐라." 어릴 때는 이렇게 배웠다. 하지만 판매할 때 내가 눈을 쳐다보면 그는 "아니"라고 고개를 젓곤 했다. 그가 내 말 중간에 끼어드는 일은 더 자주 있었다. 나는 이것을 좋아하지 않았다. 왜냐하면 시간이 지체되기 때문이다. 나는 얼마 안 있어

이런 상황을 피할 수 있는 간단한 기법이 떠올랐다. 그것은 시각과 청각을 통해서 내가 보여주고 말하는 것에 잠재고객을 집중시키는 것이다. 난 판매토크를 할 때 보험증권이나 홍보 인쇄물을 손가락으로 가리키며 쳐다보았다. 내가 가리키는 곳을 쳐다보면 그도 따라 쳐다봤다. 종종 시선 한 켠으로 잠재고객이 고개를 젓는 게 보이면 거기에는 주의를 주지 않았다. 그러다보면 가끔 그 고객이 곧 흥미를 보여 판매가 성공하기도 한다.

이기려면 놀아라

경쟁이 치열한 게임이나 스포츠를 할 때 당신은 규칙을 따르고 스스로 정한 기준을 어기지 않는다. 하지만 당신은 이기기 위해 게임한다. 판매의 게임도 이와 같다. 다른 모든 활동들처럼, 전문가가 되면 판매도 무척 재미있는 활동이 된다.

전문가가 되려면 노력해야 하고 그것도 열심히 해야 한다는 것을 알게 되었디. 어떤 분야든 전문가가 되려면 *해본다, 또 해본다, 계속 해본다* 라는 규칙을 따라야 한다. 하지만 올바른 방식으로 일하는 습관을 들이면 적절한 때에 당신은 정말로 전문가가 된다. 그러고 나면 당신은 일의 즐거움을 경험하게 된다. 일은 더 이상 일이 아니다. 그것은 재미다.

판매 기법을 개선하기 위해 매일같이 열심히 노력하고 또 노력했다. 난 반응을 촉발시키는 말을 찾고 있었다. 그것은 잠재 고객에게서 제대로 된 반응을 이끌어내는 단어나 구절이다. 그리고 제대로 된 반응이란, 시간은 나에게 돈이나 마찬가지이므로, 잠재고객이 적당히 짧은 시간 안에 구입하는 것을 말한다.

나는 제대로 된 반응을 얻어내기 위해 제대로 된 말을 제대로 된 방식으로 하고 싶었다. 이것은 연습이 필요했고 연습은 노력이다.

모든 것에는 시작과 끝이 있다. 판매의 시작은 여는 문장이다. 어떻게 하면 가장 짧은 시간 안에 잠재고객을 기분 좋게 만드는 방식으로 판매를 마무리 지을 수 있을까?

나는 구하였으므로 답을 발견했다 :

잠재고객이 구입하기를 바란다면, 그에게 구입해 달라고 요청하라. 그냥 요청하라. "네"라고 대답할 기회를 줘라. 하지만 "네"라고 말하기는 쉽고 "아니오"라고 말하기는 어렵게 만들어라. 구체적으로 말하자면, 나의 말이 상대방에게 교묘하게 영향을 줘서, 상대방이 내가 원하는 방향으로 대답할 수 있게끔 만들어라.

내가 알아낸 것은 다음과 같다 : 누군가가 "네"라고 말하게 하고 싶으면 그저 *긍정의 진술을 하고 긍정의 질문을 해라*. 그렇게 하고 나면 "네"는 거의 자연적인 반사행동처럼 나올 것이다. 예를 들면 :

1. 긍정의 진술 : 멋진 날이네요.

긍정의 질문: 그렇죠?

대답 : 네, 그러네요.

2. 토요일 아침 엄마는 아이가 밖에 나가 놀고 싶어 한다는 걸 알

고 있다. 아이가 한 시간 동안 피아노를 연습하게 하고 싶다면 이렇게 말할 수 있다.

긍정의 진술 : 하루 종일 놀 수 있도록 지금 한 시간 동안 피아노를 연습하고 싶지.

긍정의 질문 : 내 말이 맞니?

대답 : 네

3. 손님에게 레이스 손수건을 권유하는 판매원은 이렇게 말할 수 있다.

긍정의 진술 : 이건 아름다워요, 가격도 적당하죠.

긍정의 질문 : 그렇죠?

대답 : 네

긍정의 질문 : 그러면 이 손수건을 선물용으로 포장해 드릴까요?

대답: 네

4. 내가 발견한 판매를 성공시키는 효과적인 맺음말도 단순하다.

긍정의 진술 : 그래서 괜찮으시다면 제가 이걸 작성해드리고 싶은데요, 제가 그래도 된다면요.

긍정의 질문 : 그래도 되겠습니까?

대답 : 네.

이 글을 쓴 이유

다임은행 건물에서 경험한 이야기는, 내가 절대 실패하는 않는 판매시스템을 개발하기 시작하면서 어떤 기법들을 썼고 왜 그것들을 사용했는지 보여준다. 나는 판매 프레젠테이션을 구성하는 각 단계에 필요한 *지식*을 찾고 있었다. 그리고 *행동*을 반복함으로써 *이 지식을 써먹는 방법, 즉 노하우*를 얻고자 노력하고 있었다.

간단히 말하면 짧은 시간, 뛰어난 성과를 지속적으로 만들어줄 공식을 사용하는 습관이 들게끔 나 자신을 준비시키고 있었다.

당시에는 몰랐지만 나는 사실 *내일을 준비*하고 있었다. 몇 년이 지난 후, 판매시스템에 적용했던 원리가 모든 분야에서 계속 성공할 수 있게 하는 공통분모임을 발견했다. 그렇게 해서 나는 더 위대한 발견을 했다. 그것은 바로 *절대 실패하지 않는 성공시스템*이다.

당신에게 절대 실패하지 않는 성공시스템이란 어떤 의미인가?

당신이 *절대 실패하지 않는 성공시스템*을 이해해서 적용한다면 건강과 행복, 성공, 부를 얻게 될 것이다.

이 시스템은 작동하므로…당신이 작동시키기만 한다면.

당신이 여기 나온 이야기와 설명들을 잘 읽고 받아들여도, 그 안에서 발견할 수 있는 성공 원리들을 아직까지 알아차리거나 이해하지 못했을 수도 있다. 하지만 계속 읽어나가다 보면 그 원리들은 수정처럼 명료해질 것이다.

*절대 실패하지 않는 성공시스템*을 찾으려 할 때 당신은 세 가지 요소를 명심함으로써 더 빠르고 지속적으로 발전할 수 있다. 세 가지 요소를 중요한 순서대로 적어보자면:

1. *행동으로 이끄는 영감* : 그것을 원해서 하도록 영감을 불어넣어 주는 어떤 것.
2. *노하우* : 당신에게 계속해서 결과를 가져다주는 기법과 기술. 노하우는 지식을 제대로 사용하는 것이다. 노하우는 실제로 여러 번 해봄으로써 습관이 된다.
3. *지식* : 당신이 관심 있는 활동, 서비스, 상품, 방법, 기법, 기술에 관한 지식.

계속해서 성공하기 위해서는 *내일을 준비*할 필요가 있다. 내일을 준비하려면 *자신의 건설자*가 되어야 한다. *자신의 건설자*가 되는 것을 배우려면 다음 장을 읽어라.

커다란 문도 작은 경첩에 매달려 있다

1. 결국은 주위 환경이 당신을 지배할 것이다. 따라서 반드시 주위 환경을 지배하라. 당신의 발전을 지체시키는 상황, 사람, 동료를 피하라.
2. 성공은 시도하는 자의 것이다. 얻을 것은 많고 잃을 건 없다면, 시도하라.
3. 생각으로는 두려움을 극복할 수 없다. 하지만 행동으로는 가능하다.
4. 잊지 마라: 시스템은 작동한다… 당신이 그것을 작동시키기만 하면.

Chapter 3

자신의 건설자가 되어라

"돈, 제가 어디로 가야 직장을 구할 수 있는지 아세요?"
도널드 무어헤드는 주저하다가 미소 지으며 말했다. "제가 알아요, 짐. 내일 아침 8시 30분에 제 사무실로 오세요."
대화는 그렇게 끝났다. 무어헤드는 미국 손해보험사의 책임자였는데 어느 날 오후 월 스트리트를 걷다가 친구를 만나면서 이야기는 시작되었다.
다음 날 아침 짐은 그를 만나러 왔다. 돈은 큰 수입을 얻으면서 사람들에게 서비스를 제공할 수 있는 쉬운 방법이 있다고, 그게 바로 상해보험과 건강보험을 판매하는 일이라고 제안했다.
"하지만," 짐이 말했다. "전 정말 두려워요. 누구를 방문해야 하는지도 모르겠어요. 여태껏 살면서 뭔가를 팔아 본 적이 한 번도 없거든요."
"그건 걱정하지 않아도 됩니다." 돈이 대답했다. "무엇을 해야 하는지는 제가 알려줄 거예요. 하루에 다섯 명을 방문하면 절대 실패하지 않을 거라고 장담합니다. 당신이 한 가지만 약속하면 매일 아침 잠재고객 다섯 명의 이름을 드릴게요."

"그게 뭔데요?"

"제가 잠재고객의 이름을 주면 그날 다섯 명 모두를 방문하겠다고 약속하세요. 원한다면 제 이름을 얘기해도 좋아요. 하지만 제가 당신을 보냈다고는 말하지 마세요."

짐은 절실하게 직장이 필요했다. 그의 친구가 적어도 시도는 해봐야 하지 않겠냐고 그를 설득하는 데는 그리 오랜 시간이 걸리지 않았다. 그래서 짐은 필요한 인쇄물과 지침서를 집에 들고 가서 공부했다. 며칠 후 짐은 다섯 명의 이름을 받고 새로운 직장에서의 새 출발을 하기 위해 무어헤드의 사무실을 다시 찾아왔다.

그건 당신 마음에 달린 거예요

"어제는 굉장했어요!" 짐은 두 건의 판매성과로 흥분한 채, 다음 날 아침 출근을 해서 소리쳤다.

그 다음날 그는 운이 더 좋았다. 다섯 명의 잠재고객 중 세 명에게 판매를 성사시킨 것이다. 셋째 날 다섯 명의 이름을 받은 그는 활기와 생명력으로 가득 차서 무어헤드의 사무실을 서둘러 빠져 나왔다. 이 모습은 그날 생길 좋은 일의 전조였다. 방문한 다섯 명 중 네 명에게서 판매를 성사시킨 것이다.

이 열정적인 신입 판매원이 다음 날 아침 출근했을 때 무어헤드는 중요한 회의에 참석 중이었다. 짐이 응접실에서 15분쯤 기다렸을 때 무어헤드가 사무실에서 나와서 말했다. "짐, 나는 지금 굉장히 중요한 회의 중인데 아마 오전 내내 계속될 거예요. 내 시간도 절약하고 당신 시간도 절약하는 게 어때요? 저기 있는 전화번호부에서 다섯 명의 이름을 찾아서 가져가세요. 그게 지난 사흘 동안 제가 한 일이에요. 어떻게 하는 지 보여줄게요."

돈은 전화번호부를 아무 페이지나 펼친 다음 광고 하나를 손가락으로 가리켰다. 그리고는 그 회사의 사장 이름을 보고 이름과 주소를 옮겨 적었다. 그런 다음 말했다. "이젠 당신이 한 번 해보세요."

짐은 따라 했다. 돈은 첫 번째 사람의 이름과 주소를 적고 나서 말했다.

"기억하세요. 판매를 성공시키는 건 마음 자세, 판매원의 자세입니다. 당신이 내가 준 이름들을 방문했을 때 가졌던 올바른 마음자세를, 당신이 지금 고른 이름들을 방문할 때도 똑같이 가질 수 있느냐가 당신의 경력 전체를 좌우할 수도 있어요."

후에 진짜 큰 성공을 이룬 한 남자의 경력은 그렇게 시작되었다. *그건 마음에 달린 것이다* 라는 진실을 그가 깨달았기 때문이다. 그는 시스템을 더 좋게 발전시켰다. 잠재고객이 외출하지 않고 사무실에 있음을 확실히 하기 위해, 그는 전화를 걸어 약속을 잡았다. 약속을 잡을 수 있는 *노하우*를 개발해야 했지만, 그건 경험을 통해서 얻을 수 있었다.

경험을 통해 얻는 것, 이것은 당신이 노하우를 얻는 방법이기도 하다.

자, 이젠 한 은행원의 이야기를 해보겠다. 그는 자신이 한 실수 때문에 직장을 잃게 되었지만 자신에 대해 낱낱이 조사해봄으로써 더 좋은 직장을 가지게 되었다. 이것은 순환 연구회의 이사인 에드워드 알 듀이가 최근 나에게 들려준 이야기이다.

자신을 낱낱이 조사하라

"제 친구 마이크 코리건은 은행원이에요." 듀이가 말했다. "그가 좋아했던 고객이 있었는데 깊이 생각하지 않고 그 고객을 너무 믿었어요. 마이크는 그에게 상당한 금액을 대출해주었는데 그게 문제가 된 거죠. 그의 상관이 보기에는 마이크가 은행에 몇 년씩이나 있었는데도 어리석은 결정을 내렸다고 느꼈죠. 그래서 마이크는 직장에서 잘리고 한동안 실업자 신세가 되었어요. 나는 살면서 그렇게 녹초가 된 사람은 처음 봤어요. 그의 걸음걸이, 표정, 태도, 말 하나하나에서 그가 느낀 좌절과 절망이 배어 나오는 것 같았죠. 그는, 클레멘트 당신의 표현대로라면 부정적인 마음 자세를 가지고 있었어요."

듀이가 내게 말했다. 그리고 말을 계속 이어갔다.

"그는 직장을 구하려고 몇 차례 시도했지만 소용이 없었어요. 그의 태도를 본다면 제가 봐도 당연한 결과였죠. 저는 그를 돕고 싶어서 그에게 책을 한 권 줬어요. 시드니와 메리 에드런드가 쓴 「직장을 고르고 내 것으로 만들어라」라는 책이었어요. 에드런드는, 당신이 직장을 선택해서 고용주가 될 사람에게 당신의 업무 경험을 보여줄 때 그들의 마음을 사로잡을 수 있는 방법을 알려 줘요. 전 그에게 꼭 읽어봐야 하는 책이라고 말하고, 다 읽게 되면 저를 찾아오라고 말했어요.

마이크는 책을 다 읽고 다음날 찾아왔어요. 그는 직장이 절실하게 필요했거든요. 이 책을 봤으면 당신의 자산을 목록으로 만들어보라고 제안했다는 것을 아시겠죠? 자산이라 함은 당신이 예전 고용주에게 돈을 벌어다 주기 위해 했던 모든 일이에요. 그러고 나서 마이크에게 다음과 같은 몇 가지 질문을 했어요."

1. 당신이 지점장으로 관리를 한 덕분에 은행에서는 매년 어떤 이득이 증가했나요? 당신이 특별히 어떤 일을 해서 이득이 증가했나요?
2. 당신이 운영을 하면서 효율성을 높여 낭비를 없애는 덕분에 은행은 얼마만큼의 돈을 절약할 수 있었나요?

"마이크는 똑똑했고 준비가 되어 있었습니다. 그는 제 의도를 이해했죠. 그날 저녁을 먹고 그가 우리 집에 왔어요. 전 그의 변화된 모습에 몹시 놀랐죠! 그는 완전히 다른 사람이 되어 있었어요. 진실한 미소, 악수할 때는 굳건하면서도 친근했고 목소리는 확신에 차 있었죠. 그리고 그가 자신의 진정한 자산이 무엇인지 생각하며 쓴 몇 페이지의 목록을 보고 전 다시 한 번 놀랐습니다. 예전 고용주에게 어떤 값어치가 있었는지 개략적으로 적은 글 외에도, *나의 진정한 자산* 이라고 제목을 붙인 또 하나의 특별한 목록이 있었거든요."

에드워드 알 듀이가 마이크 코리건의 목록에 적힌 자산을 얘기해주고 있을 때, 나는 참지 못하고 그의 말을 가로 막았다.

"마이크 코리건은 자신의 건설자가 되는 핵심적인 요소를 깨달았군요!"

이 책에서 『삶의 진정한 보물』이라는 제목의 장을 읽으면 당신도 내 말이 무슨 뜻인지 이해할 것이다. 듀이는 계속 말을 이었다.

"마이크의 진정한 자산에 중에는:
- 나에겐 세상 전부나 다름없는 멋진 부인
- 나의 삶에 기쁨과 행복, 빛을 가져다주는 하나 밖에 없는 딸
- 건강한 정신과 육체
- 많은 친구들-좋은 친구들
- 끊임없이 영감을 주는 종교적 신념
- 자유의 땅에 산다는 특권
- 대출 없이 모두 지불된 집과 차
- 은행 계좌에 있는 수천 달러의 돈
- 나는 충분히 젊다. 내 앞에는 수많은 좋은 날들이 펼쳐져 있다
- 나를 아는 사람들은 나를 존중하고 존경한다.

"그날 저녁 마이크와 함께 있는 건 즐거웠습니다." 에드워드가 말했다. "그는 너무 열정적이어서 나까지 전염이 되는 것 같았죠. 제가 고용주라면 이런 사람을 고용할 거라고 생각했습니다. 그 후 이틀 동안 마이크 생각을 떨칠 수가 없었어요. 이틀 째 되는 날 전화가 울렸는데 왠지 마이크일 것 같았죠. 제 생각이 맞았습니다. '정말 고맙습니다 에드워드. 좋은 직장을 구했어요.'"

마이크는 행복한 목소리로 소리쳤어요.

"마이크는 정말 괜찮은 직장을 구했어요. 인근 도시에 큰 병원이 있었는데 그곳의 회계담당자로 일하게 됐지요."

듀이의 이야기는 이렇게 끝이 났다.

그는 시간기록 카드를 고안해냈고
....자신의 건설자가 되었다

자신을 낱낱이 조사하기 위해 실업자가 될 필요는 없다. 자기 자신을 조사하는 사람은 대개 자기계발을 하고자 하는 사람들이다. 그리고 그들은 그것을 얻는다. 시카고에 있는 오하이오 내셔널 생명보험 회사의 영업을 하는 조지 세버런스가 그런 사람 중 한 명이었다.

조지는 시간기록 카드를 고안해서, 그 덕분에 자신이 가치 있다 생각한 목표를 성취할 수 있었다. 시간을 내서 그가 사용한 원리를 적용해본다면 누구나 쉽게 자신만의 시간카드를 개발해서 사용할 수 있을 것이다.

당신만의 시간카드를 설계할 때 19장에 자세히 나와 있는 지침을 따르고 매일 그것을 사용하면, 당신도 조지처럼 자신의 건설자가 될 것이다.

당신도 조지가 했던 것처럼 그의 기법을 사용하면서 마음의 평화와 행복을 얻고 빚을 청산하고 돈을 저축하며 시간과 돈을 절약해서 부를 얻게 될 것이고, 나쁜 습관은 버리고 좋은 습관은 발전시킬 수 있을 것이다. 매일 이것을 사용하면 당신을 더 높은 성취로 이끌고 갈 의욕이 생길 것이다. 내가 *장담한다!*

조지는 내 친구이다. 나는 그의 이야기를 잘 알고 있다. 뒷문을 두드리며 간이생명보험을 팔기 시작했을 때 그는 첫 판매에 흥분을 느꼈다고 한다. 그는 이렇게 말했다.

"아마 우리 동네에 있는 뒷문이란 뒷문은 모두 노크했을 거예요. 판매를 하러 시의 모든 구역을 돌아다녔어요. 시간이 갈수록 판매량은 많아졌습니다. 하지만 제게는 심각한 재정적 문제가 있었어요. 수입이 늘고 있었지만 그것보다 빚이 커지는 속도가 더 빨랐거든요. 어느 날 빚이 총 얼마나 있는지 계산해봤는데 번개를 맞은 것처럼 충격을 받았죠. 위기라고 부를 수 있을 정도로 심각한 돈 문제에 직면했습니다. 그때 어디선가 읽었던 구절이 생각났습니다. *돈을 저축할 수 없다면 당신에게는 성공의 씨앗이 없는 것이다.* 저는 필사적으로 성공하고 싶었습니다. 이 빚에서 벗어나고 싶었습니다. 저는 성공의 씨앗이 제 안에 있다고 느꼈어요. 그 자리에서 결심했죠. 이 빚에 대해 뭔가 행동을 취하자 라고요."

돈을 저축할 수 없다면 당신에게는 성공의 씨앗이 없다.

성공한 많은 사람들처럼 조지도 동기유발 문구를 기억하고 그것에 반응함으로써 이득을 얻었다. 한번은 조지에게 이런 질문을 했다.

"당신 삶에서 가장 중요한 역할을 한 자기계발서는 무엇인가요?"

"*초상화의 작가들과 원칙들*이라는 책이에요." 그가 대답했다. (Wm. C. King, King Richardson&Co., Springfield, Mass.,1895)

자, 성공은 자기계발서를 읽고 거기에 담긴 철학을 끄집어내는 것이 전부가 아니다. 행동이 필요하다.

조지는 시간기록 카드로 인해 자신을 낱낱이 조사해서 자신을 생각할 시간을 마련하고 명확한 목표를 세워 그것을 향해 나아갈 있는 바른 길을 선택할 수 있었고, 또 직접 실천할 수 있게 *의욕을 불러일으킬 수 있었다*고 한다. 그리고 또 이렇게 말했다.

"시간기록 카드를 만들고 나서 저는 무척 놀랐습니다. 친구들과 커피를 마시는 데 한 달에 32시간을 쓴다는 것을 발견했거든요. 이것은 4일의 업무에 해당하는 시간입니다. 그리고 이따금씩 제 점심시간이 정해진 것보다 한 시간이 더 걸린다는 것도 발견했습니다. 그 뿐이 아니에요." 그는 말을 이었다.

- 이동-한 지역을 철저히 방문하는 대신 산토끼마냥 이리 뛰고 저리 뛰고 온갖 곳을 다 돌아다녔어요.
- 늦게 자는 것-저녁에 회의가 있을 때가 많았어요. 8시나 9시쯤에 회의가 끝나면 우리는 카드게임을 하거나 한가롭게 수다를 떨곤 했는데 종종 자정을 넘겨버릴 때도 있어요. 이제 저는 집에 가서 가족과 함께 있는 시간을 즐깁니다. 잠도 푹 자고요. 자기계발서를 읽을 시간도 더 많아졌습니다.
- 스포츠-가끔 저는 판매를 해야 할 시간에 야구장에 가거나 골프를 치러 갔어요. 돈을 버는 귀중한 시간 동안 얼마의 수입을 놓쳤을까 생각하면 질색이에요.
- 가족으로서의 의무-근무시간 동안 시간을 내서 집안일을 하곤 했어요. 가족 중 돈을 버는 사람으로서 일을 하며 시간을 유익하게 쓰지 않고 말이죠.

"이렇게 되돌아보니 많은 점에서 저는 업무시간 동안 사교적으로 성공했다고 볼 수 있었어요. 하지만 시간기록 카드를 고안하고 나서 깨달았죠. 업무를 하는 동안 사교적으로 성공했다면 업무적으로는 실패한 것이다."

그래서 조지는 매일 그의 시간기록 카드에 기입했다. 그의 회사 관리자들은 경탄했다. 그가 시간기록 카드를 고안한 후에 놀라운 성과를 이뤄냈기 때문이다:

- 그는 한 해 동안, 금액으로 치면 400만 달러에 해당하는 생명보험 계약을 따냈다.
- 그는 하루에 백만 달러가 넘는 신규 계약을 제출해 회사 신기록을 세웠다.
- 그는 생명보험 판매에서 계속 높은 실적을 내, 백만장자 클럽의 회원이 되었다-생명보험 판매원이라면 누구나 꿈꾸지만 회원이 되는 사람은 극히 적은 자리이다.

당연한 자부심을 가지고 조지는 말했다.
"저는 빚을 갚기 시작했어요. 마침내 빚을 모두 갚고 난 후 은행에 예금계좌를 개설했어요. 6000 달러를 저축했죠. 제 친구와 저는 각각 6000 달러의 자금을 내서 은행의 도움으로 한 기업에 투자했어요. 1년 후 우리는 이 사업으로 각각 5만 달러를 받았습니다. 이것으로 저는 부에 한 걸음 성큼 가까이 갈 수 있었어요."

조지 세버런스의 시간기록 카드를 따라 쓰고 싶은가? 그게 어떻게 작동하는지 세세하게 알고 싶은가? 당신에게 딱 맞춘 특별한 시간카드를 만들고 싶은가?

『19장:성공지표가 성공을 가져온다』를 읽으면 그럴 수 있다. 하지만 당신의 일상을 낱낱이 조사하는 습관이 몸에 붙으려면 의지력이 필요하다. 의욕을 불러일으키는 자기계발서가 도움이 된다.

의지력

조지는 *초상화의 작가들과 원칙들* 과 같은 자기계발서에서 영감을 받았다. 나는 *의지력* (Frank Channing Haddock, Ralston Publishing Co., Cleveland, Ohio) 이라는 책에서 도움을 받았다.

지난 장에서 내가 다임은행 건물에서 판매를 하러 다녔던 이야기를 했는데, 그것을 읽으면서 당신은 의아했을지도 모른다. 왜냐하면 상식적으로 생각해도 모든 분야에서 더 나이가 많고 경험이 풍부한 판매원들도 판매 기법을 구축하지 못하는데 십대인 내가 그 일을 했기 때문이다.

하지만 십대를 부족한 존재로만 보지 마라. 고등학교 1학년 때 나는 어떤 문제를 겪고 있었고 그 일로 인해 프랭크 채닝 해덕이 쓴『의지력』이라는 책을 사게 되었다. 의지력을 개발하고 싶은 게 첫 번째 이유였다. 게다가 나는 토론 클럽의 회장이었는데 우리는 "의지는 자유로운가?"라는 주제를 두고 토론을 했다. 그 주제에 관해 조사할 필요가 있었는데 의지력은 좋은 참고 도서가 돼주었다.

토론과 공개연설 훈련으로 나는 나 자신에 대해 확신을 갖게 되었고 자신감을 가질 수 있었다. 그리고 *설득력* 있는 반박의 문장을 빠르게 생각해내는 연습을 하면서 판매할 때도 효과적인 반박의 문장이 자연스럽게 떠올랐다. 원리는 똑같았기 때문이다. 판매를 하든, 토론을 하든 논리적인 생각과 표현에 세심한 주의를 기울여 그것을 유리하게 만들어야 한다. 이기기 위해서는 *설득력*이 있어야 한다.

나는 종종 왜 학교가 아이들에게 자기계발 책을 접하게 하지 않는지 의아해한다. 그들의 나이는 진실을 찾고 개인적인 도움을 구할 때이다. 헌법은 공립학교에서 종교를 가르치지 못하게 하지만 헌법 어디에서도 일에 대한 올바른 태도, 정직, 용기, 고결한 삶을 꾸려가는 것, 좋은 생각하기, 선행실천하기 등을 가르치는 것을 금지하는 조항은 없다.

당신은 정신을 매개로 영혼과 만난다

인류의 역사를 살펴보면, *최고의 새 생각은 최고의 옛 생각이다* 라는 교훈을 얻을 수 있다. 친구인 네이트 리버만이 했던 표현이다. 수많은 사람들이 종교의 영향을 받아 좋은 생각을 하고 좋은 행동을 함으로써 고결한 삶을 꾸려가고자 한다. 성경이나 다른 종교 서적을 보면 그것이 가르치고 있는 도덕을 발견할 수 있다.

만약 당신이 교회를 다니는데 자기계발을 원한다면 그 철학을 가까이 하라. 그것은 많은 사람들에게 영감을 주어 바람직한 행동으로 이끌 수 있다. 성경을 읽을 때 처음에는 성경의 원리들을 관련짓고 완전히 내 것으로 만들어서 사용하는 *노하우*가 없겠지만 낙심하지 말라.

노하우는 경험으로 터득되기 때문이다.

  당신은 당신의 종교와 경전들의 힘을 통해 당신의 정신을 매개로 영혼을 만난다. 건강한 정신과 종교의 치유력이 그만큼 중요하기 때문에 신체적, 정신적, 도덕적 건강을 얻기 위해서는 종교적 지도자와 정신과 의사가 서로 힘을 합할 필요가 있다는 것을 점점 많은 사람들이 깨닫고 있다. 스마일리 블랜튼 박사와, 목사이기도 한 노만 빈센트 필 박사는 25년 동안 함께 일했다. 이 작업을 통해 정신과 의사와 종교적 지도자가 각자의 직업을 수행하면서 동시에 파트너로 함께 일하는 것이 얼마나 가치 있는 일인지 증명했다. 하지만 무엇보다 두 사람은 그들이 설립한, 뉴욕에 본부를 둔 종교·정신의학 재단을 통해 세계 곳곳에 있는 모든 교파의 목사들을 교육시켜서 그들이 헌신하는 과업을 더 잘 수행할 수 있도록 도왔다.

  여기서 이런 철학을 언급하는 것은, 나 역시 다른 회사에서 실패했던 사람들을 고용해 동기를 부여함으로써 그들이 걸출한 성공을 하도록 준비시켰던 경험이 있기 때문이다. 자신의 건설자가 되려는 사람은 누구나 신체, 정신, 도덕의 건강을 더 높은 상태로 올리려는 노력을 통해 목표를 성취할 수 있다. 당신이 보이지 않는 벽을 쌓아 올리지만 않는다면.

보이지 않는 벽을 무너뜨려라

  기원전 3세기 중국 왕조의 첫 황제였던 진시황은 두 개의 벽을 건설했다. 유명한 만리장성, 그리고 그것과 함께 쌓아 올린 보이지 않는 벽.

만리장성에는 2만5천 개의 감시탑이 있고 총 길이는 4천 킬로미터가 넘는다. 2천 년이 넘는 시간 동안 이 성은 이방인의 침입을 막는 역할과 더불어, 가장 오래된 문명의 선진 지식과 문화가 외부로 빠져나가는 것을 막는 역할을 했다.

기원전 3세기 중국은 필요한 모든 것을 자급할 수 있었다. 그들은 중국 이외의 세계가 필요 없었다. 하지만 중국 밖의 세상에서는 중국이 가진 것을 원했다. 인쇄 기술, 석탄의 이용방법, 물시계, 청동 주물, 화약, 천문 도구, 해군 나침반, 약, 향신료 등.

하지만 수백 년이 지나면서 이방인들은 영감, 지식, 노하우를 얻었고 자신의 문명을 진시황을 넘어서는 수준으로 발전시켰다. 지금의 중국의 문명은 이제 그들과 비교하면 원시적인 수준에 머물게 되었다.

진시황제는 종교, 교육, 언론의 자유를 두려워하는 국가의 수장들처럼, 또 자신의 국민에게 철의 장막을 쳐 놓은 사람들처럼, 자신의 생각, 개념, 철학과 일치하는 않는 글은 모조리 없애버림으로써 발전의 기회를 스스로 망쳐놓았다.

당신 역시도 황제이다. 당신 자신의 생각과 느낌과 믿음과 노력을 온전히 통제할 수 있는 당신 자신의 지배자이기 때문이다. 그리고 당신이 탐구해보지 않는 글은, 진시황이 태워버리거나 파괴했던 글과 같다. 이제 스스로에게 질문할 시간이 된 것 같다.

"나는 어떤 보이지 않는 벽을 세웠는가?"
"학교를 떠난 이후에 내가 원래 가지고 있던 것과는 다른 생각, 개념, 철학을 접한 적이 있는가?"
"나는 우리 시대의 경제적, 사회적, 종교적, 과학적, 정치적 발전이나 다른 중요한 발전에 뒤쳐지고 있지는 않은가?"
"나는 자기계발서의 저자가 내가 아는 친구인 것처럼, 나를 위해서만 그 글을 쓴 것처럼 책을 읽고 있는가?"
"아니면 내가 배워야 할 중요한 원리는 이미 다 배웠다고 생각하는가?"

자신의 건설자가 되어라

자신의 삶을 건축하라. 자신에게, 그리고 인류에게 이로운 존재가 되어라. 내면으로부터 건축하라. *절대 실패하지 않는 자신의 성공시스템*을 탐구하고 찾고 거기에 따른다면 그 일이 가능하다.

외부에서 도움을 얻으려면 좋은 것을 발견할 수 있는 곳에서 그것을 찾아내라. 그리고 이 모든 일은 내면에서부터 시작된다. 사람, 장소, 사물, 지식, 관습, 믿음-당신의 믿음이든, 다른 사람의 믿음이든-에 대한 올바른 마음자세가 그것이다.

당신은 보이지 않는 벽을 너무 단단하게 쌓아 올려 당신을 일깨워주는 아이디어가 뚫고 들어오지 못하게 막지는 않았는가? 그리고 그 때문에 당신의 미래를 뒤쳐지게 하지는 않았는가?

그럴 수도 있고 아닐 수도 있다. 어쨌든 만약 그 벽이 당신 안에 있다면 당신은 그것을 무너뜨릴 수 있다. 다음 장 "당신의 미래를 뒤에 남겨두지 마라"에서 그 방법을 알려 줄 것이다.

커다란 문도 작은 경첩에 매달려 있다

지금 당신은 자신의 자산이 무엇인지 정확히 알고 있는가? 당신의 진정한 능력, 성장할 수 있는 잠재력, 과거에 이뤘던 성공을 제대로 알고 있는가? 모른다면, 자신을 낱낱이 조사하라. 당신이 무엇을 향해 가고 있는지, 그리고 그곳에 도달하려면 어떻게 해야 하는지 알려면 우선 자기자신을 알아야 한다.

Chapter 4

당신의 미래를 뒤에 남겨두지 마라

플로이드 패터슨은 쿵 소리를 내며 바닥에 쓰러졌다. 잠시 후 그는 더 이상 세계 헤비급 챔피언이 아니었다. 잉게마르 요한슨에게 타이틀을 빼앗기게 된 것이다.

전문가들은 플로이드의 선수 생명이 끝났다고 말했다. 권투선수로서 그의 미래는 이제 뒤에 남겨졌다. 모든 사람들이 플로이드가 스포츠에서 가장 오래된 징크스에 직면했다는 것을 알았다. 그건 바로 헤비급 챔피언은 평생 한 번만 차지할 수 있다는 징크스이다. 하지만 시도는 해봐야 했다. 심지어 플로이드는 헤비급 챔피언을 되찾겠다고 선언하기까지 했다.

플로이드는 실패한 자신의 모습에 그저 주저앉지 않았고, 영감을 주는 불만족을 느꼈다. 챔피언이었을 때 느꼈던 강렬한 자부심을 다시 느껴봤다. 깊이 생각해 본 끝에 일단 마음자세를 바꿔야겠다고 깨달았다. 또한 열심히 연습해서 잃어버린 시간을 되찾아야 했다. 진짜로 열심히 연습했다. 그리고 연구했다. 코치의 말을 귀 기울여 들었다.

예전 챔피언인 조 루이스가 그에게 충고해줬다.

"요한슨을 이기려면 그가 실수하게 만들어야 한다. 그런 다음 안 쪽으로 파고들어라."

패터슨은 조의 말대로 했다. 그는 잉게르만의 실수를 유도한 후 안쪽으로 파고들었다. 경기가 시작된 순간부터 5라운드에 요한슨의 턱에 마지막 레프트훅을 날릴 때까지, 패터슨은 영감을 주는 불만족의 힘을 증명했다. 영감을 주는 불만족이 이끌어낸 동기부여의 힘은 충분히 강해서, 그가 헤비급 챔피언 왕관을 되찾는 데 필요한 (1)행동으로 이끄는 영감, (2)노하우, (3)지식을 그의 내면에서 자라나게 해주었다.

복귀전에 들어가기 직전 패터슨이 사진을 찍던 기자들에게 한 말은 의미심장하다.

"가장 중요한 사진은 찍을 수 없을 거예요. 나에게 가장 중요한 것은 마음자세니까요."

보다시피 플로이드는 부정적 마음자세를 올바른 마음자세로 바꾸었다. 따라서 그의 미래는 앞에 펼쳐졌다.

당신의 미래는 뒤에 남겨졌는가?

당신의 미래는 앞에 펼쳐져 있는가 아니면 뒤에 남겨졌는가?

이 질문에 진실한 대답은 당신의 보이지 않는 벽, 즉 부정적인 습관과 해로운 생각과 행동을 제거하기 위해 노력하는지, 그리고 좋은 생각과 행동이라는 긍정적인 습관을 강화하고 구축하기 위해 노력하는지에 따라 달라질 것이다. 됨됨이는 진정한 성공의 정수이기 때문이다.

완벽함의 정수는 결코 도달할 수 없다. 하지만 도달하려고 노력하는 과정에서 됨됨이를 개선할 수 있다. 며칠이 몇 주가 되고 다시 몇 달, 몇 년이 된다. 행운과 불운, 성공과 실패, 어떤 것이 당신의 것인가? 당신이 선택할 수 있다. 방향키를 쥐고 있는 사람은 당신이다. 오늘, 내일 혹은 아직 다가오지 않은 먼 미래의 어느 시점에서든, 당신은 자신이 도달하고자 하는 곳을 향해 방향키를 조종할 수 있다.

그런데 당신은 지금 어디에 있는가? 지금이 그걸 알아낼 시간이다. 바로 지금, 당신이 생각하고 행동하는 습관을 점검해야 한다. 이것들이 당신을 지금 있는 곳으로 데려왔으니까. 지금 하는 생각과 행동은 당신을 미래의 어느 곳으로 데려다 줄 것이다. 당신은 지금 있는 곳에서 정말 바라는 곳까지 이어진 올바른 길 위에 서 있는가?

당신이 지금 누구고 과거에 어떤 사람이었든 간에 당신은 여전히 당신이 원하는 사람이 될 수 있다. 삶이라는 항해를 계속하면서, 당신도 배의 선장처럼 중간에 어떤 항구를 거쳐 갈지 선택하고 다음 목적지에 도착할 때까지 계속 나아갈 수 있는 것이다. 한 항구에서 다른 항구로 이동할 때 잔잔한 바다도 만나고 포악한 바다도 만나겠지만 방향키를 조작해야 하는 사람은 당신이다. 됨됨이를 잃은 사람은 방향키를 놓친 배처럼 세상 속에서 자리를 찾지 못하는 경우가 많다. 이런 일은 바다를 항해하는 도중에 언제라도 일어날 수 있고 인생에서도 마찬가지이다. *됨됨이야말로 사람이 지닌 모든 특징 중에서 진*

정으로 성공적인 미래를 보장하는 공통분모이므로.

그는 자신의 미래를 뒤에 남겨두었다

어머니는 연극과 음악과 오페라를 사랑했다. 그래서 내가 어렸을 때 당시에 가장 뛰어난 배우를 볼 수 있게 해주었다. 그때 그는 나의 영웅이었다. 몇 년이 지나 어른이 된 후에 그를 다시 볼 수 있었다. 하지만 그는 더 이상 내가 존경했던 영웅이 아니었다. 그가 있는 곳에는 여전히 많은 관중들이 몰려 있고 여전히 많은 박수갈채를 받지만 그의 예술과 재능 때문에 그런 것은 아니었다. 사람들은 그가 무대 위에 오르면, 심지어 지각할 때조차도 단지 그가 올라왔다는 이유만으로 환호를 보냈다. 그가 말실수를 하고 대사를 까먹고 재치 있게 즉흥 대사를 칠 때도 관중들은 박수를 보냈다. 그는 광대도 코미디언도 아니지만 사람들은 웃었다. 그는 단지 자신의 미래를 뒤에 남겨둔, 한때 위대했던 사람일 뿐이었다. 왜냐하면 그는 알코올 중독자가 되었으니까. 당시에는 몰랐지만 어린 시절에 그를 봤을 때 이 우수한 배우는 자신의 미래를 뒤에 남겨두었다. 그때도 그는 자신이 어디로 가고 있는지 알고 있었지만 방향키를 돌려 올바른 길로 되돌리려는 노력을 하지 않았다. 다시 말해 해로운 습관을 버리고 좋은 습관을 키우려 하지 않았다.

자신을 이기는 법

성공에 필요한 모든 요소들을 갖추고도 가장 중요한 한 가지, *됨됨*

이가 부족하다는 것은 얼마나 안타까운 일인가. 좋은 됨됨이를 개발하는 것은 당신과 나, 그리고 모든 이들이 혼자 힘으로 싸워야 하는 전쟁이다. 하지만 승리는 우리의 것이 될 수 있다.

이 전쟁은 내면에서 벌어지지만 우리는 외부에서 도움을 구할 수 있다. 좋은 사람들, 그리고 읽으면 더 나은 사람이 되고 싶고 삶의 진정한 보물을 찾고 싶어지는 그런 자기계발서. 하지만 기억하라. *자기계발서의 진정한 가치는 저자가 책 속에 집어넣은 뭔가가 아니라, 당신이 책에서 끄집어내 당신 삶 속에 집어넣은 것이다.*

그리고 당신은 기도로써 도움을 구하고 길을 안내 받을 수 있다는 것을 명심해야 한다. 다시 한 번 상기시킨다.

당신은 유전, 환경, 신체의 산물이자, 당신의 의식과 잠재의식과 경험의 산물이자, 이 시공간에서 당신이 현재 처하고 있는 위치의 산물이자, 당신이 어느 곳으로 향하고 있는지의 산물이다. 한 가지 더! 당신은 알려진 힘과 알려지지 않은 힘의 결과물이다. 당신에게는 이것들 모두에게 영향을 미치고 사용하고 통제하고 조화를 이룰 수 있는 힘이 있다. 그리고 당신은 생각을 지휘하고 감정을 통제하며 당신의 운명을 결정할 수 있다.

이것이 *긍정적 마음자세로 성공하기* 책에서 말하는 내용이다. 그리고 이것이 내가 믿는 것이다. *절대 실패하지 않는 성공시스템*을 이해하고 적용하면, 당신도 스스로 이것을 증명하게 될 것이다. 당신은 *영감*을 받고 필요한 *지식*과 *노하우*를 얻을 것이다. 당신은 유익한 생각을 하고 유익한 행동을 할 것이다.

당신은 *원하는 것*들을 계속 생각함으로써 원하지 않는 것에 대한 생각을 제거할 것이다. 당신은 *자기암시*를 통해 잠재의식에 영향을 끼쳐 *자신을 이기기* 시작할 것이다.

생각은 가장 강력한 암시이다. 이것은 종종 시각, 청각, 후각, 미각, 촉각을 통해 받아들인 것보다 더 강력하다. 잠재의식에는 알려진 힘과 알려지지 않은 힘이 있다. 자신을 이기려면 이 힘들을 지배할 수 있어야 한다. 절대 실패하지 않는 성공시스템을 계속해서 읽다 보면 암시의 힘을 효과적으로 사용하는 지식과 노하우를 얻게 될 것이다.

옳으니까 옳은 일을 하도록 노력하라

내가 "옳으니까 옳은 일을 하도록 노력하라"고 말할 때마다 나는 당신에게 암시를 주는 것이다. 당신이 "옳으니까 옳은 일을 하도록 노력하라"고 혼자서 생각하거나 말할 때마다 그건 당신이 스스로에게 자기암시를 주는 것이다. 잠재의식에 있는 "옳으니까 옳은 일을 하도록 노력하라"는 생각이 섬광처럼 의식에 번뜩일 때마다, 무의식적 암시가 일어나게 된다.

다음의 내용은 중요하니 알아두어라:

1. 암시는 외부에서 온다(주위 환경).
2. 자기암시는 자동으로 일어나거나, 의도적으로 내면에서 통제하는 것이다.
3. 무의식적 암시는 똑같은 자극에 똑같이 반응하는 기계처럼, 무의식적으로 저절로 일어난다.

4. 생각, 그리고 다섯 가지 감각기관을 통해 들어온 이미지는 암시의 한 종류이다.
5. *당신만이 당신을 위해 생각할 수 있다.*

나는 이 책 전체를 통해 동기부여의 기술을 설명하거나 예를 들어 주면서 당신에게 동기를 부여하려고 노력하고 있다. 어떤 형태의 암시이든 반복을 하면 그 효과가 높아진다. 하지만 당신이 동기유발 문구를 잘 이용하는 노하우를 얻고자 한다면 의도적으로 실천해야 할 사람은 바로 *당신*이다. 따라서 나는 암시의 효과를 당신 스스로에게 증명하기를 진정으로 권한다.

다가올 한 주 동안 매일 아침과 저녁에 그리고 하루 중 틈날 때마다 반복하라.

옳으니까 옳은 일을 하도록 노력하라.

이렇게 하면 유혹의 순간이 찾아올 때 잠재의식에 있던 이 문구가 섬광처럼 의식에 번뜩일 것이다. 그러면 *즉시 그에 따라 행동하라. 옳은 일을 하라.*

이렇게 반복을 통해 당신은 좋은 습관을 형성하게 되고 그 습관이 당신의 미래를 빚을 것이다. 왜냐하면 당신의 미래는 당신의 됨됨이에 달려 있고, 됨됨이는 유혹을 극복할 때 얻을 수 있기 때문이다. 어떤 사람들은 단지 옳다는 이유만으로 그 일을 하는 습관을 들였고 그런 사람들 덕분에 세상은 더 살기 좋은 곳으로 변해왔다. 따라서 그들은 유혹을 극복한 사람들이고, 그들 중에는 한 때 죄인이었으나 성자가 된 사람도 있다. 죄를 지었기 때문에 성자가 되고자 하는 동기가 내면에서 일어났던 것이다. 양심의 가책은 그들을 자극해 바람직한 행동으로 이끌었던 내면의 동기가 되어줬다. 양심의 가책으로 인해 그들은 속죄하고, 보상하고, 죄책감에서 벗어나고 싶은 소망을 갖게 되었다. 또한 사람들에게 존중 받고, 자신이 누리고 있는 축복에 대해 신에게 감사하고, 허비한 시간을 만회하려는 소망을 갖게 되었다.

아마 윌리엄 시드니 포터가 이 경우에 해당할 것이다. 그의 필명은 오 헨리이다. 그가 자금횡령으로 오하이오 교도소에 수감되었을 때 공부와 사색과 미래에 대한 계획으로 시간을 보냈다. 그렇게 *영혼의 탐구*를 하게 된 그는 자신을 이겨냈다는 영감을 받았다. 그의 미래가 *앞에* 펼쳐지기 시작한 것은 바로 *그때*부터이다.

글쓰기 재능을 사용하기 시작했다. 그가 감옥에서 나오게 되었을 때 몇 가지 일자리가 생겼는데 그 중 하나가 뉴욕 월드였다. 그곳에서 매주 짧은 이야기 하나를 쓰는 조건으로 수백 달러를 받았다. 그것으로 인해 순식간에 명성을 얻게 되었고 그의 책은 불티나게 팔려 나가게 되었다. *브리태니커* 백과사전에는 이렇게 쓰여 있다.

"그가 삶에서 경험한 비극은 불행한 자들에게 관대한 애정을 갖게 해주었다."

당신이 누구고 과거에 어떤 사람이었든 간에 당신은 자신이 원하는 사람이 될 수 있다.

무일푼에서 부자로

내 오랜 친구인 호레이쇼 알제 주니어의 이야기다. 그를 처음 만난 건 미시건에 있는 『그린팜&여름 리조트』에서였다. 그때 난 12살이었고 어머니가 시카고에서 재봉점을 했었다. 어머니는 내가 여름 동안은 도시를 벗어나 시골에서 지내는 것이 좋을 것이라고 생각했다. 그 생각은 옳았다. 난 시골의 축복 받은 환경에서 살고 있는 사람들을 보면서 건강한 삶에 대해 배울 수 있었다.

강에서 수영하고 노를 젓고 낚시하는 것을 배웠다. 수차가 돌아가는 물방앗간, 그리고 강 수위가 낮아지면 거북이가 진흙 속에서 먹이를 잡는 모습이 보였고, 밤중에 숲 속에서 먹는 구운 옥수수, 즐거웠던 소풍과 카니발, 벽난로 주위에 모여 앉아서 귀신 이야기를 듣고 으스스해졌던 것, 그린 아주머니와 그녀의 십대 아들인 월터, 그녀의 남편과 내가 폭풍이 몰아치는 밤에 위자보드로 귀신을 불러내서 질문을 하고 있는데 앞에 있던 탁자가 덜컹거렸던 기억, 건초를 쌓아두는 곳에서 잠잤던 경험, 이런 것들은 소중한 기억으로 남았다.

하지만 그 기억들 중에서도 처음으로 위층 다락방에 갔던 날을 잊지 못한다. 거기서 호레이쇼 알제를 만났으니까. 한 쪽 구석에는 거의 50권은 됨직한 그의 책들이 먼지가 앉고 비바람에 닿은 채 쌓여 있었다. 나는 그 중 한 권을 갖고 내려와 앞마당에 있는 그물침대에서 읽기 시작했다. 그 해 여름 그곳에 있는 책들을 모두 읽었다. 무일푼에서 부자로, 이것이 그 책들의 주제였다. 책에 나오는 원리는 이랬다.

영웅은 됨됨이가 훌륭하기 때문에 성공한다. 악당은 사람들을 속이고 남의 돈을 부당하게 자기 것으로 만들었기 때문에 실패한다. 알제가 쓴 책은 얼마나 팔렸을까? 아무도 모른다. 어림잡아 1억에서 3억 권 정도는 팔렸을 것이다. 하지만 우리가 잘 아는 것은, 가난한 가정에 있는 수천 명의 미국 아이들이 그의 책을 읽고 영감을 받아서 *옳으니까 옳은 일을 하고 부를 얻기 위해 노력하게 되었다는 것이다.*

올바른 마음자세와 영감을 주는 불만족

이제 당신은 내가 그러하듯이 대부분의 사람들이 정직하고 착하다고 생각할 것이다. 그런데 됨됨이가 훌륭하고 몸과 정신이 건강한데도 자신의 미래를 뒤에 남겨두는 사람이 있다.

그건 태도가 긍정적이지 않고 부정적이기 때문일 수 있다. 즉, 올바른 마음자세가 아닌 잘못된 마음자세를 가지고 있기 때문일 수 있다. 그렇다면 올바른 마음자세란 어떤 것인가?

긍정적 마음자세로 성공하기 책에서는 이렇게 설명한다.

올바른 마음자세는 플러스 특징들이 모여 이루어집니다. 이러한 특징을 상징하는 단어에는 진실성, 믿음, 희망, 낙관주의, 용기, 진취성, 관대함, 관용, 배려, 친절, 훌륭한 상식 등이 있습니다. 잘못된 마음자세는 이와 정반대의 특징들이 모여 이루어집니다.

이 내용에 대해서는 당신과 내가 의견이 같을 것이다.

하지만 세상에서 가장 훌륭한 사람도 그가 건전한 불만족을 경험하기 전까지는 발전이 없을 것이다. 왜냐하면 소망의 마법을 현실로 바꾸어놓는 것은 *영감을 주는 불만족*이기 때문이다.

에드워드 알 듀이는 이렇게 말했다.

모든 생명체는 자라서 성숙해진다. 여기에 새로운 생명이 더해지지 않으면 그 생명체는 성장을 멈추고 죽는다. 새로운 생명이란 새로운 피, 새로운 활동, 새로운 아이디어를 말한다.

이 세상의 발전들 모두는 *영감을 주는 불만족*을 경험했던 사람들이 *행동했던* 결과이다. 결코 만족하는 사람들이 만들어낸 것이 아니다. 왜냐하면 불만족이야말로 사람을 끌고 나아가는 힘이기 때문이다. 영감을 주는 불만족은 *올바른 마음자세*에서 나온다. 잘못된 마음자세를 가지고 있으면 불만족이 끌어내는 추진력은 해로울 수 있다.

불만족을 경험하려면 일단 뭔가를 *원해야* 한다. 절실하게 그것을 원한다면 당신은 뭔가를 *할* 것이다. 그리고 그것을 얻기 위해 *노력할* 것이다.

조 박사가 가는 곳에 신도 간다

밥 커렌과 나는 영감을 주는 불만족의 힘과 올바른 마음자세에 관해 이야기를 나누고 있었다. 그때 밥이 물었다.

"제 매형인 조 박사 이야기를 했던가요?"

"아니요."

"텍사스의 조 홉킨스 박사는 제 누나와 결혼했어요. 그는 50년이 넘게 의사 일을 해왔어요. 그런데 33년 전에 자신이 후두암에 걸렸다는 것을 알게 되어 종양 제거수술을 받았죠. 그로 인해 목숨은 구하긴 했지만 목소리를 잃어버렸어요.

"조는 어디에선가 자신과 비슷한 수술을 받았던 케이즌이라는 시골 의사의 얘기를 들었어요. 이 나이가 지긋한 닥터 케이즌은 인공 보조 장치 없이 말하고 싶다는 열망이 너무도 강렬해서 놀라운 테크닉을 완성시킨 사람이래요. 먼저 공기를 삼킵니다. 그리고 그 공기를 다시 목구멍과 입으로 끌어올립니다. 어떻게 하는지는 잘 모르겠지만, 혀를 치아 안쪽에 대고 공기의 압력을 이용해서 소리를 만들어낸다고 해요. 결국 그는 말을 할 수 있게 되었죠.

"조 박사는 이 이야기를 듣고 영감을 받았어요. 자신도 후두가 없더라도 말할 수 있을 거라고 믿게 됐죠. 목이 낫자, 몇 가지 소리를 만들어보려고 애썼습니다. 처음에는 실망스러운 결과뿐이었지만 계속 노력하고 기도했습니다. 하지만 원하는 소리를 만드는 건 불가능해 보였죠. 그런데 어느 날 몇 가지 모음을 분명하게 발음하는 것에 성공하게 됐어요. 그러자 새로운 희망을 가지고 더 열심히 노력하고 더 열심히 기도했어요. 그는 매일 조금씩 발전했습니다. 이렇게 모음을 먼저 완전히 익혔고, 다음은 알파벳 전체, 그 다음은 한 음절짜리 단어를 마스터했습니다. 계속 연습을 하자 이젠 두 음절과 세 음절 단어마저도 소리 낼 수 있었습니다. 그 후에는 완전히 성공했죠. 얼마 지나지 않아 언제라도 원하는 말을 항상 할 수 있게 됐습니다.

"그의 목소리는 좀 거칠긴 하지만 듣는 데에 별 지장이 없을 정도입니다. 심지어 전화 목소리도 들을 수 있습니다. 초반에는 소리 내기 어려운 단어가 있으면 잠시 멈추고 생각한 후에 뜻이 비슷한 단어를 말하곤 했습니다. 하지만 이젠 그런 문제도 없습니다. 비교적 모든 단어를 쉽게 말하게 됐으니까요."

"증상이 비슷한 사람들이 있었을 텐데, 그들을 도울 수 있었습니까?" 내가 물었다.

"네, 실제로 그렇게 했습니다." 밥이 대답했다. "조 박사가 사람들에게 자신감을 불어넣는 데 쓰는 방법이 무척 재미있어요. 예를 들어 다른 의사가 후두가 제거된 환자를 조박사에게 맡깁니다. 환자는 조 박사의 대기실이 사람들로 가득 차 있는 것을 보게 되겠죠. 새로 도착한 환자는 조 박사가 특유의 걸걸한 목소리로 다른 사람들에게 이야기하는 것을 봅니다. 조 박사는 미소를 짓고 소리 내어 웃습니다. 그는 행복해 보이고 실제로도 행복합니다.

"그리고서 말을 못하는 환자가 조 박사의 사무실로 들어오면, 박사는 자신이 어떻게 나이 든 케이즌 시골 의사의 이야기에 영감을 받아서 말하는 연습을 했는지 가슴 뛰는 이야기를 펼쳐놓습니다.

"환자는 서서히 자신이 조 박사처럼 말을 하는 상상을 하면서 가슴을 설렙니다. 그는 조박사로부터 열심히 노력해야 하며 연습, 연습, 또 연습해야 한다는 말을 듣습니다.

"오늘날 조 박사는 제가 아는 가장 바쁜 사람 중 한 명입니다. 그는 병원 세 곳의 직원이고, 75살의 나이에 매일 일을 하고 있죠. 텍사스 올해의 의사로 선정되었던 적도 있고, 국가 사순절 메달을 받기도 했습니다. 또 가난한 사람들에게 연민을 가지고 한 일 때문에 교황 비오 12세로부터 기사작위도 받았습니다. 저는 여러 번 이 말을 들었습니다. '조 박사가 가는 곳에 신도 간다.'"

노력이라는 축복

이번 장을 읽으면서 확실히 이해했을 것이다.

좋은 됨됨이를 기르려면 노력하라. 건강한 몸을 가지려면 노력하라. 스스로를 이기려면 노력하라. 옳으니까 옳은 일을 하려면 노력하라. 무일푼에서 부자가 되려면 노력하라. 올바른 길로 돌아가려면 노력하라. 지식을 얻으려면 노력하라. 노하우를 얻으려면 노력하라.

다음 장을 읽으면 어떻게 일이 재미가 될 수 있는지 알게 될 것이다. 원리를 적용했을 때 일의 즐거움을 알게 된다. 그리고 *성공하는 것이 실패하는 것보다 노력이 적게 든다*는 것도 발견할 것이다.

커다란 문도 작은 경첩에 매달려 있다

노력하겠다는 영감이 들 때 성공으로 향하는 여정은 시작된다. 이러한 영감은 당신이 있는 그대로의 모습에 만족하지 못할 때 생긴다. 따라서 *영감을 주는 불만족*은 절대 실패하지 않는 성공시스템의 가장 강력한 힘이다.

이 책을 주의 깊게 읽어라. 거의 모든 페이지가 영감을 주는 불만족의 힘을 보여주면서 박동하고 있다. 이 힘은 힘차게 지금도 작동하고 있다. *이 힘이 당신을 위해 움직이게 하라.*

SUCCESS

2부 - 나는 보물지도를 찾았다

두려워하는 것을 하라
할 수 있다고 믿어라, 그러면 할 수 있게 된다
감히 높은 이상을 가져라

Chapter 5

성공하는 것이 실패하는 것보다 노력이 적게 든다

그 뜻깊은 날을 기억하는가? 열망, 흥분, 놀라움, 안도감, 그리고 터질듯 한 기쁨과 뿌듯함이 존재했던 그날을. 존 글렌을 태운 머큐리 캡슐 프렌십 7호가 아틀라스 디 로켓에 의해 우주로 쏘아 올려지고, 시간당 2만8천 킬로미터의 속도로 지구를 세 바퀴 돌고 난 다음 마침내 미리 정해진 목적지에 착륙했을 때 모든 시민들 대부분은 그렇게 느꼈을 것이다.

도중에 선체의 기울기를 조정하는 자동 조종장치가 고장 났고, 글렌은 수동으로 조종해야 하는 상황에 처하기까지 했지만 그는 준비되어 있었다. 착륙에 성공해 텔레비전에 비친 그의 모습은 훌륭한 됨됨이와 용기와 유쾌함을 지닌 건전한 사람처럼 보였다.

아틀라스 디 로켓의 집중된 에너지를 순간적으로 방출시키면 위성을 우주로 날려 보낼 수 있다. 다른 힘이 개입하지만 않으면 로켓은 관성의 법칙 때문에 계속해서 앞으로 나간다. 외부에서 힘이 가해지지만 않는다면 정지한 물체는 계속 정지해 있고 운동하던 물체는 계속 그 상태로 운동한다. 하지만 위성을 우주로 쏘아 올리는 데 사용한

에너지가 천천히 방출된다면, 그 힘은 소멸될 것이고 위성은 지구의 중력을 이기지 못할 것이다. 그러면 성공이 아닌 실패를 경험한다.

지금쯤 당신은 이 책의 모든 이야기가 *당신에게 동기를 줘서 그 안에 담긴 원리를 삶에서 적용하게 하는 것*이 목적이란 것을 알 것이다. 글렌과 머큐리 캡슐의 이야기는 재미있고 흥미진진하다. 하지만 이 이야기에서 우리는 어떤 원리를 끄집어낼 수 있는가? 완전히 내 것으로 만들어서 삶에 적용할 수 있는 원리는 무엇인가?

여러 가지가 있다. 그 중 하나는 *성공하는 것이 실패하는 것보다 노력이 적게 든다*는 것이다.

그리고 *생각과 노력을 집중해서 적은 것에 대해 많이 배워* 전문가가 되면, 이것저것 찔끔찔끔 배우려고 하면서 에너지를 소멸시키는 것보다, 오히려 *성공하는 것이 시간이 덜 든다.* 그러니 필요한 *지식과 노하우, 그리고 전문가가 되려는 의욕*을 얻는데 주의와 노력을 집중시켜서, 당신의 구체적인 목표를 이루라.

이렇게 하면 틀림없이 성공한다. 하지만 이 원리를 잘 모르거나 제대로 사용하지 않는다면 직업적 성공, 목표달성, 지속적인 성공은 먼 나라의 이야기만 될 뿐이다.

성공하는 게 실패하는 것보다 노력이 적게 든다

에너지를 사용하는 것이 노력이다. 당신이나 내가 *어떤 종류의 활동이라도* 하고 있으면 에너지가 사용된다. 주어진 과제에 에너지를 집중하려면 당신의 온 관심을 그것에 쏟아 부어라. 헛되이 노력을 낭비해서는 안 된다.

간단해 보이지만 이 방법으로 당신은 *지식과 노하우, 행동으로 이끄는 영감*을 얻을 수 있다. *절대 실패하지 않는 성공시스템* 역시도 이 방법을 통해 개발했다. 뭔가를 할 때는 그곳에 온 마음을 담아라. 당신이 가진 모든 것을 쏟아 붓고, 그 후 휴식하라. 난 손해보험을 팔기 시작하면서 주의와 노력을 한 곳에 쏟아 부은 후 휴식하는 습관을 내 것으로 만들었다. 우선 밤에 깊은 잠을 잤다. 그리고 판매를 하기 위해 가게와 사무실들을 하나하나 방문하고 은행과 다른 큰 기관에서 책상자리마다 돌아다니다 보면 몸의 에너지가 고갈된다. 그러고 나서 집으로 돌아와 잠을 잔다. 그 당시 난 젊으니만큼 많은 잠이 필요했다.

그렇게 잠을 잔 후 늘 오전 9시에 첫 번째 방문을 했다. 하지만 방문을 하기 전에 나의 목적에 맞춰 내 정신을 길들인다. 그리고 집중한다. 그리고 신에게 길을 묻고 도움을 구한다. 어떤 것도 나를 방해하지 못한디. 나는 *흥분상태*가 된다. 그러고 나면 매 시간을 빠르게 이동하면서 매 순간을 값어치 있게 만들 수 있다.

정오가 되면 가벼운 점심을 먹고 위의 내용을 처음부터 반복한다. 집에서 거리가 떨어진 도시에서 일을 할 때는 호텔로 돌아가 점심을 먹고 30분 정도 잠을 잔다. 그러면 마치 새로운 날이 시작되는 것과 비슷하다. 5시나 5시30분쯤이면 하루의 일은 끝난다. 그러면 휴식을 취하면서 판매에 대한 생각은 하지 않는다.

나는 적은 것에 대해 많이 배웠다

내가 특정 보험증권을 판매하는데 노력을 집중시키자, 그 보험에 대해 알아야 할 것을 거의 다 알게 되었다. 그리고 경험을 통해 무슨 말을 어떻게 해야 하는지, 무엇을 어떻게 해야 하는지 배웠다. 이로써 난 *지식*과 *노하우*를 얻은 것이다.

어떤 면에서 나는 과학자처럼 시행착오와 시행성공을 통해 새로운 것을 알아갔다. 나는 판매가 줄줄이 이어지게 만들, 암기해서 똑같이 말할 판매용 대사와 잘 짜인 판매 계획을 개발할 수 있다고 굳게 믿었다.

어떻게 보면 난 배우 같았다. 왜냐하면 미리 암기한 판매 대사를 말할 때 그 속에 느낌과 감정을 넣으면서 대사를 할 가장 절묘한 타이밍을 선택했기 때문이다. 명배우가 연기를 하는 것을 보면 다른 누군가가 써준 대사를 읊는 거라는 생각이 들지 않는다. 그런 이유 때문에 매회 공연을 할 때마다 배우가 하는 행동과 말이 똑같다는 것을 인식하지 못했을 지도 모른다. 그는 그 역할의 삶을 살고 있기 때문이다.

나는 판매를 할 때 그 역할을 살고 있을 뿐 아니라, 대본도 조금씩 개선시킨다. 그리고 훌륭한 극작가처럼 기회가 있을 때마다 대본을 새롭게 더 발전시켰다. 또 극작가와는 달리, 변화하는 상황에 대처하기 위해 판매용 대사를 바꾸기도 했다. 하지만 그것은 실제 사용해 봄으로써 특정 상황에 대한 표준화된 대사로 만들었다. 예를 들어 농담은 원래 판매용 대사를 끝마칠 때 하기로 계획되어 있지만, 프레젠테이션이 시작하고 있는데 잠재고객의 개입으로 중단되면, 긴장을 덜기 위해 미리 준비해 놓은 농담 목록 중 하나를 말할 것이다.

일? 그래, 이건 일이다. 그리고 나는 많은 내면의 전쟁에서 이겼다, 이것도 일이었다.

하지만 그건 좋은 일이었다. 나는 느낌과 감정을 지배하는 기법을 얻고 싶었기 때문이다. 큰 은행과 백화점의 사장이나 소유주를 방문할 때 느끼는 두려움을 평생 극복할 수나 있을까 생각하던 날들이 있었다. 하지만 나는 *정신을 길들이고, 동기유발 도구를 사용하고, 그냥 계속 해본다* 라는 간단한 기법이 도움이 됨을 알았다. 뉴욕, 시카고 또 그 밖의 다른 곳에서 두려움을 느끼지 않고 큰 기관의 대표를 방문할 수 있게 된 날은 결국 왔다. 나는 습관의 결과물이었으니까.

과학자가 작동이 되는 공식을 결국 발견하는 것처럼, 그리고 배우가 자신의 역할을 사는 것처럼, 나도 같은 일을 같은 방식으로 함으로써 일관된 결과를 얻을 수 있음을 발견했다. 그리고 나도 과학자처럼 모든 공식의 중요한 요소는 바로 시간임을 발견했다.

똑같이 머물러 있는 것은 없다. 내면에서 그리고 외부에서 끊임없이 변화가 일어나고 있다. 돋보기로 햇빛을 모아서 쓰러진 나무의 한 점에 비추면 몇 분 후에 불꽃이 생길 것이다. 하지만 햇빛이 나무의 그 지점을 수십 년 간 비추어도 불은 붙지 않는다. 평범한 환경이라면 그 쓰러진 나무는 시간이 흐르면서 그저 썩어 자연의 일부가 될 뿐이다. 당신과 나도 이 나무와 비슷하다.

성공하는 데는 시간이 걸린다. 실패하는 데도 시간이 걸린다. 하지만 성공하는 것이 실패하는 것보다 더 적은 시간이 걸린다.

계속되는 성공, 경력 전체, 전 생애를 생각해보면 이 사실을 분명히 이해할 수 있다. 잘못된 일이 아닌 제대로 된 일을 하면, 다시 말해 적절한 *지식*과 *효과적인 기법* 그리고 *행동으로 이끄는 영감*을 가지고 제대로 된 방식으로 일을 하면 성공하는 데에 오히려 더 적은 시간이 걸린다.

그렇게 할 때 당신은 성공시스템을 손에 쥔 것이다.

물론 어떤 이는 잘못된 일을 잘못된 방식으로 할 때도 당시의 상황 덕분에 어쩌다 보니 성공할 수도 있다. 또 어떤 이는 성공시스템을 우연히 발견해서 일시적으로 성공하다가 다시 시스템을 잃고 실패할 수도 있다. 그 이유는 당신이 잠깐의 성공에서 배운 원리를 공식으로 압축하지 않았기 때문이다.

잠깐의 성공과 긴 실패

한동안 승승장구하던 사람들이나 회사들이 다시 실패하는 일은 꽤 흔하다. 내가 잘 알고 있는 이야기를 예로 들어보겠다.

보험 판매원인 해리 길버트가 영국에 갔을 때, 그곳의 보험회사들은 *할인 손해보험*이라는 것을 팔고 있었다. 1900년부터는 미국에서도 많은 보험회사들이 비슷한 보험을 팔았다. 우리는 그것을 선발급

상해보험이라고 부르는데, 판매원이 판매를 하는 시점에 바로 보험증권을 작성하고 고객에게 인계하기 때문이다. 이 보험증권은 차가운 방문판매 방식으로 이루어졌다. (차가운 방문판매는 워밍업에 해당하는 것으로, 사전연락 없이 모르는 사람을 방문해 판매하는 것이다)

몇 년 동안은 이 보험증권을 취급하는 회사의 판매대리점들이 크게 성공했다. 하지만 지금은 그 회사들의 판매대리점들은 모두 이 상품을 중단하거나 사업을 그만두었다. 한 곳만 빼고. 왜일까? 이 사업은 수익성이 없어서 돈을 잃게 만들었기 때문이다. 다시 말해 그들은 성공시스템을 개발하지 않았거나, 개발했다가 잃어버린 것이다.

예외가 된 한 곳은 어디일까? 내가 관리했던 회사이다. 어떻게 예외가 되었을까? 나는 *절대 실패하지 않는 성공시스템*을 개발했고, 그 결과물은 다른 곳에서 한 달 동안 판매하는 양을 단 일주일에 끝냈기 때문이다.

이것이 바로 난 성공하고 다른 이들은 실패한 이유이다. 나는 이 하나의 보험증권에 노력을 집중해 7 보험의 판매에 집중을 했다. 나는 시간을 아꼈다. 한 시간에 여러 시간을 일한만큼의 성과를 내도록 노력했다. 1달러를 몇 달러의 가치가 되도록 쓰는 것처럼 말이다.

나는 종종 이런 생각을 했다. "어차피 일을 해야 한다면 남들이 평생 버는 돈을 1년 안에 벌 수 있도록 노력해봐야겠다." 하지만 이것도 *절대 실패하지 않는 성공시스템*을 바탕에 두고 일해야 가능함을 깨달았다. 나는 결국 가치 있는 목표들을 많이 달성했고, 그것에는 연간 수입도 포함된다. 목표에 도달하기 위해 내가 매순간 적용한

원리는 다음과 같다:
1. 내 뜻대로 얻을 수 있는 *행동으로 이끄는 영감,*
2. 경험을 통해 습득하는 *노하우*
3. *지식*

그런데 지식은 어떻게 얻는가?

두려워하는 것을 하라

지식을 얻는 데는 여러 가지 방법이 있다. 나는 개인 손해보험을 대량으로 팔기 위해 알 필요가 있는 모든 것을 *경험*으로 배웠다. *해봄으로써* 배운 것이다.

특히 이 원리를 배웠다:

두려워하는 것을 하라. 두려워하는 곳에 가라. 두렵다고 큰일을 하지 않으면 기회를 지나쳐버리게 된다.

난 판매일을 시작하고 처음 몇 년 동안은 은행, 철도 사무소, 백화점이나 그 밖의 큰 기관의 입구 가까이만 가면 심각할 정도로 겁을 먹었다. 그래서 들어가지 않고 그냥 지나치기가 일쑤였다. 나중에서야 그것은 내가 거대한 기회의 문을 지나친 것임을 깨달았다. 왜냐하면 이런 큰 곳에서 보험을 판매하는 것이 오히려 소규모 업체에서 보험을 파는 것보다 더 쉽다는 것을 발견했기 때문이다. 결국 판매에서 크게 성공하려면 이런 큰 기관에서 팔아야 한다고 결론지었다. 왜냐하면 다른 판매원들도 큰 규모의 기관을 두려워하기 때문이다. 그들도 나처럼 기회의 문을 지나쳤고 시도조차 하지 않았던 것이다.

많은 판매원들은 소규모의 가게와 사무실에 있는 사람들을 두려워하지 않지만, 실상은 큰 기관에 있는 책임자와 직원들이야말로 판매에 대한 거부감이 적다. 규모가 작은 곳은 용감한 판매원들이 하루에도 다섯 명, 열 명, 열다섯 명이 다녀간다. 그래서 그곳의 관리자와 직원들은 "아니오"라고 말하는 것에 익숙하다. 올바른 시스템이 있으면 "아니오"를 "예"로 바꿀 수 있지만 시간이 좀 걸린다.

반면 밑바닥에서부터 시작해 성공을 이룬 사람들은 따뜻한 가슴을 가지고 있다. 오히려 이런 사람들이 당신을 너그럽게 봐 줄 것이다. 그들은 자신의 길을 가면서 다른 이들을 도우려고 할 것이다. 이 모든 것이 내가 배운 것이다. 내가 처음 큰 기관에서 보험을 팔게 되었을 때를 이야기해보겠다.

그 문은 두려움의 대상이자 기회의 문이었다

그때는 내가 19살이었는데, 어머니는 나를 계약기간이 만류된 기존 고객들의 보험을 갱신하고 새로운 잠재고객에게 판매를 하라고 플린트, 새기노, 샌프란시스코, 미시건으로 보냈다. 플린트에서는 모든 것이 괜찮았다. 새기노에서는 판매 컨디션이 무척 좋아서 매일 뛰어난 판매실적을 기록했다. 그런데 샌프란시스코에서는 갱신할 고객이 두 명 밖에 없었기 때문에 나는 어머니에게 편지를 써서, 계속 새기노에서 일하고 싶으니 샌프란시스코의 두 명에게는 갱신 안내문을 보내라고 했다.

"행운과 성공이 있는 곳에서 달아나지 마라!" 이건 언제 봐도 현명한 좌우명인 것 같았다. 하지만 어머니는 내게 전화를 해서 새기노를 떠나 샌프란시스코로 가라고 명령했다. 하기는 싫었지만 어쩔 수 없었다. 명령은 명령이니까.

반항심이었을까, 샌프란시스코의 호텔에 도착한 나는 두 명의 갱신고객 명단을 꺼내서 오른쪽 위 옷장 서랍 안으로 던져 버렸다. 그리고는 그곳의 가장 큰 은행에 가서 리드라는 이름의 출납원과 이야기를 했다.

처음에는 몰랐는데 그는 이제 막 출납원으로 일을 시작한 신입직원이었다. 대화 도중에 그가 금속으로 된 신분증을 보여주며 말했다. "전 15년 동안 당신의 보험과 키태그를 갖고 있었어요. 제가 안아버에 있는 은행에서 일할 때 구입했던 거예요. 바로 얼마 전에 이곳으로 전근을 왔죠."

나는 리드 씨에게 감사를 표했고 다른 사람들과 이야기할 수 있게 해달라고 부탁했다. 허락을 받은 나는 잠재고객 한 명 한 명에게, 리드 씨가 15년 동안 우리의 보험을 가지고 있었으며 당신에게 이야기를 해도 좋다고 이야기를 들었다고 했다. 결과는? 모든 사람이 구매했다.

나는 탄력을 받아 계속해서 가게들과 사무실들을 방문했다. 은행과 보험 사무실들을 방문했고 다른 규모가 큰 기관에도 갔다. 나는 모든 사람들을 방문했고 그들을 압도했다. 샌프란시스코에 있는 2주 동안 하루 평균 48개의 보험을 팔았다.

떠나기로 한 토요일, 기존 고객과 회사에게도 공평하도록 나는 오른쪽 위 옷장 서랍을 열어 갱신 고객 명단을 꺼내 그들에게도 서비스를 제공했다.

원리는 분명해졌다: 두려워하는 것을 하라… 두려워하는 곳에 가라…큰일을 하기가 두려워 도망간다면 기회를 지나치게 된다.

나중에 깨달은 거지만 나는 두려움 외에도 여러 가지 이유로 기회를 지나쳤었다. 노하우는 경험을 통해서만 얻을 수 있지만, 지식은 당신이 기꺼이 배우려고만 한다면 기꺼이 가르칠 마음이 있는 사람들에게서도, 다른 사람들의 경험에서도, 그리고 책에서도 얻을 수 있다.

지금은 너무도 명백한 이 사실을 19살이 되기 전에 알았더라면 좋았을 것이다. 당시의 나처럼 많은 아이들이 고등학교를 관둔다. 그들은 선생님과 말다툼을 했을 수도 있고 올바른 공부습관이 없어서일 수도 있고, 노력이 부족해서일 수도 있다. 돈을 벌고 싶었거나 자신은 이미 어른이 되었다고 생각했을 수도 있다. 아니면 엄격한 권위에 질색했을지도 모른다.

하지만 운 좋게도 나는, 나중에 읽게 되겠지만 배우려는 열망과 의지를 계속해서 더 크게 만들었다. 배우려는 마음가짐은 장기적으로 봤을 때 일시적 실패를 성공으로 돌려놓을 수 있다.

잠깐의 실패, 그리고 끝없는 성공

경험을 통해 지식을 습득하는 것뿐 아니라, 다른 것을 통해서도 지식을 습득할 필요가 있다는 것을 다음 오토 프로팍의 이야기가 보여줄 것이다.

당신이 하고자 하는 일에 대한 *영감*과 *노하우*를 갖고 있다고 해도 상황은 변하기 때문에 그에 대응하는 추가적인 새로운 지식을 얻을 필요가 있다. 미국은 이런 영감과 지식을 지니고 있는 훌륭한 사람들을 유럽과 중남미에서 끌어당기고 있다. 하지만 자신의 지식과 기술을 사용할 수 있는 기회를 얻기 위해서는, 과거의 이민자들처럼 그들도 먼저 하찮은 직업에 종사하면서 언어에 익숙해질 필요가 있다는 사실을 깨닫게 된다.

오토는 한 때 독일에서 제일가는 은행의 중역이었다. 하지만 나치가 권력을 잡고 나서 그와 그의 가족은 말할 수 없는 수모를 당하고 결국 강제수용소에 수감되었다. 나치는 그들에게 몸에 걸칠 옷가지만 남겨둔 채 모든 것을 빼앗아갔다.

전쟁이 끝난 후 오토의 가족은 새로운 출발을 위해 기회의 땅 미국으로 건너왔다. 그때 그의 나이는 57세였다. 늦은 나이지만 회계와 은행업무의 전문가였던 그는 성공하고 싶었다. 그에게는 그 분야에 대한 지식과 노하우가 있었지만 직업을 구할 수 없었다.

몇 주 간의 노력 끝에 주급 32달러를 받는 창고 관리인 자리를 얻었다. 일을 얻고 나서도 계속 고용센터에 다니며 그가 가장 잘 아는 분야인 회계 자리를 구하기 위해 토요일마다 빈자리가 있는 회사의 인사과 관리에게 면접을 봤다. 모든 면접에서 거절당했지만, 오토의 선한 품성 때문에 그것은 정중한 거절이었다.

몇 주 후 오토에게 전환점이 되는 깨달음이 찾아왔다. 그는 문득 자신이 회계와 은행업무에 대해서 잘 알고 영어도 할 줄 알지만, 미국 회계와 재정에서 쓰는 용어는 모른다는 것을 깨달았다.

오토는 나에게 이렇게 말했다. "회계 자리를 얻으려면, 아니 다른 어떤 전문직이라도 그렇겠지만, 그 일에 대한 지식과 경험이 있어야 할 뿐 아니라, 그 일의 전문용어도 이해하고 사용할 줄 알아야 합니다. 그런 전문용어는 언어 강좌에서는 가르쳐주지 않습니다. 저는 미국에서 회계와 은행업무를 하는 데 필요한 모든 준비를 갖추고 있었지만, 단 한 가지가 빠져 있었습니다. 전문용어요.

"다음 토요일 오전 저는 이 곳 시카고에 있는 라살 대학 사회교육원의 학과장 사무실에 갔습니다. 학과장은 이해심이 많았고 기꺼이 돕고자 했습니다. 그의 사무실을 나설 때 저는 기초 회계에 대한 한 학기짜리 강좌를 두 학기 연속으로 거저 들을 수 있게 되었습니다. 가정학습용이었죠. 누가 숙제를 고쳐주거나 숙제에 대한 학점을 매겨주지는 않았지만요. 한 걸음 더 나아가 고급 회계와 원가 계산에 관한 강좌를 하나씩 더 등록했습니다. 미국인이 쓰는 회계용어들을 배워야만 했으니까요.

"그때부터 전 매일 잠들 때까지 공부했습니다. 토요일과 일요일엔 하루 종일 공부했습니다. 책을 그냥 읽는 게 아니라 어휘와 표현들을 암기하려고 했기 때문에 그 분야에 시간을 가장 많이 할애했어요. 제가 아는 영어는 한계가 있었기 때문에 더 어려웠지요. 게다가 매주 두 강좌의 숙제를 서면으로 제출해야 했는데, 가끔씩은 길게 나열된 곱

셈과 나눗셈을 기계의 도움 없이 풀어야 했습니다."

오토가 집중적으로 공부에 들인 노력은 결실을 봤을까? 물론이다. 공부를 시작한 지 몇 달 후, 그는 월급 200달러를 받는 회계사 보조로 일할 수 있게 되었다. 그러고 나서는 일사천리로 발전해 나갔다. 그의 표현을 따르자면 이랬다.

"전 제가 하는 일이 너무 재미있었고 개선할 점도 많이 발견했습니다. 하고 싶은 일을 다 하려면 업무 시간이 모자랄 지경이었으니까요. 저는 업무시간 외에도 추가로 몇 시간을 더 일했습니다. 거기다 상법, 세금, 회계감사, 그리고 그런 비슷한 과목들의 야간강좌도 신청했습니다. 거의 대부분의 시간을 일하며 보냈지만 그 일은 즐거웠습니다. 이 일로 저는 보다 넓은 시야를 갖게 되었고, 산의 개울물이 강으로 다시 바다로 흘러가는 것처럼 회계사 보조로 시작해서 몇 년 만에 경리사무원, 회계담당자, 부사장 그리고 임원으로 승진할 수 있었습니다."

당신이 찾는 것을 발견하는 방법

오토 프로팍은 자신이 무엇을 찾는지 알았고 그것을 위해 행동을 했기 때문에, 잠깐의 실패를 영구적인 성공으로 바꿔놓을 수 있었다. 그는 자신의 전문 분야를 살려 일하기를 원했고 이를 위해서는 공부에 강도 높게 노력을 집중해야 했다. 이것은 힘든 일이었다. 하지만 그는 지식을 얻었고, 그 지식은 그의 것이 되었다. 그는 자신이 원하는 대로 지식을 사용할 수 있었고, 누구도 그에게서 지식을 빼앗아갈 수 없었다.

그는 자신이 원하는 것을 알고 있었다. 그것은 미국 회계와 재정에서 쓰는 전문용어에 대한 지식이었고 이것을 다른 사람들에게서 배울 수 있음을 알고 있었다.

존 글렌 대령과 머큐리 캡슐을 개발했던 수천 명의 사람들도, 한 명 한 명이 자신이 무엇을 원하는지 알고 그것을 위해 무언가를 했기 때문에 성공할 수 있었다. 노력을 집중하자 성공을 이루기 위해 필요한 지식이 모습을 드러냈다. 이들은 적은 것에 대해 많이 배웠다. 지식은 그것을 구하는 자들에 의해 발견되고, 당신이 목표를 정하면 그 목표에 도달하는 방법도 분명히 드러난다.

지식은 사실들과 수치들에 한정되지 않는다. 예를 들어 내 친구는 복잡한 것을 사진처럼 기억하는 사진기억력이 뛰어나다. 그는 한 페이지를 통째로 읽는다. 단어나 구절, 혹은 문장을 읽는 게 아니라 페이지 전체를 순간적으로 한 번에 읽는다. 그는 백과사전의 한 페이지 전체 내용을 단어 하나 틀리지 않고 말할 수 있다. 그가 내게 찾아와 다음과 같이 말했을 때 나는 놀랐다. "클렘, 제 재능을 아시죠. 아마 당신이라면 제가 이 재능으로 뭘 할 수 있는지 말해줄 수 있을 거예요. 내가 가진 이 지식을 어떻게 사용하면 될까요?" 여기 이 사람은 놀라운 지식과 기술이 있지만 그것을 어떻게 사용할지 모르고 있다.

토마스 에디슨도 내 친구처럼 페이지를 통째로 읽었다. 그도 사진기억력을 가지고 있었던 것이다. 그는 지식을 얻었다. 그는 자신이 무엇을 구하고 있는지 알고 있었고 그것을 구했다. 그는 배운 사실로부터 원리를 추출할 수 있었고, 그것들을 서로 연관 짓고 완전히 자기 것으로 만들어서 사용할 수 있었던 것이다.

나 역시 내가 무엇을 찾는지 알고 있었다. 내가 찾고자 한 것은 절대 실패하지 않는 판매시스템이었다. 따라서 나는 판매를 할 때마다, 그 결과가 좋았든 나빴든 간에, 그 속에 존재하는 원리를 알아차리려고 노력했다. 나는 도움이 되는 원리는 사용하고 이롭지 않은 원리는 제거해나갔다.

당신 역시 자신이 원하는 것을 결정할 수 있다. 당신의 주된 목적, 타겟, 목표, 행선지를 결정할 수 있다. 글렌 대령처럼, 그리고 오토 프로곽과 토마스 에디슨처럼, 당신도 가르칠 의향이 있는 사람들과 책으로부터 지식을 얻음으로써 자신이 원하는 것에 생각과 노력을 집중시킬 수 있다. 물론 행동으로 이끄는 영감이 있다면 경험을 통해서도 *지식*을 얻을 수 있다.

하지만 어떤 경우든 당신은 목적을 이루는 데에 도움이 되는 원리들을 떠올려서 완전히 내 것으로 만들어 사용할 수 있도록 해야 한다. 이 습관을 개발하면 성공하는 것이 실패하는 것보다 시간과 노력이 적게 든다는 것을 발견하게 될 것이다.

보다시피 *지식*은 이렇게 중요하다. 하지만 다음 장을 읽어 보면 성공하는 데에 노*하*우도 역시 필수적이란 것을 알게 될 것이다. 따라서 성공하고 싶으면 노하우를 얻는 방법을 배워라. 다음 장 "올바른 길에 올라서라"를 읽어보자.

커다란 문도 작은 경첩에 매달려 있다

잠깐만! 이 책에 나오는 이야기들을 그냥 재미로 읽고 있는가? 그렇다면 당신은 핵심을 놓치고 있는 것이다. 각각의 이야기 속에는 불변의 원리가 담겨 있다. 당신의 삶 속에 이 원리를 심어서, 그것이 자라나는 것을 지켜보라!

이것은 놀라운 사실이다: 성공하는 것이 실패하는 것보다 노력이 적게 든다!

다른 말로 하면: 실패했다는 건 당신이 쓸 데 없는 곳에 노력을 했다는 말이다!

체계적으로 방향을 잡았다면 적은 노력으로 성공했을 것이다.

두려움을 마주보라, 그러면 두려움이 죽는다. 틀림없다!

Chapter 6

올바른 길에 올라서라

이런 말을 들어 봤을 것이다. "엄마는 훌륭한 요리사야. 그런데 그걸 어떻게 만드는지 정확하게 알려주신 적이 없어. '이거 약간 저거 조금 넣으면 돼.' 이런 식으로 말씀하셔. 하지만 엄마가 만든 스튜, 미트로프, 비스킷은 언제나 환상적이야."

어머니에게는 *노하우*가 있다.

*지식*과 *노하우*는 어떻게 다른가? 이것은 종종 성공과 실패의 차이점만큼이나 차이가 크다!

*노하우*란 말은 어떤 일을 하는 방법을 안다는 뜻이 아니다. 그건 *지식*이다. *노하우*는 기술과 효율성을 가지고 시간과 노력을 최소한으로 들이면서 그 일을 제대로 된 방식으로 하는 것이다. *노하우*가 있다면 그 일을 계속해서 성공시킬 수 있다. 이것은 습관이고 경험을 통해 자연적으로 터득되는 것이다. *노하우*는 *절대 실패하지 않는 성공 시스템*의 핵심적 세 요소 중 하나이다.

그런데 *노하우*는 어떻게 개발하는가?

오직 해봐야 한다.

손해보험을 직접 팔려고 했을 때 *노하우*를 개발하게 됐고, "엄마"는 요리를 직접 해봤기 때문에 요리의 *노하우*를 개발할 수 있었다. 사실 모든 사람이 *노하우*를 이렇게 개발한다. 그것은 당신 자신만의 경험을 통해서만 가능하다.

필요한 게 있으면, 그것을 구할 수 있는 곳을 알아두어라

나는 고등학교 2학년 때 학교를 그만뒀다. 이에 대해서는 나중에 얘기할 것이다. 학교를 그만두자마자 디트로이트 대학의 야간 로스쿨에 입학했다. 고등학교 4년의 학점은 로스쿨 졸업 전에 채운다는 조건이었다. 그래서 난 낮에는 일하고 밤에는 학교에 다녔다. 과제를 제대로 제출하지 않았기에 좋은 학생이라고 말하지는 못한다. 하지만 학교를 다니면서 확실히 많은 것을 배웠다. 나는 언제나 원리들을 배우고자 했다.

디트로이트의 뛰어난 변호사인 한 강사는 첫 번째 강의에서 이렇게 말했다.

"로스쿨의 목적은 당신이 법을 필요로 할 때 그것을 어디에서 찾을 수 있는지 가르치는 것입니다. 그것만 배운다면 이 로스쿨의 목적은 이룬 셈입니다."

나는 그가 한 말을 문자 그대로 받아들였다. 법을 1년간 공부해서 나만큼 득을 많이 본 학생은 아마 몇 명 없을 것이다. 왜냐하면 나는 그 강사의 말처럼 법이 필요할 때면 법전을 뒤져 사용할 수 있게 되었기 때문이다.

보험회사의 판매원이나 경영자가 알아야 하는 법은 대부분 미국 보험규정집에 나와 있다. 법이 필요할 때면 난 그곳에서 찾았다. 나는 규정집과 로스쿨에서 얻은 법에 관한 *지식*을 상식에 맞게 적용하는 *노하우*를 개발했다. 법률적 문제에 직면했을 때 순조롭게 해결되지 않은 적은 단 한 번도 없었다. 내가 보험 판매회사를 운영하던 시기에 이것은 나와 내가 대리하는 보험회사에게 매우 귀중한 *노하우*가 되었다.

그는 패배를 승리로 바꾸었다

내가 알았던 한 남자아이의 이야기가 생각난다. 그는 문법학교에서 학년마다 낙제에 가까운 점수를 받았다. 어쨌든 운 좋게도 십대일 때 고등학교를 졸업할 수는 있었다. 하지만 주립대학 1학년 첫 학기에서 낙제를 당해 퇴학을 당한다.

그것만 본다면 실패했다고 말할 수 있지만 오히려 그것은 그의 밑거름이 되어 주었다. 이로 인해 그의 내면에는 *영감*을 주는 불만족이 생겨났기 때문이다. 그는 자신에게 성공할 능력이 있음을 알고 있었다. 깊은 성찰 후에 자신의 태도가 문제임을 깨달았다. 그래서 태도를 바꾸고 허비한 시간을 만회하기 위해 열심히 노력하겠다고 결심한다.

그는 새롭게 올바른 마음자세를 갖추고 2년제 대학에 들어가서 열심히 노력했다. 계속 노력했다. 결국 졸업식 날, 반에서 두 번째의 성적으로 졸업하는 영광을 누렸다.

하지만 그의 영광은 그것이 끝이 아니었다. 입학하기 까다롭다는 미국의 명문대학에 다시 지원했다. 학장은 그의 입학지원서를 보고 이렇게 물었다.

"무슨 일이 생겼던 겁니까? 몇 년 동안 실패만 하다가 어떻게 2년제 대학에서 성공하게 됐는지 설명해주겠습니까?"

소년은 대답했다. "처음에는 규칙적으로 공부하는 게 무척 힘들었습니다. 하지만 몇 주에 걸쳐 날마다 노력을 하자 공부가 습관이 되었습니다. 다시 말해 규칙적으로 공부하는 것이 저에게 자연스러운 일이 되었습니다. 심지어는 공부시간을 몹시 기다리던 때도 있었습니다. 학교에서 뭔가 중요한 사람이 되고 학문적 결과물로 인정을 받는 것이 재미있었기 때문입니다.

"그래서 반에서 최고가 되는 것을 목표로 잡았습니다. 아마 일리노이 대학에서 1학년 때 낙제를 받고 학교에서 쫓겨난 것이 저에게는 큰 충격이었나 봅니다. 제 성장은 그때가 시작이었습니다. 나도 능력이 있다는 것을 나 자신에게 보여주고 싶었습니다."

올바른 마음자세와 2년제 대학에서의 성적 덕분에 이 젊은이는 대학에 입학할 수 있었다. 그곳에서도 남들이 부러워할 만한 성적을 올렸다.

위 이야기는 학교에서 공부를 못했던 소년이 동기를 받아 공부에 필요한 *지식*을 구했던 사례이다. 그는 그곳의 환경이 좋은 공부습관을 키우는 데 도움이 되겠다고 생각해서 특정 2년제 대학을 선택했다. 하지만 반복적인 노력을 통해서 *노하우*를 얻은 것은 바로 그 자신

올바른 길에 올라서라

이었다. 그리고 패배를 승리로 바꿔놓은 것도 바로 그 자신이었다.

연습으로 장애를 극복하다

어린 시절 레이몬드 베리는 몸이 허약하고 신체적으로 장애가 있었다. 어른이 되어서도 여전히 등이 약했고 한 쪽 다리가 다른 쪽보다 짧았으며 시력이 너무 안 좋아서 도수가 높은 안경을 써야 했다. 하지만 이런 장애에도 불구하고 서던 메소디스트 대학교의 미식축구팀에 들어가기로 마음먹었다. 끊임없이 반복되는 노력과 힘든 연습, 그리고 1년 내내 계속되는 훈련으로 결국 팀에 들어갈 수 있었다. 그 후에는 프로 미식축구 선수로 뛰겠다는 마음을 먹었다. 하지만 졸업시즌이 끝나고 19번의 대학선수 선발전이 있었지만 그를 선택한 미식축구팀은 없었다. 하지만 마침내 20번째 경기에서 볼티모어 팀이 그를 선발했다.

그가 선발선수가 되는 건 말할 필요도 없고 팀에 들어갈 수 있을 거라고 예상한 사람마저 거의 없었다. 하지만 레이몬드 베리는 굳은 결심을 했다. 척추보조기를 착용하고, 걸을 때 균형을 맞추기 위해 진흙용 밑창을 대고, 잘 보이게 렌즈도 낀 채로 끊임없이 전진 패스를 연습했다. 그리고 블로킹, 페이크, 모든 각도에서 들어오는 패스 받아내기를 완전히 숙달했다.

볼티모어 팀의 연습이 없는 날에도 가까운 축구장에 가서 고등학교 학생들에게 패스를 던져달라고 부탁했다. 그는 공의 느낌에 익숙해지기 위해서 호텔 로비에서조차 그것을 가지고 다녔다.

결국 어떻게 됐을까? 레이몬드 베리는 국가 미식축구 리그에서 패스 리시버 챔피언이 되었다. 볼티모어 콜츠가 1958년과 1959년에 챔피언십 리그에서 우승을 차지했을 때 베리는 스타였다!

레이몬드 베리가 챔피언이 된 이유는 쉽게 알 수 있다. 연습, 연습, 연습. 노하우를 발전시킨 것은 연습이었다. *연습이 완벽을 만든다* 라는 말이 있다. 연습이 경험이나 훈련을 통해 기술을 발전시키기 때문이다.

하나가 빠지면 셋은 셋이 아니다

조합에서 한 가지가 빠지면 그건 조합이 아님은 쉽게 알 수 있다. 하나가 빠지면 삼인조는 삼인조가 아니다. *절대 실패하지 않는 성공 시스템*은 세 개가 모여 하나를 이루는 삼인조이다. 따라서 *행동으로 이끄는 영감, 노하우, 지식*이라는 세 요소 중 한 가지라도 빠지면 그것은 *절대 실패하지 않는 성공시스템*이 될 수 없다.

이 때문에 한 분야에서 성공하는 사람이 다른 분야에서는 실패하기도 한다. 지금 현재의 사업이나 직업 분야에서 뛰어난 성공을 거둔 사람들이 새로 시작하게 되는 일에서는 실패하는 경우가 허다하다. 그들은 경험을 통해서 기술을 습득했고 자신의 분야에서 최고가 되었다. 하지만 새로운 사업을 시작할 때 그 분야의 성공에 필요한 *지식*과 기술을 적극적으로 배우려 하지 않는다.

로스쿨에 다닐 때 난 좋은 학생이 되는 데 필요한 성공 트리오 중 한두 가지가 부족했다. 하지만 사업을 하며 법이 필요해지자 이것이 동기가 돼 필요한 세 가지 요소를 익히게 되었다.

앞서 낙제로 학교에서 퇴학당한 학생도 세 요소 중 한두 가지가 부족했다. 하지만 그가 세 요소를 모두 결합하여 적용했을 때 패배는 성공으로 바뀌었다.

레이몬드 베리는 강한 의욕이 있었다. 그는 *지식*을 찾아 나섰고 *노하우*를 얻었다. 챔피언이 되는 데 필요한 세 가지 마법 재료 모두를 사용했던 것이다.

성공에서 실패로

내가 아는 가장 근사한 사람 중 한 명인 리차드 에이치 피커링은 진정한 의미의 신사였고 됨됨이가 훌륭한 사람이었다. 그는 크게 성공한 생명보험 상담원이었다. 스스로에게 "무엇이 고객을 위한 최선인가?"라는 질문을 던지고 언제나 그 대답을 바탕으로 상품을 권유하기 때문이다.

그는 갱신계약으로 번 수수료로 몇 년 동안 적당한 재산을 모았다. 그의 나이가 60세가 됐을 때 시카고에서 플로리다로 이사 가기로 결심했다. 그 지역은 레스토랑 사업이 활기를 띠고 있었는데 이런 종류의 사업의 운영과 관련해서는 아는 게 전혀 없었지만 레스토랑을 하나 갖고 싶은 마음이 들었다. 그의 유일한 경험이라곤 레스토랑에 손님으로 왔던 경험, 그게 다였다.

그는 열정이 대단해서 레스토랑 하나를 운영하는 것으로는 성에 차지 않았다. 동시에 다섯 개의 레스토랑을 세웠다. 갱신고객 수수료로 받은 자산과 그가 가진 자산 모두를 투자했던 것이다. 다섯 달 후 그 가게들은 모두 문을 닫아 빈털터리 신세가 되었다.

  자신이 성공했던 원래 분야가 아닌, 새로운 사업을 큰 규모로 시작할 때 그에 필요한 새로운 *지식*과 *노하우*를 얻는데 소극적인 경우가 있다. 피커링도 그랬다. 그가 레스토랑을 구입만 하고 현금등록기만 관리했더라면, 아니면 이 분야의 전문가인 다른 사람 밑에서 운영했더라면, 그는 곧 *지식*과 경험을 얻었을 것이고 실패하지 않았을 것이다. 피커링은 똑똑한 사람이었고, 자신이 *지식*과 *노하우*를 가지고 있는 생명보험 업계로 다시 돌아옴으로써 이 사실을 증명했다.

  그가 실패했던 건 필요한 *지식*과 *노하우*가 부족했기 때문이다. 이제 나올 이야기는 또 다른 내 친구에 관한 것이다. 그는 대학에 있는 동안 관련된 경험을 해봄으로써 사업에 필요한 *지식*과 *노하우*를 얻었다. 그리고 그에게는 *영감*을 줘서 행동을 일으키는 동기유발 도구가 있었다. 그게 무엇인지 당신도 궁금해할 것이다.

넌 근성이 있어, 네가 바로 그거야!

  "'넌 근성이 있어, 네가 바로 그거야!' 저에게 *영감*을 줬던 말이에요."

  최근 엘러 옥외광고 회사의 사장인 칼 엘러와 아침식사를 하며 가진 인터뷰에서 그가 했던 말이다.

  나는 그와 그의 부인이 포스터 클레이저 사의 아리조나 지부를 5백만 달러에 인수했다는 말을 듣고 그 둘을 인터뷰했다. 인터뷰는 즐거웠고 유익한 정보를 얻을 수 있었고 고무적이었다.

"그때 전 투산 고등학교 1학년이었어요." 칼이 말했다. "저는 축구에 대해서 아는 게 많지 않았어요. 선발심사 경기를 할 때 유니폼도 없었죠. 하지만 어떻게 된 일인지 1군 팀의 스타 러너가 제 쪽으로 왔을 때 그에게 태클을 걸 수 있었습니다. 저는 그를 세게 쳐서 쓰러뜨릴 수 있었어요. 그는 다시 한 번 라인의 반대쪽 끝을 노리며 달렸습니다. 하지만 거기에도 제가 있었고 전 그를 막을 수 있었습니다. 그 선수는 저 때문에 미칠 지경이었습니다. 그는 해보려고 노력했고, 그럴수록 화만 더 날 뿐이었습니다. 전 여섯 번 연달아 그를 제지했습니다.

"연습경기가 끝나고 탈의실 의자에 앉아서 양말을 신고 있을 때 제 어깨에 누가 손을 올리는 게 느껴졌습니다. 뒤돌아보자 코치가 물었습니다. '풀백 포지션으로 뛴 적이 있나?' '아니오.'

"그러자 코치는 제가 평생 잊지 못할 한마디를 했습니다. '넌 근성이 있어. 네가 바로 그거야!' 그리고 그는 나가버렸습니다.

"'내가 그거라고? 그게 대체 무슨 말이지?' 저는 스스로에게 물었습니다. 다음 날 그 뜻을 알 수 있었습니다. 전 제 귀를 의심했죠. '칼 엘러! 풀백-1군,' 코치가 소리쳤습니다.

"그리고 그의 말이 떠올랐습니다. '넌 근성이 있어, 네가 바로 그거야!'

"네가 그거야! 라는 말은 그가 나를 믿었고, 중요한 포지션을 줌으로서 그 믿음을 증명해 보였다는 뜻이었습니다. 저는 그를 실망시킬 수 없었습니다. 저를 믿는 그를 보면서 저도 제 자신을 믿게 되었습니다. 그날 이후로 전, 제 능력에 의심이 들거나 일이 힘들 때면, 혹은 어떤 일을 해야 하는데 어떻게 하는지 방법을 모를 때면 스스로에게 말했습니다. 넌 근성이 있어. 네가 바로 그거야. 그러면 자신감이 되살아납니다.

"투산 고등학교의 코치 로널드 티 그리들리는 어떻게 사람들을 최선을 다하게 만드는지 알고 있었습니다. 우리는 서른세 경기에서 무패 행진을 이어갔고, 우리가 나갈 수 있는 15개의 챔피언십 경기 중 14개에서 우승했습니다. 왜냐고요? 그리들리는 우리들 모두에게 올바른 *영감*을 일으키는 방법을 알았거든요."

"대학에 다니는 동안에 일을 하셨나요?" 나는 물었다.

칼은 대답했다. "아리조나 대학에 다닐 때 저는 방세를 낼 필요가 없었습니다. 심판인 피켓 씨가 그의 집 잔디를 깎아주는 대가로 마차 보관실을 쓸 수 있게 해줬거든요. 학교의 여학생 사교클럽에서 서빙 일을 했기 때문에 식비도 전혀 지출할 필요가 없었어요. 그리고 그곳에서 아내인 샌디를 만났죠."

그때 샌디가 끼어들었다. "칼은 졸업한 후 직장에서 초반에 벌었던 것보다 학교 다니면서 더 많은 돈을 벌었어요. 학교에서 일하면서 25명의 학생을 직원으로 두었었죠. 칼은 대학에서 할 수 있는 모든 장사를 했어요. 핫도그, 음료수, 사탕, 아이스크림, 이름만 대보세요. 칼은 그것도 했을 거예요. 그는 또 *피기노트*라는 정보지를 출판하고 배포했어요. 한 부당 4달러였는데 한 학기에 600부가 팔렸어요. 스포츠 프로그램 안내지를 발행하고 이 정보지에 실을 광고를 판매하면서 졸업 후 광고 일의 밑거름이 될 경력을 쌓을 수 있었죠."

내가 봤을 때 이건 당연했다. 사람을 기분 좋게 하는 특징을 가진 젊은이, 다시 말해 미식축구 영웅이 미소를 짓고 있다. 투산에 있는 사업가라면 누구나 그와 개인적으로 만나서 얘기할 수 있는 기회를 크게 반길 것이다. 그리고 칼이 스포츠 프로그램 안내지나 대학 잡지, 신문 중 하나에 광고를 실어 달라고 부탁하면 상점 주인들은 기꺼이 그렇게 할 것이다. 이것을 보면 칼은 훌륭한 판매원이기도 했다. 해가 바뀌어도 그의 고객들은 여전히 유지됐다. 사람들은 그를 만나고 싶어 했고 칼은 그들에게 기회를 주었다.

졸업 후 칼은 대도시 시카고에 있는 일류 광고 대행사에 지원했다. 그곳에서 주급 25달러를 제안했다.

"그래서 그 대신에 바로 투산에 있던 포스터 클레이저 옥외광고 회사에 직장을 얻었지요."

그의 판매실적은 경이적이었고, 그의 승진 또한 경이적이었다. 그는 먼저 피닉스 지부의 영업관리자로 승진했고, 샌프란시스코에 본부가 있는 전국 영업관리자가 되었다. 그리고 스물아홉의 나이에 시카고 지부의 부사장이자 매니저 자리에 올랐다.

그때 회사의 소유주가 바뀌었다. 칼이 사장이 될지 그보다 나이가 많고 경험이 풍부한 사람이 사장이 될지는 미지수였다. 나이 든 사람이 사장이 되었다. 칼은 직장을 관두고 시카고에 있는 다른 광고회사에 들어갔다.

전국 광고회사 회의에서 칼은 포스터 클레이저 사의 아리조나 지부가 팔릴 거라는 소문을 들었다. "기회였죠." 칼은 말했다. "하지만 어떻게 시작해야 할지 몰랐습니다. 들어가는 경비도 만만찮게 큰돈이었고요. 바로 그때 '넌 근성이 있어, 네가 바로 그거야.'라는 말이 다시 머릿속에서 번뜩였습니다."

그는 계속 말을 이었다.

"샌디와 전 아리조나를 좋아했어요. 저는 사업을 알고 사람들은 저를 알았어요. 이 기회를 꼭 붙잡아야 한다는 거부하기 힘든 충동이 일어났습니다. 전 제가 원하는 걸 알았고 성공할 수 있다는 것도 알았습니다. 하지만 무엇보다도, 혼자 힘으로 큰일을 하고 싶다는 열망이 컸었죠. 다른 사람을 위해서 일할 수 있다면 나 자신을 위해서도 그렇게 할 수 있을 거라고 생각했어요. 하지만 정확히 어떻게 해야 거래를 성사시킬 수 있는지 몰랐습니다. 사실 전 딱 한 가지, 돈만 빼놓고는 모두 있었습니다. *지식*, *노하우*, 경험, 좋은 평판, 멋진 친구들, 그리고 투산 지역에 사업상 알고 있는 사람들."

"돈은 어떻게 했습니까?" 내가 물었다.

"제 친구 하나가 시카고에 있는 해리스 신탁 저축은행의 대출부에서 일하고 있었어요." 칼이 대답했다. "그가 은행 임원에게 저를 소개해 주었죠. 해리스 신탁 저축은행과 피닉스에 있는 발리 내셔널 은행의 합작 대출이 성사되었고, 대출금은 5년에 걸쳐 갚기로 했습니다. 그리고 제 친구 아홉 명 또한 인수에 참여했어요. 거래 내용에는, 5년 안에는 언제든지 친구들이 샀던 것과 똑같은 금액으로 그들의 지분을 되살 수 있다는 선택사항이 포함되었죠. 옥외광고업이라는 특성상,

그들에게는 세금이라든지 여러 가지 혜택이 있었습니다. 따라서 제가 선택사항대로 해도 이 거래는 서로에게 이익이 되는 것이었죠."

칼 엘러의 이야기를 보면 문제를 해결하거나 사업에 성공하기 위해 모든 해답을 미리 알아야 할 필요는 없다는 것을 분명히 알 수 있다. 물론 당신이 올바른 길 위에 있다면 말이다. 올바른 길 위에서 앞으로 나아가면서 문제를 하나씩 만나면 된다.

모든 해답을 알 필요는 없다

당신도 칼 엘러처럼 문제를 해결하거나 목표에 도달하기 위해 모든 해답을 미리부터 알 필요는 없다. 하지만 문제가 무엇인지, 그리고 이루고자 하는 목표가 무엇인지는 확실히 알고 있어야 한다.

따라서 당신은 당신의 장기적 목표, 중기적 목표, 단기적 목표를 결정해야 한다. 그런데 지금 당장은 뚜렷하고 구체적인 중장기적 목표를 정할 준비가 안 되었더라도 낙심해서는 안 된다. 어쩌면 지금은 추상적이고 일반적인 목표를 정하는 것이 더 유익할 수도 있기 때문이다. 신체적, 정신적, 도덕적으로 건강해지기. 부유해지기. 됨됨이가 훌륭한 사람이 되기. 좋은 시민, 부모, 자녀가 되기. 이런 일반적이고 추상적인 목표도 좋다.

그런데 누구에게나 지금 당면한 뚜렷한 목표나 목적도 있을 것이다. 예를 들어 내일 하고 싶은 것이 뭔지, 다음 주나 다음 달에 하고 싶은 것이 뭔지, 이런 것들 말이다. 지금 당장의 분명한 목표를 글로 적어보는 건 어렵지 않을 것이다. 그것을 성취했을 때 멀지 않은 미래에 당신이 원하던 건강이나 부나 행복이나 좋은 됨됨이를 얻게 해줄 그런 목표들. 하지만 먼저 그것들을 원해야 한다.

성공의 가장 중요한 요소

*지식*과 *노하우*가 있는데도 성공하지 못하는 사람들이 있다. 그들은 무엇을 해야 하는지, 어떻게 해야 하는지 알고 있지만, 그걸 할 마음이 생기지 않은 것이다. 즉 *행동으로 이끄는 영감*이 없다.

*행동으로 이끄는 영감*은 어떤 분야에서의 성공이든 가장 중요한 요소이다. 그리고 이런 *행동으로 이끄는 영감*은 자기 의지대로 일으킬 수 있다.

자기 안에서 *영감*을 일으킨 사람은 어떤 장애물도 이겨낼 수 있다. 그에게는 밀고 나가는 에너지, 즉 동력이 있기 때문이다. 다음 장에서 일러주는 지시를 따르면 당신도 그 *동력*을 가질 수 있다.

커다란 문도 작은 경첩에 매달려 있다

노하우는 절대 실패하지 않는 성공시스템의 핵심적 세 가지 요소 중 하나다. 그런데 이건 정확하게 무엇인가? 노하우는 어떻게 얻는가?

노하우는 당신이 어떤 일을 할 때 기술과 효율성을 가지고 시간과 노력을 최소로 쓰면서 그 일을 원하는 식으로 해낼 수 있게 해주는 것이다. 노하우는 자신이 성취하고자 하는 일을 언제나 성취하게 해준다. 이게 과연 가능한 일일까, 라고 생각하는 것에서도 노하우는 그 일을 이룰 수 있게 해준다. 노하우는 이집트의 피라미드를 세웠고 유럽의 대성당을 건축했다. 노하우는 대서양 위를 날았고 원자를 더 작은 부분으로 쪼갰다. 노하우는 전기를 이용하게 만들었다. 언젠가는 노하우가 인간을 달에 올려다 줄 것이다. 그리고 그 노하우는 당신에게 성공을 가져다 줄 수 있다.

노하우는 어떻게 얻는가? 노하우는 얻어지지 않는다. 그것은 하나하나 쌓일 뿐이다. 해봄으로써… 경험을 통해서… 행동을 통해서… 노하우가 당신에게 온다. 손에 넣게 되면 이게 바로 노하우라는 것을 알 것이다. 그리고 노하우의 힘도 알게 될 것이다.

Chapter 7

밀고 나가는 힘, 동력

"뛰어! 뛰어! 뛰어! 뛰어!" 시카고 화이트삭스 팀의 선수 대기석에서 구호가 연이어 터져 나왔다. 그리고 타자는 정말로 뛰었다! 그는 외야수가 던진 공보다 더 빠르게 3루로 세이프했다.

"뛰어! 뛰어! 뛰어! 뛰어! 화이트삭스!" 이 말은 1959년 팬들의 응원 구호가 되었고, 화이트삭스 팀 선수들을 자극시켜 매 게임에서 파이팅을 불태우게 했다. 그리고 팀은 아메리칸 리그의 챔피언십 우승을 거머쥐었다.

"뛰어! 뛰어! 뛰어! 뛰어! 화이트삭스!" 이 말은 팀 선수들 한 명 한 명 모두를 자극시키고 동기를 줘서 여태껏 그랬던 적이 없을 만큼 열심히 뛰게 했다. 그런데 동기부여란 무엇인가?

동기부여는 행동이나 선택을 하게 만드는 것이다. 동기를 주는 것이다. 동기는 오직 내부에 존재하는 것으로, 행동을 일으키는 "내면의 충동"이다. 동기에는 생각, 감정, 소망, 충동과 같은 것들이 있다. 원하는 결과를 만드는 여정은 희망과 같은 동기로부터 시작된다. (긍정

적 마음자세로 성공하기, 나폴레온 힐/클레멘트 스톤, Prentice-Hall, Inc.,1960)

뒤섞인 감정은 추진력을 증폭시킨다

열정적인 애국심과 함께 사랑, 믿음, 화, 혐오감과 같은 강렬한 감정이 뒤섞일 때, 동력은 평생 동안 지속될 만큼 강한 추진력을 만들어낸다. 이는 오늘날 공산주의의 굴레에 갇혀 있는 자유를 사랑하는 사람들에게 그랬고 과거의 애국자들에게도 그랬다. 다음 이야기도 그 중 하나다.

코사크 기병이 들이닥쳤다. 아이는 어머니와 아버지가 잔인하게 맞아 죽는 것을 목격했다. 아이는 집에서 나와 냅다 뛰었다. 하지만 기병 한 명이 아이를 쫓아와 채찍으로 후려쳤다. 아이는 피를 흘리며 땅바닥에 쓰러졌다. 다시 정신이 들어 눈을 뜨자 아버지의 오두막집은 불에 타 재만 남아 있었다. 바로 그 자리에서 소년은 맹세했다. 폴란드를 러시아로부터 독립시키겠다고.

폴란드의 독립은 그에게 강박관념이 되었다. 아이가 보았던 공포와 슬픔의 장면은 그의 마음속에서 잊힐 수 없게 아로새겨졌다. 그것이 그를 자극시켜 행동으로 이끌었다.

이 남자, 위대한 피아니스트였던 이그나치 얀 파데레프스키는 1919년 1월, 외무장관 직을 겸한 폴란드의 초대 수상으로 임명되었다. 그리고 후에 폴란드의 국회의장이 되었다.

파데레프스키는 폴란드 사람들이 또 한 번 자유를 잃는 모습을 지켜봐야 했다. 하지만 그의 노력이 헛된 것은 아니었다. 폴란드는 여전히 국가이고, 폴란드의 국민들은 완전한 자유를 되찾기 위해 다시 한 번 동력을 낼 것이다.

파데레프스키에게는 동력이 있었고, 그것이 그를 자극해 행동하게 만들었다.
당신에게도 동력이 있다.

이번 장에서 당신은 동력을 만들어내고, 강화시키고, 사용하는 방법을 개발할 것이다. 동력은 사람을 모든 종류의 가치 있는 성취로 몰고 가는 내면의 충동이다. 당신은 동력을 사용해서 부, 건강, 행복을 얻을 수 있고, 다른 이들에게 좋은 일을 할 수도 있을 것이다. 왜냐하면 행동의 영감이 충분할 정도로 강하면, 그것이 당신을 고무시켜 행동하게 만들기 때문이다.
그리고 가장 위대한 동기는 바로 사랑이다.

가장 위대한 동기

나는 6학년일 때 변호사가 되기로 결심했다. 고등학교에 들어간 나는 몇 가지 과목을 특히 좋아했다. 수학은 논리적으로 생각할 수 있게 해주었고, 역사는 과거와 현재를 이해해서 미래를 비춰볼 수 있게 해주었다. 작문은 내 생각과 철학을 표현할 수 있는 기회를 주었다. 철학은 인간의 정신이 어떻게 작동하는지 이해할 수 있게 해주었다. 나는 나와 의견이 다른 사람들과 상대해서 내 주장을 펼치는데 전문가가 되고 싶어서 센 고등학교의 토론클럽에 들었다.

나중에 나는 디트로이트 대학의 로스쿨에 들어갔지만 1년 만에 관두었다. 왜냐하면 21살이던 나는 결혼을 하고 싶었기 때문이다. 나는, 내가 결혼할 이 여인이 앞으로 내 인생에서 나를 좋은 방향으로 이끄는 가장 큰 원동력이 될 것임을 알고 있었다. 물론 이것은 누구나 그렇다. *남편이나 아내*는 모든 사람의 삶에서 *가장 큰 영향을 주는 환경이다.*

나는 변호사를 해서는 35살이 되기 전까지 충분한 돈을 벌 수 없겠다는 생각이 들어서 로스쿨을 중간에 그만두었다. 변호사로서 손님에게 어떤 권유를 하는 것은 비윤리적이지만, 판매원으로서는 원하는 만큼 모든 고객을 방문할 수 있었다. 내가 돈을 얼마나 벌 수 있는지는 내 능력과 그 능력을 얼마나 잘 쓰느냐에 달려있었다.

나는 세일즈에 소질이 있었다. 더 나아가 판매로 돈을 충분히 벌면 서른 살에 은퇴해서 학교로 돌아가 법을 공부하고 법적, 정치적 경력을 시작할 수 있을 거라 판단했다. 나 자신에게 이렇게 말했다.

"그때가 되면 어쩔 수 없이 사건을 맡아서 하는 것이 아니라 원하는 사건을 맡을 수도 있겠지."

제시와 나는 센 고등학교에서 만났다. 우리의 연애와 그녀에 대한 내 사랑은 메리 캐롤린 데이비스의 노래, 『내가 당신을 사랑하는 이유』에 잘 나타나 있다.

내가 왜 당신을 사랑하냐고요?
당신이 당신이라서 사랑해요.
하지만 그 때문만은 아니에요.
당신과 있을 때 난 더 괜찮은 사람이 되요.
당신이 스스로를 빚어내 지금의 모습이 되어서 사랑해요.
하지만 그 때문만은 아니에요.
당신은 나를 빚어내 새로운 나를 만들어줘요.

나는 센 고등학교에서 2년을 다닌 후 디트로이트로 이사한 후 노스웨스턴 고등학교에 들어갔다. 우리는 자주 편지를 주고받았다. 제시와 그녀의 어머니는 이따금씩 나와 어머니를 찾아와주었고, 나도 여러 번 시카고로 찾아갔다. 나는 시카고에 직접 보험 판매대리점을 차리는 게 제일 낫겠다고 결론지었다. 어머니는 해리 길버트에게 편지를 썼다. 해리는 우리가 사업을 함께 하는 미국 손해보험과 뉴암스테르담 손해보험의 임원이었다. 5장의 내용을 떠올려보면, 해리 길버트가 미국에서 처음으로 선 발급 상해보험을 출시했다는 게 생각날 것이다.

길버트는 답장에서, 내가 일리노이에 있는 두 회사를 대리해 보험을 판매한다면 자신도 기쁠 것이라고 말했다. 하지만 독점권을 가진 총판대리점이 이미 시카고에 있었기 때문에 나는 우선 그곳의 허락을 구해야 했다.

원하는 게 있으면 그것을 쫓아가라

나는 총판대리인과 만날 준비를 했다. 그를 납득시켜야만 했다. 나의 모든 계획이 그의 허락에 달려있었다. 하지만 직업이 판매원인 만큼, 나는 원하는 게 있으면 그것을 쫓아가야 한다는 것을 경험을 통해 알고 있었다. 그는 정중한 사람이었다. 그가 한 말을 결코 잊지 못할 것이다.

"당신이 판매를 하도록 허락할게요. 하지만 6개월 안에 사업을 접어야 할 거예요. 시카고는 판매하기가 힘든 곳이에요. 이곳에서 판매를 하면 당신은 문제만 겪고 돈을 잃게 될 거예요."

내 기회를 방해하지 않은 그에게 언제나 감사한 마음을 갖고 있다. 1922년 11월, 나는 콤바인드 레지스트리라는 이름으로 판매대리점을 열었다. 운영자금은 100달러뿐이었지만 빚이 없었고 리차드 에이치 피커링 씨에게 책상 자리 하나를 월25달러에 임대했기 때문에 간접비용이 얼마 들지 않았다. 피커링씨는 진정 나에게 영감을 주는 존재였고 좋은 조언을 아끼지 않았다. 예를 들어 로비에 있는 명부에 내 이름을 올릴 때 그는 물었다.

"이름을 어떻게 적을까요?"

"시 스톤이요," 나는 대답했다. 학교 다닐 때부터 그때까지 늘 그렇게 적었다.

"뭐가 부끄러워서 그러세요?" 그가 물었다.

"무슨 말씀이시죠?"

"음, 첫 이름과 중간 이름이 있으시죠?"

"네… 윌리엄 클레멘트 스톤이에요."

"이름이 시 스톤인 사람은 수천 명쯤 있을 거란 생각을 해보셨나요? 하지만 아마 미국 전체를 통틀어도 더블유 클레멘트 스톤은 한 명뿐일 거예요."

그의 말은 자부심을 불러일으켰다. "단 한 명의 더블유 클레멘트 스톤이라니." 나는 생각했다. 그 이후로 나는 항상 내 이름을 그렇게 서명했다.

결혼식은 6월로 계획되었다. 결혼식 전에 최대한 많은 돈을 모으고 싶었기 때문에 단 한 순간도 낭비하지 않았다. 첫째 날, 나는 로저스 파크에 있는 노스 클라크 가에서 영업을 했다. 내가 머물고 있던 곳에서 몇 블록 떨어진 곳이었다. 그날 54건을 판매했고, 그때서야 시카고가 판매하기 쉬운 곳임을 알았다. 총판대리인의 말과 달리 6개월 넘게 사업을 계속할 수 있을 거라는 확신이 생겼다.

사업을 자리 잡게 하고 사랑하는 여인과 결혼할 돈을 벌기 위해 의욕적으로 일했다. 이건 당연한 일이나. 당신은 이성에 호소해 자신에게, 혹은 타인에게 동기를 줄 수 있는 것도 사실이다. 하지만 느낌, 감정, 직관, 몸에 밴 습관의 모습을 한 *내면의 충동*은 앞으로 나아가는 강력한 추진력이 되어 당신을 행동하게 만든다.

동기를 부여하려면 심금을 울려라

다른 사람이 바람직한 행동을 하도록 동기를 주는 가장 좋은 방법 중 하나는 그의 감정에 호소하는 진실한 이야기를 해주는 것이다. 판매 회의에서, 나는 진 클레리에게서 받은 편지의 일부를 읽어줬는데, 그것은 판매원들의 마음을 움직여 행동하게 만들었다.

6주 전 여섯 살짜리 딸 파멜라가 내게 와서 말했습니다.
"아빠, 아빠는 언제 루비를 딸 거예요?" (루비는 일정 기간 동안 정해진 만큼의 높은 판매 실적과 수입을 올리는 사람에게 주어지는 상이다)
"언제쯤 일주일에 보험을 100건씩 판매할 수 있어요? 아빠, 아빠가 루비를 받게 해달라고 밤마다 하나님께 기도했어요. 기도한 지 여러 밤이 지났는데, 하느님이 아빠를 도와주는 것 같지가 않아요."
신에 대한, 그리고 아버지에 대한 아이의 믿음은 너무나 순수하고 정직하고 진실했습니다. 왜 신이 도와주지 않는 건지 아이가 혼란스러워하고 있다는 걸 알았기 때문에 저는 오래 생각하고 숙고한 끝에 대답했습니다. 제 대답은, "팸, 신은 아빠를 돕고 있었어. 하지만 아빠가 신을 돕지 않았던 것 같구나."
사실, 전 저 자신도 돕고 있지 않았습니다. 그래서 전 실패라는 대가를 치르고 있었습니다. 왜? 노력하지 않았으니까요. 변명과 구실을 만들 뿐이었죠. 전 저를 제외한 모든 사람들을 탓하고 있었습니다. 한 사람이 얼마나 더 눈 멀 수가 있을까요? 그 자리에서 전 결심했습니다…

편지의 나머지 부분에서는 그가 딸에게서 느꼈던 깊은 느낌이 어떻게 그의 내면에서 동력을 일으켜, 그로 인해 어떤 수많은 성취를 이루었는지가 나와 있다.

믿음은 숭고한 동기이다

진은 루비를 받았고 파멜라의 기도는 응답을 받았다.

진에게는 늘 *동력*이 있었다. 마찬가지로 모든 사람에게도 *동력*이 있다. 하지만 진에게 *영감을 주는 불만족*이라는 자기암시를 일으킨 것은 파멜라의 기도가 준 암시였다. 그의 표현을 그대로 적자면 "전 저 자신도 돕고 있지 않았습니다. 저는 실패라는 대가를 치르고 있었죠. 왜? 노력하지 않았으니까요. 전 변명과 구실을 만들 뿐이었습니다. 전 저를 제외한 모든 사람들을 탓하고 있었습니다. 한 사람이 얼마나 더 눈 멀 수가 있을까요…?"였다.

이 *행동으로 이끄는 영감*은 이미 지니고 있던 동력을 점화시켜 작동하게 만들었다.

믿음은 숭고한 동기이다. 그리고 기도는 믿음의 표현이다. 믿음의 표현인 기도는 한 사람의 감정이 낼 수 있는 추진력을 더욱 증폭시켜 준다. 이것을 보여주는 이야기가 있다.

얼마 전에 있었던 일이다. 나폴레온 힐과 나는 푸에르토리코의 산후안에서 *성공의 과학*이라는 사흘간의 저녁 세미나를 열고 있었다. 둘째 날 우리는 참석한 모든 사람들에게 오늘 배운 원리를 바로 적용해 보라고 요구했다. 그리고 어떤 결과를 이뤄냈는지 각자 보고하기로 했다.

셋째 날, 한 회계사가 자발적으로 일어나 자신의 이야기를 해줬다.

다음날 직장에 도착하자 부장님이 저를 사무실로 불렀습니다. 부장님도 이 세미나에 참석 중이에요.
"긍정적 마음자세가 진짜 효과가 있는지 보자고," 그가 말했습니다. "자네도 알다시피 몇 달 전에 수금됐어야 할 돈이 3000달러라네. 이 회사의 매니저를 찾아가게. 그리고 방문할 때 긍정적 마음자세를 유지하게. 스톤 씨가 실행 스위치라고 부른 그것부터 시작해보자고. 지금 하라! 말이네."
어젯밤 당신이 말하기에, 누구든 잠재의식을 자신을 위해 작동하게 만들 수 있다고 하셨죠? 전 그 말에 큰 감명을 받았어요. 그래서 부장님이 수금을 하라고 절 보냈을 때, 판매도 해보자고 결심했죠.
사무실을 나선 저는 집으로 갔습니다. 집 안의 고요함 속에서 저는 정확히 무엇을 할 지 결정했습니다. 수금을 하고 큰 건의 판매 성과도 거두게 도와달라고 진실하게, 기대에 부풀어 기도했습니다. 저는 원하는 결과를 얻을 거라고 믿었습니다. 그리고 정말 그렇게 됐습니다. 3000달러를 수금하고 추가로 4000달러어치 판매를 했거든요. 그의 사무실을 나올 때 그가 이런 말을 했습니다.
"당신은 정말 날 놀라게 하는군요. 당신이 이곳에 왔을 때 저는 살 마음이 없었습니다. 당신이 판매원인 줄도 몰랐어요. 그저 수석 회계사인 줄 알았거든요."

제 경력 전체를 통틀어 이번이 첫 번째 판매였습니다.

이 회계사는 전날 밤 용기를 내서 "어떻게 하면 잠재의식이 저를 위해 일하게 만들 수 있습니까?"라는 질문을 했었다. 그리고 그는 대답을 들었다. 바로 이것이다.

목표를 세우고, *영감을 주는 불만족*을 만들어내고, 동기유발 도구와 실행 스위치인 *지금 하라*를 활용하라. 즉각적인 목표를 정하고 그것을 향해 출발하라.

또한 다음의 것들도 함께 말해주었다.

1. 특정한 말을 반복함으로써 잠재의식에 영향을 끼칠 수 있다. 긴장 상태에서나 감정을 품은 채로 자기암시를 하면 잠재의식에 더 큰 영향을 줄 수 있다.
2. 인간이 가진 가장 큰 힘은 기도의 힘이다.

그는 이런 말들을 주의 깊게 들은 후, 다시 한 번 생각해보면서 원리들을 연관 짓고 완전히 흡수해 자기 것으로 만들었다. 그는 신의 인도를 받고자 진실하고 경건하게 그리고 겸손하게 기도했다. 주어질 것이라고 믿었고, 그랬기 때문에 신의 인도를 받았다. 그리고 받았을 때 진실한 감사의 기도를 잊지 않았다.

영감이 지식과 노하우를 낳는다

어느 날 저녁, *성공의 과학* 세미나에서 음악 교사일과 대도시의 큰 라디오 방송국에서 DJ 아르바이트를 병행하는 남자가 벌떡 일어나 물었다.

"긍정적 마음자세가 저한테 무슨 도움이 되겠어요? 제가 살아 있는 동안은 음악교사로 벌 수 있는 일주일 평균 100달러를 넘기지 못할 거예요. 이건 보통의 다른 음악교사들도 마찬가지예요."

나는 즉시 대답했다.

"확실히 옳은 말씀입니다! 당신은 일주일 평균 100달러 넘게 벌지 못할 거예요. 당신이 그렇게 믿는다면요. 하지만 당신이 250, 300, 350달러, 아니면 다른 금액을 벌 수 있다고 믿으면, 그건 주당 100달러를 버는 것과 같을 겁니다. 나폴레온 힐이 말했던 유명한 동기유발 도구를 기억하세요. *마음은 자신이 상상하고 믿는 것을 성취할 수 있다.* 하루 중 생각날 때마다 이 문구를 반복하세요. 오늘 저녁 적어도 50번 정도 *감정과 느낌*을 살린 채로 이것을 말하세요. 그러고 나서 목표를 정하세요. 목표를 높게 잡으세요! 그리고 행동하세요. 무슨 일이 벌어지는지 제게 말해 주셔야 합니다!"

석 달 반이 지나고 이 교사에게서 편지를 받았다.

"긍정적 마음자세 과정을 시작한 후로 전 미로에서 빠져나올 수 있었습니다. 그 어느 때보다 더 건강해졌고요. 지난 10주간 제가 벌어들인 돈은 주 평균 370-380달러 정도로 훨씬 많아졌어요. 일하는 시간이 많아졌지만 언제나 쾌활하고 긍정적인 태도를 갖고 있어요."

그날 밤 음악 교사가 내게 "긍정적 마음자세가 저한테 무슨 도움이 되겠어요?"라고 물었을 때 그는 나의 대답을 *흘려듣지 않고 새겨들었다.* 듣는다는 것이 꼭 주의와 집중을 하는 뜻은 아니다. 하지만 *귀 기울여 듣는 것*은 언제나 주의하고 집중해서 듣는다는 의미이다. 그는 자신에게 들려온 대답을 귀 기울여 들었다. 그래서 *믿는다* 라는 말에 담긴 올바른 마음자세의 건설적인 힘을 알아차리고 이해하기 시작했다. 그리고 이 힘을 사용하기 시작했다.

이 편지를 썼을 때도 그는 여전히 음악을 가르치고 있었고 여전히 똑같은 사람이었다. 그러면 무슨 일이 생긴 것일까? 누가 그 일을 생기게 했나? 그는 암시에 반응했던 것이다. 그는 내가 지시했던 대로 자기암시를 사용했다. 자신의 믿음을 "그건 안 돼"에서 "될 수 있어"로 바꿨다. 그리고 담대하게 높은 목표를 세웠다.

어느 날 오후 유명한 배우가 라디오 방송국에 게스트로 출연했을 때, 음악 교사는 행동하기로 결심했다. 실행 스위치 *지금 하라!* 에 응답한 것이다.

그는 게스트에게 사람이 악기를 잘 연주해서 음악을 사랑하는 법을 배우면 얼마나 행복해질 수 있는지 열정적으로 이야기해주었다. 그 말을 들은 배우는 자신에게 음악을 가르쳐 달라고 재촉했다. 음악 교사는 그에게 수업시간을 할당할 수 있었고 배우에게는 전문가에게 배우는 수업료를 지불할 만큼의 재정적 여유가 있었다.

새로운 마음자세에 대한 경험은 교사가 원리를 인지할 수 있게 했고, 그는 또 그것으로 인해 *노하우*를 얻을 수 있었다. 라디오에 유명인이나 예술가가 게스트로 오면, 그는 음악을 사랑하는 법을 배우는 데서 느끼는 기쁨에 대해 이야기해주었다. 제대로 배우기만 하면 악기를 배우기가 얼마나 쉬운지도 설명해주었다. 그것은 배우에게 썼던 방법 그대로였다. 이게 바로 *노하우*이다.

음악 교사는 이렇게 해서 수입을 늘릴 수 있는 지식을 얻었다. 음악을 가르치는 것뿐만 아니라 수입을 증가시킬 다른 수단도 구했다. 그가 구하기 시작하자 그것을 찾을 수 있었다.

자발적으로 행동하라

"구하라, 그러면 찾을 것이다!" 이 말은 모든 것에 적용되는 말이다. 그래서 영감, 행동, 노하우, 지식을 구할 때도 역시 적용된다.

이 장의 이야기들을 읽다보면 외부의 암시가 사람들에게 일정한 생각을 하게 만든다는 것을 알 수 있을 것이다. 당신이 하는 생각과 말과 행동, 이 모두는 당신 자신에 대한 또 다른 암시가 된다. 당신은 생각을 통해서 자기암시를 할 수 있다. 생각을 반복하고, 그 생각을 쫓아 행동을 하고, 그리고 몇 번이고 되풀이하다보면 하나의 습관을 형성하게 된다. 따라서 당신은 생각의 방향을 지휘함으로써 얻고자 하는 습관을 만들고 통제할 뿐 아니라 과거의 습관을 새로운 것으로 대체할 수도 있다.

예를 들어 당신이 선행을 하겠다고 마음을 먹고서 그 생각을 할 때마다 *의식적으로* 그 선행을 *실천한다면* 곧 선행을 하는 습관을 기르게 될 것이다.

같은 식으로 내면의 충동을 개발해서 그것이 자신에게 영감을 주게끔 할 수 있다. 이 내면의 충동은 당신을 도와주는 동력이다. 이 동력은 당신을 가치 있는 일을 이루게끔 몰아갈 것이다.

이 책을 계속 읽다보면 이 동력을 사용해 부, 건강, 행복을 만들 수 있고, 더 살기 좋은 세상을 만들 수 있음을 알게 될 것이다.

우리가 유전적으로 물려받은 감정, 열정, 직관 그리고 그 밖의 경향들이 내는 강한 충동에 대해서는 나중에 다시 이야기해보겠다. 이것들은 우리가 해야 하는 일뿐만 아니라 종종 하지 말아야 할 일을 하게 만드는 내적인 충동이 되기도 한다.

때로는 당신이 의식적으로 개발한 내면의 충동과 유전적으로 물려받은 내적인 충동이 서로 부딪힐 때도 있을 것이다. 하지만 올바른 생각을 선택하고, 적절한 행동을 하고, 적절한 환경을 선택하면 이 충돌을 완화시킬 수 있다. 우리는 의식적으로 개발한 내면의 충동을 이용해, 유전적으로 물려받은 강한 충동의 본래 목적을 충족시키면서도 높은 도덕 기준을 지킬 수 있고 건강하고 행복한 삶을 이끌어나갈 수 있다.

동력은 잠재의식의 무한한 힘을 풀어 주는 내면의 충동이다. 하지만 우리는 모두 다른 사람의 도움을 필요로 한다. 다음 장에는 *영감*, *노하우*, *지식*으로 이를 이뤄내는 방법이 나와 있다.

커다란 문도 작은 경첩에 매달려 있다

동력은 영혼의 신비한 모터이며 성공으로 이끌어주는 내면의 충동이다. 감정, 소망, 충동을 통해 이 동력에 연료를 줄 수 있다. 10일 동안은 매일 밤 적어도 50회씩 다음을 반복해보아라.

마음은 자신이 상상하고 믿는 것을 성취할 수 있다.

만약 동력이 어떤 좋은 행동을 하도록 당신을 이끈다면 그것을 바로 실행하도록 하라. 이것을 통해 동력을 제어하는 능력을 기를 수 있다.

SUCCESS

3부-파란만장한 여정

문제를 만났으면 해결하라
성공은 시도하는 자의 것이다!
문제는 기회가 일할 때 입는 작업복이다
알지 못하는 것을 두려워 미라
자기암시로 자신의 주인이 될 수 있다
상황이 힘들어지면 강한 사람들은 더 열심히 한다

Chapter 8

나는 훌륭한 선원을 선택했다

길이가 9미터가 넘는 범선 *툰스타*는 조용히 헬싱키 항에서 빠져 나와 미국으로 향했다. 배에는 여섯 명의 남자와 세 명의 여자가 타고 있었다. 이 중 범선에 타 본 경험이 있는 사람은 한 명뿐이었다. 이들은 공산주의 러시아의 통제에서 벗어나 자유를 찾고자 기꺼이 목숨을 걸었다.

"거대한 파도와 강풍에 밀려 이러 저리 흔들릴 때, 조해의 원시 습지에 갇혀 꼼짝달싹 못했을 때, 굶주림에 직면했을 때, *툰스타*의 선원들은 언제나 살아남을 수 있는 기발한 방법과 지혜를 생각해낼 수 있었습니다."

이 탐험의 리더 중 한 명인 테포 투렌이 그의 책 *툰스타*에서 한 말이다. 이야기는 사실적이지만 상징적인 면을 내포하고 있다. 바다에 관한 이야기를 사실적으로 전개했지만 사실 그것은 인간의 영혼에 관한 이야기였다.

나는 사업상 테포 투렌을 알고 있었기 때문에 그가 책을 쓰기 전에도 *툰스타*에 대해 많은 이야기를 나누었다. 그가 이야기를 해 줄 때 나는 이런 생각을 하곤 했다.

"내면의 충동이 가진 힘이 *행동의 영감*을 충분히 일으켜서 불가능할 것 같은 일을 가능하게 만든 이야기가 여기 또 있구나."

테포와 그의 선원들은 불가능할 것 같은 일도 가능하다는 것을 증명했다. 그들은 *영감*을 받아 자유를 위해 목숨을 걸었기 때문이다. 하지만 새로운 사업에 뛰어드는 많은 사람들처럼 그들도 *지식*과 *노하우*가 부족했다. *지식*은 배워야 하고, *노하우*는 경험으로 습득해야 하기 때문이었다.

하지만 목표를 이루게끔 만드는 강한 소망이 당신에게 있다면 어떻게든 *지식*을 얻을 수단을 찾게 되고 *노하우*를 익히게 해줄 경험을 얻게 될 것이다. 테포 투렌은 헬싱키를 떠나기 전 책을 읽고 경험 많은 항해사들과 얘기를 나눔으로써 이론적인 *지식*을 얻었다. 그리고 직접 배를 타 보고 나서 작은 배를 조종하는 *노하우*를 얻을 수 있었다.

이것이 *지식*을 얻는 방법이다. 당신은 *지식*을 구할 수 있다. 당신도 책을 읽고 다른 사람과 이야기를 나눔으로써 *지식*을 발견할 수 있다. 하지만 *툰스타*의 선원들처럼, 진짜 *노하우*는 오직 직접 해봐야만 얻을 수 있다.

선원들이 9미터가 넘는 길이의 감자보트를 수리한 후 그것을 타고 헬싱키를 떠났을 때 그들은 문제를 만날 것임을 알고 있었다. 하지만 운 좋게도 이 여정이 얼마나 위험할지는 알지 못했다. 마찬가지로 당신도 장기적인 목표에 도달하는 과정에서 마주칠 문제들에 대해선 잘 알지 못한다. 배고픔, 갈증, 폭풍, 사르가소 바다, 심지어는 산호초에 부딪혀 배가 난파당하기도 했지만 그것들은 테포 투렌과 영감에 찬 다른 핀란드인들이 목적지에 도달하는 것을 막지 못했다. 그건 마치 큰 벤처사업에서 모든 문제를 해결하면서 성공을 거두는 사람들의 이야기와도 비슷했다. 그들은 스스로 해결하고자 했다. 그러자 그들은 항해를 시작하며 *알려진 힘*과 *알려지지 않은 힘*으로부터 도움을 받았다. 무슨 장애물을 만나더라도 *계속해서 앞으로 나아갔다*.

미지의 세계로 들어갈 용기를 가져라

이것이 많은 사람들에게 성공을 안겨 준 원인이다. 성공한 이들은 목표를 향해 출발했을 때 그곳에 실제 도착할 때까지 계속해서 나아갔다. 어떤 장애도 그들의 발걸음을 멈추지는 못한다.

이런 미지의 세계로 들어갈 용기의 부재는 많은 사람들이 실패하는 이유이기도 하다. 그들은 출발하지 않고, 가지도 않는다. 낡은 습관에 갇혀 빠져 나오려 하지 않기에 새로운 것을 시작하지도 않는다.

일단 운동을 시작한 물체를 계속 움직이게 하는 것보다, 정지해 있는 물체가 관성을 이겨내고 출발하는 데 더 많은 에너지가 든다.

이것은 어떤 곳에도 적용되는 보편법칙이다. 무언가를 강렬히 원하지만 시작도 못하고 있다면 미지에 대해 두려움이 있기 때문이다. 그 두려움을 이기고 일단 시작하기만 한다면 그 어떤 장애도 우리를 막지 못한다.

앞에서 당신은 동기유발 도구 *지금 하라!* 에 관해 읽었다. 나는 이것을 실행 스위치라고 이름 붙였다. 다음의 말은 나에게 행동하게끔 만드는 자극제이다. 따라해 본다면 당신도 이것을 사용하는 방법을 배울 수 있다.

1. 아침과 저녁에 50번 이상 *지금 하라!* 를 스스로에게 되뇌라. 또 다음 며칠 동안은 하루 중 생각날 때마다 이것을 반복하라. 이 말은 당신의 잠재의식에 깊이 각인될 것이다.
2. 어떤 일을 해야 하지만 하고 싶지 않을 때, 잠재의식에 있던 실행스위치 *지금 하라!* 가 의식으로 나와 번뜩이면, 즉시 그것을 하라.

옳다고 느끼기에 그 일을 하고자 하지만 미지에 대한 두려움이 나타나 나를 멈춰 세우려고 할 때면 자신에게 말하라.

"*지금 하라!*" 그런 후 즉시 행동을 시작하라.

나는 그렇게 했다. 나는 실행스위치 *지금 하라!* 를 사용하는 것을 습관으로 만들었다. 그리고 자기암시를 통해 유전적으로 물려받은 감정과 두려움을 무력화시키는 데 이 기법을 성공적으로 적용했다.

하지만 생각을 지휘하고 감정을 지배하는 이 기법을 판매원들에게 가르친 것은 판매조직을 구축하고 몇 년이 지난 후였다.

적절한 토대를 쌓아라

나의 *툰스타* 선원들은 모두 자진해서 모였다. 첫 직원도 자진해서 들어왔다. 일은 이렇게 진행됐다.

내가 판매 대리점을 막 시작했을 무렵이었다. 그날 아침에도 난 시카고의 사무실 건물 안을 호별로 돌아다니며 판매를 하고 있었다. 중년의 부동산업자에게 보험을 팔았는데, 그가 내게 물었다,

"실례하지만 선생님의 사무실은 어디에 있습니까?"

"29번 라살 가에 있습니다."

정오가 되어 편지를 확인하러 사무실에 돌아왔을 때 그 부동산업자가 나를 기다리고 있었다. 그는 21살짜리 판매원이 매니저라는 사실에 꽤 놀란 것 같았다. 나 역시도 고객이었던 그가 입사지원을 하러 왔다는 사실에 그 사람만큼 놀랐다.

나는 판매대리점을 시작하고 1년 동안은 판매원을 고용하지 않기로 결심했었다. 내 개인적인 판매에 모든 노력을 쏟아 부으면 큰돈을 벌 수 있다는 것을 알았기 때문이었다. 그리고 판매조직을 구축하려면 판매를 할 수 있는 귀중한 시간과 노력을 쪼개야 하는데 그 어떤 것도 허비할 생각이 없었다. 개인적인 판매로 받는 수수료는 전부 내 것이지만 판매원을 고용해서 팔게 된 부분은 수수료의 3분의 1만 받을 수 있기 때문에 혼자서 버는 이득만큼 판매원을 통해서 벌려면 많은 판매원이 필요했다.

하지만 나는 그 부동산업자를 첫 판매원으로 받아들였다. 그는 판매에 경험이 풍부했고, 됨됨이가 훌륭한 사람이었기 때문이다. 판매원 지원자가 면접을 보러 오면, 매니저가 가장 먼저 보아야 할 것이 바로 그의 됨됨이이다. 게다가 나는 잃을 게 없었고 얻을 것은 많았기 때문에 주저할 필요가 없었다. 그런 내 생각은 옳았다. 이 판매원

은 나와 함께 한 수년 동안 훌륭하게 일을 해주었다.

이 일이 있고 몇 년이 흐른 후에야 이 경험의 교훈을 알 수 있었다. 그것은 고객을 고용해서 판매조직을 구축할 수 있다는 사실이다. 하지만 지금도 알고 있듯이 그때도 이해하고 있었던 더 중요한 사실은 *사업을 확장하기 전에 적절한 토대를 쌓아야 한다* 는 사실이다.

판매원이 판매를 잘하다보면 그때는 직접 사업을 해서 판매조직을 구축해보고 싶은 *영감*을 받을 수 있다. 하지만 사업체를 운영하는 *노하우*와 *지식*이 부족할 것이다. 그러면 이제 그 앞에는 두 가지 길이 놓여 있는 것이다. 그 중 하나는 파산과 실패로 향해 있는 길이고, 다른 하나는 그럭저럭 보통 수준을 유지하는 길이다. 하지만 성공으로 향해 있는 세 번째 길이 있다.

첫 번째 길: 그는 운영 자금이 부족하다. 그런데도 새로 고용한 판매원을 통해 생계를 꾸려나가려고 한다. 그의 사업적, 개인적 지출이 수입보다 훨씬 많아진다. 빚은 점점 쌓여간다. 결국 파산하게 된다. 그가 *개인 판매 시간과 노력*을 허투루 썼기 때문이다. 이것이 파산과 실패로 가는 길이다.

두 번째 길: 그는 운영자금이 있다. 하지만 스타 판매원이라서 모든 시간과 노력을 개인 판매에만 쏟을 뿐, 판매조직을 구축하는데 시간과 노력과 돈을 투자하지 않는다. 그러면 그는 영업관리자이지만 판매원의 벌이만큼 벌 수 밖에 없다. 그가 파산할 이유는 없겠지만 영업관리자로서는 실패이다. 이것이 기업의 주인이 될 수

있는 사람이 평범함의 길로 가는 것이다.

세 번째 길: 다시, 그는 운영자금이 부족하다. 하지만 개인판매를 통해 수익을 얻고 지불해야 할 돈을 벌 수 있음을 확신한다. 그에게 판매원을 흡수할 여력이 생길 때면 한 번에 한 명씩 고용한다. 이렇게 판매조직을 구축하고, 조직이 충분히 커지고 나면 그것을 관리하는 데 모든 노력을 쏟는다.

핫도그와 우유 한 잔

훌륭한 판매원은 자신에 대한 확신이 있다. 자신이 무엇을 할 수 있는지 알고, 종종 필요가 그 일을 하게 만든다.

개인 판매를 할 때 내 수입은 사람들이 엄청나다고 할 만한 수준이었다. 하지만 나는 언제나 돈이 필요했던 것 같다. 차 할부금, 가구 할부금, 생명보험 납입금 등. 아마도 내가 원하는 게 있으면 일단 사고 난 후에 그것을 지불하기 위해 불같이 일했기 때문일 것이다.

난 아침에 집을 나설 때 현금을 거의 안 갖고 나간다. 하루가 마무리될 쯤에는 충분한 돈이 생길 거라는 것을 알기 때문이다. 예를 들어 내가 처음 일리노이 주의 졸리엣에서 일할 때였다. 아침 8시30분에 이곳에 도착했는데 그때 내 주머니에는 10센트 밖에 없었다. 하지만 그것 때문에 걱정이 되지는 않았다. 오히려 그 상황은 나에게 *영감*을 주었다. 우드로프 여관에 체크인을 하고 길 건너로 가서 아침으로 핫도그와 우유 한 잔(이 때는 인플레이션 전이었다)을 먹었다.

졸리엣은 집에서 64km 정도 떨어진 곳에 있었다. 나는 차를 몰고 나갔다가 매일 집으로 다시 돌아오는 대신, 기차를 타고 출근을 했다가 그곳 호텔에서 묵었다. 기차 안에서 휴식을 취할 수 있었기 때문이다. 나는 언제 어디서든, 어떤 상황에서든 잠을 잘 수 있는 능력을 개발했다. 그래서 기차를 타고 갈 때면 언제나 창턱에 팔꿈치를 괴고 머리를 손에 기댄 채 잠이 들었다.

하지만 잠이 들기 전에 늘 하던 것이 있었다. 길을 알려달라고 내게 도움을 달라고 기도를 하면서 정신을 길들이는 것이다.

매일 밤 집에 돌아가는 대신 호텔에 머물게 되면서 최소한 10시간은 잘 수 있었다. 오가는 시간을 절약했기 때문이다. 충분히 잠을 자고 나면 컨디션은 최상이 되었다. 나는 판매를 할 때 의도적으로 흥분상태를 유지하며 내가 가진 모든 것을 판매 프레젠테이션에 쏟아 넣었다.

흥분상태를 유지하라

많은 판매원들이 피로 때문에 좋은 성과를 내지 못한다. 그들의 배터리는 충전이 필요한데 그렇게 하지 못하고 있다. 그래서 나는 잠재고객을 방문하기 전 충분히 휴식을 취한다. 다시 말하지만 방문 전에 정신을 길들여야만 한다.

그래서 판매 프레젠테이션을 할 때 내 에너지는 오직 눈앞에 있는 한 가지 일에 집중할 수 있었다. 구매자가 무엇을 사는지에 대해 분명한 개념을 심어 주고, 매년 계약이 만료되면 별다른 거부감 없이 보험 계약을 갱신하도록 생각의 씨앗을 던져 놓는 식으로 가장 빠른 시간 안에 판매를 했다. 이렇게 할 수 있었던 것은, 가격이 낮으면서 재구입해야 하는 필수품을 판다면 큰돈을 번다는 것을 깨달았기 때문이다.

나를 여럿 만들기로 결심하다

졸리엣에서 그때 당시로서는 최고의 판매 기록을 세웠다. 9일간의 영업일 동안 하루 평균 72건의 판매를 했다. 하루 동안 122건을 판매했던 기억에 남는 날이 있었는데, 그 다음 날 아침 나는 나 자신을 여럿 만들어야겠다고 결심했다. 즉 판매조직을 구축하기로 결심한 것이다.

그날 저녁 나는 행복했지만 피곤했다. 평소보다 일찍 잠들었는데 꿈속에서도 보험을 팔 정도였다. 다음 날 아침 나는 개인판매에 있어서는 최고점을 찍었다는 것을 깨달았다.

아침을 먹으며 생각해봤다. "매일 보험을 122개씩 팔고 꿈속에서도 보험을 판다면 건강한 정신을 잃게 만들 것이다. 지금이 판매조직을 구축할 때야. 나를 여럿 만들어야겠다."

이 약속은 졸리엣에서 일이 마무리되자마자 바로 실행에 옮겨 판매원을 고용하기 시작했다. 그러자 놀라운 일이 일어났다. 나는 *알려지지 않은 힘*을 만났다. 내 지평은 넓어졌다. 나는 사용할 수 있는 원리를 인식했고 인식하자 기회가 눈에 보였다. 그리고 그것을 붙잡았다. 내가 보고 행했던 것은 거대 황금제국의 시작을 열게 되었다. 그 시작은 아주 간단한 것이었다. 시카고 선데이 *트리뷴* 지의 광고란에 판매원을 구하는 네 줄짜리 광고를 실은 것이었다.

나는 *행동의 영감*은 있었지만 사람을 구하는 기술에 있어서는 *노하우*와 *지식*이 부족했다. 그렇지만 고심한 끝에 네 줄짜리 문구를 생각해냈는데 몇 년이 지나도록 고칠 일이 거의 없을 정도로 큰 성과를 가져왔다.

당신이 만든 기회를 붙잡아라

"돈을 벌 수 있는 특별한 기회…" 광고는 이렇게 시작한다. 광고를 낸 후 사무실에는 만족하다 못해 과하다 싶을 정도로 많은 사람들에게서 전화가 걸려왔다. 하지만 놀라운 것은 시카고가 아닌 일리노이 남부, 인디아나, 위스콘신, 미시건 등 다른 지역에서 보내온 수많은 편지들이었다. 나는 대도시의 일요일 자 신문이 도시의 경계를 넘어설 정도로 영향력이 있다는 것을 몰랐다. 어쨌든 이렇게 발견한 기회를 붙잡기로 결심했다. 시카고와 일리노이 주를 넘어 확장할 수 있는 가능성을 보았기 때문이다.

그래서 나는 곧바로 해리 길버트에게 편지를 써서 위스콘신과 인디아나에 판매원이 되기를 희망하는 자가 한 명씩 있는데 그들을 고용해도 좋은지 물었다. 나는 한 쪽 발을 문 안에 들여놓기 전에는 두 명 이상을 언급하는 것은 현명하지 않다고 생각했다. 미시건 지역에서 온 편지들은 디트로이트에 있는 어머니에게 보냈다.

답장이 오기를 불안하게 기다렸던 5일은 너무도 길게 느껴졌다. 답장이 오기를 기다리며 우선 시카고 지역의 두 명을 고용했고, 일리조이 주 이외의 지역에서 문의해온 사람들에게는 편지를 보냈다. 그리고 지금 당장 쓸 돈이 필요했기 때문에 5일 중 4일 간은 개인판매를 했다.

토요일, 길버트 씨의 답장이 도착했다. 그는 칭찬과 격려의 말과 함께 위스콘신과 인디아나의 지원자들을 고용해도 좋다고 말했다. 두 지역에는 길버트의 특별 보험 부서에 속한 판매원들이 없었다. 나는 두 명의 지원자들에게 편지를 썼고(그때는 면접을 보러 오라고 말해야겠다는 생각이 떠오르지 않았다) 그들은 내 제안을 받아들였다. 나는 생각했다.

"길버트 씨가 각 주에서 한 명씩 고용해도 된다고 허락했으면, 여러 명을 고용하는 것도 허락할거야."

이건 굉장한 기회였고, 그 기회를 붙잡기로 마음먹었다. 시카고 트리뷴 지에 광고를 계속 내면서 동시에 밀워키와 인디애나폴리스의 일요일 신문에도 광고를 실었다. 그 결과 더 많은 문의가 들어왔고, 더 많은 판매원을 두게 되었고, 다른 주에서도 많은 문의가 들어왔다.

나는 또다시 길버트 씨에게 편지를 썼다. 이제 그의 부서의 판매대리점이 없는 모든 주에서 판매원을 고용하는 것은 시간 문제였다. 이렇게 할 수 있었던 이유는 성공의 공식을 생각해냈고, 그걸 최대한으로 활용하는 것이 득이 됨을 깨달았기 때문이다.

당신을 도울 수 있는 사람에게 조언을 구하라

편지로 판매조직을 구축하는 일은 일사천리로 진행되었다. 하지만 수입이 필요했기 때문에 개인판매도 계속했다. 매일 이런 순서로 일을 했다. 아침 일찍 지원자들의 편지에 답장을 쓰고 오후 5시까지 판매를 한 후, 다시 사무실로 돌아와 한 시간 정도 필요한 사무를 처리한다. 시카고에서 일하게 되면 추가로 사무를 볼 시간이 남기 때문에 난 그곳에서 일하는 것을 더 선호했기 때문이다.

사업을 확장하면서 자연스럽게 사무실도 확장할 필요가 생겼다. 그래서 나는 피커링 씨로부터 임대했던 책상자리를 포기하고 사무실을 구축했다. 처음에는 나도 간접비용을 줄이기 위해 다른 사람의 책상자리를 임대했었다. 이제 나는 판매를 대리하는 보험회사와 협상한 끝에 보험증권 인쇄비와 보험 보상금을 제외한 모든 비용을 내가 부담하는 대신에 사업체는 내 소유로 하기로 했다.

곧 전국에 유통되는 잡지에까지 광고를 확대했고, 길버트 씨가 이미 그 지역의 독점 대리인을 두고 있는 주에서도 지원자들의 문의가 쇄도했다. 그래서 나는 그에게 편지를 써서 이것에 대해 그의 조언을 구했다.

관대한 해리 길버트는 내가 만들어내고 있는 사업의 규모에 흡족해했다. 그는 나를 돕고 싶어 했다. 그래서 그는 내게 추천장을 써줄 테니 뉴저지 주 뉴어크에 있는 커머셜 상해보험 회사의 이시 메호프 씨에게 편지를 함께 보내보라고 제안했다.

여기서 또다시 나는 중요한 교훈을 배웠다. 다른 사람의 감정을 상하게 할 가능성이 있는 민감한 문제를 다룰 때는, 관련된 사람에게 곧바로 가서 문제를 어떻게 해결해야 할 지 조언을 구하라는 것이었다.

그가 바로 당신을 도울 수 있는 사람이다. 계속 읽다 보면 이 원리가 어떻게 사용되었는지 알 수 있을 것이다. 이런 상황에서 내가 쓰는 동기유발 도구는 *당신을 도울 수 있는 사람에게 조언을 구하라* 이다.

더 많은 광고, 더 많은 판매원, 더 많은 실적. 그래서 나는 또다시 나를 여럿 만들어야 했다. 이번에는 각 주마다 판매원들을 관리할 영업관리자가 필요했다. 그래서 판매원 중에서 매니저를 뽑으면서 그들에게 그만큼의 수수료를 더 주었다. 그래서 그들의 수수료만큼 한 건의 판매당 내가 갖는 이익의 비율은 줄어들었다. 하지만 나는 전체 판매를 놓고 보면 예전보다 더 큰 순이익을 벌어들이고 있었다. 나의 판매조직은 1년에 수십만 건의 판매를 올리고 있었던 것이다.

영업관리자들은 최선을 다하려고 했다. 왜냐하면 그들에게 속한 판매원이 더 많이 팔수록 관리자들은 더 많은 돈을 벌게 되기 때문이다. 가장 중요한 요소인 수수료가 충분히 높았기 때문에 영업관리자가 그 지역에서 판매조직을 구축하는데 투자한 시간과 노력, 돈은 보상이 되었다. 그렇게 해서 내 시간과 노력, 돈은 절약되었다.

배우기에 너무 늦은 때란 없다

고등학교를 졸업한 난 대학을 준비하는데 시간과 노력을 투자하기로 결심했다. 내가 목표한 하버드 로스쿨에 들어가려면 2년제 대학의 학위가 필수였다.

계속 *지식*을 습득하고 교육을 받는 것이 필수임을 이해하는데 많은 사업 경험이 필요한 건 아니다. 나는 고등학교 졸업장 없이도 큰 재산을 모을 수 있다는 것을 알았다. 위대한 업적을 쌓은 사람들이 그래왔다. 하지만 그들의 전기를 읽어보면 그들이 학교를 그만둔 후에도 배우는 것만큼은 끊임없이 했다는 것을 알 수 있었다. 게다가 *인생에는 돈을 버는 것보다 더 소중한 것들이 있다.*

디트로이트에서 고등학교를 관두었다는 얘기는 이미 했다. 그때 어머니는 출장 중이었고 나는 내 아이디어를 평가하는 한 교사의 능력에 대해 그와 의견 불일치가 있었다. 무슨 이유에선지 그는 그 일을 교장에게 보고했고, 교장은 나를 사무실로 불러들였다. 교장은 내게 이야기하느라 쓴 시간 때문에 디트로이트 시에서는 일 분당 몇 백 달러의 돈이 쓰인다는 걸 증명하려고 애썼다.

'돈이라고?' 나는 속으로 생각했다. '돈 버는 능력으로 치자면 내가 판매원으로 버는 돈이 선생님 월급보다 훨씬 많다고!'

그렇게 교장은 나에게 동기를 줘서 원하는 것-앞으로는 *선생님과 논쟁하지 말 것*-을 얻는 대신, 논리를 내세워 정반대의 반응을 얻었다. 내가 학교를 그만둔 것이다. 그의 논리대로라면 디트로이트 시는 수천 달러를 절약한 것이었다. 다시는 교장과 이야기하지 않았으니까.

아마 그때 난 다른 고등학생들처럼 엄격한 권위를 싫어했던 것 같다. 다른 이유들도 있을 것이다. 보통은 다른 이유가 있다. 하지만 나는 곧 디트로이트 대학의 야간 로스쿨에 입학하고 낮에는 일했다. *계속 배워라!* 라는 생각을 한 시도 포기하지 않았기 때문이다.

나의 전국적 판매조직이 성장하고 있을 무렵 나라의 경제도 급속도로 성장하고 있었다. 사업은 빠르게 앞으로 나아갔다. 이제는 학교로 돌아갈 수 있었다. 처음에는 야간학교, 그 다음엔 YMCA의 주간학교로. YMCA의 학교를 졸업하자마자, 나는 내가 살고 있던 에반스톤에 있는 노스웨스턴 대학에 입학했다.

나의 하루일과는 이랬다. 오전 수업을 포함한 총 18시간짜리 강좌, 수영, 한증탕, 30분 낮잠, 정오 직후에 해밀턴 클럽에서 점심식사, 사무실에서 몇 시간, 그리고 집.

모든 게 순조로웠다. 꽤 괜찮은 삶이었다. 그때는 경기가 *호황*이었다.

하지만 이 시기가 지나고 폭락과 대공황이 찾아왔다. 사람들은 굶주리고, 고통 받고, 직장을 잃고, 집을 잃었다. 두려움 때문에 국가는 제 기능을 못했다. 부자들은 하룻밤 사이에 가난뱅이로 전락했다.

하지만 이 재앙을 겪으면서 개인과 국가의 저력이 나왔다. 사람들의 부정적 태도는 긍정적 태도로 바뀌었다. 깨우침, 용기, 기회에 감사하는 마음, 일하고자 하는 의지, 그리고 길을 구하고자 다시 신을 향했다.

다음 장 『우리는 역경을 무사히 헤쳐 나왔다』를 읽으면 이 생각과 개념이 우리에게 *영감*을 준다는 것이 증명될 것이다.

커다란 문도 작은 경첩에 매달려 있다

*지식*은 뭔가에 대해 아는 것이다. *노하우*는 뭔가를 하는 방법을 아는 것이다.
*지식*은 정보이다. *노하우*는 기법이다.
*절대 실패하지 않는 성공시스템*을 위해서는 둘 다 필요하다.

*지식*은 어디에서나 얻을 수 있다. 책, 사람들, 사물, 사건, 역사와 우연한 관찰을 통해서 습득할 수 있다. 하지만 그것이 쓸모 있으려면 잘 정리되어야 한다. 뭘 알고 있는지를 알아야 한다.

지식의 습득을 도와 줄 동기유발 도구 두 가지:
당신을 도울 수 있는 사람에게 조언을 구하라.
배우기에 너무 늦은 때란 없다. 그러니 배움을 멈추지 마라.

Chapter 9

우리는 역경을 무사히 헤쳐 나왔다

폭풍전야가 있었다. 그것은 사람들의 부정적인 태도와 행동이 가져온 폭풍이며, 우리에게 알려진 어떤 자연 재앙보다 더 파괴적이고 오래가는 폭풍이었다.

대공황 the Great Depression.

이 단어는 외부적인 경제상황뿐 아니라 사람들 내면의 태도도 상징적으로 보여주기 때문에 제대로 된 이름이었다.

시작은 1929년 10월이었다. 24일의 검은 목요일 후에 불안감을 주는 고요가 찾아왔다. 그리고 전 세계에 벼락이 쳤다. 29일 검은 화요일, 주식시장이 붕괴했다. 그 후 바다는 더 거칠어졌고 그에 따라 금융의 허리케인이 정점-1933년 3월 6일의 은행 휴업 조치-을 향해 광포한 기세로 몰아쳤다. 그리고:

두려움 그 자체 말고는 두려워할 것이 없다

미국 대통령의 이 말은 정부 공무원, 신문사 편집자, 라디오방송 해설자, 성직자, 사업체의 리더, 그리고 사람들에게 있던 부정적 태도가 긍정적 태도로 바뀌었음을 상징적으로 보여주었다. 그리고 새로운 긍정적 마음가짐으로 새로운 삶, 새로운 힘, 새로운 발전이 시작되었다.

당신과 나도 이 경험에서 배운 원리를 사용할 수 있다. 우리는 올바른 마음자세를 개발함으로써, 폭풍이 치는 곳에 불필요하게 들어가는 것을 피하고 우리가 마주하고 있는 역경을 무사히 헤쳐 나갈 수 있도록 스스로를 준비시킬 수 있다.

삶의 위급상황에 대비하라

검은 목요일과 검은 화요일의 소식은 처음 내게는 일간신문에나 나오는 먼 얘기였다. 나는 신용거래로 사업체를 구축하고 집을 샀기 때문에 주식에는 투자할 돈이 없었기 때문이었다. 나는 내 능력에 도박을 걸었지만 주식을 구입하는 방법으로는 아니었다. 그래서 1931년과 1932년까지도 주식시장 붕괴가, 나와 나의 사업에 어떤 영향을 주게 될 것인지 깨닫지 못했다.

물론 신문은 매일 일어나는 비극적인 이야기로 가득 차 있었다. 나는 1928년 내 클럽 중 한 곳에서 굉장히 재능이 뛰어나고 성공한, 젊은 증권중개인을 만났던 적이 있었다. 그런데 그가 자살했다는 이야기를 신문에서 접하게 되고, 위기에 대한 해답으로 자살을 생각하는 그와 비슷한 처지의 사람들에게 동정과 연민을 느꼈다. 그가 미리 올바른 마음자세로 삶의 위급상황에 대비하지 않은 것에 대한 동정심, 그리고 그의 마음의 나약함, 두려움, 절망, 패배감에 대한 연민이었다.

이 젊은 증권중개인은 좀 더 일찍 자신을 도덕적, 종교적 철학에서 나오는 강한 힘으로 단련시키지 못했다. 아마도 그는 *신은 언제나 좋은 신이다* 라는 믿음을 갖지 못했는지 모른다. 그리고 기도의 힘에 대해서 잘 몰랐을지도 모른다. 사람의 믿음을 판단해 보려면 사람이 가장 믿음이 필요할 시기에, 즉 그가 도망가거나 항복하거나 싸워야만 하는 상황에서 어떻게 행동하는지 보면 알 수 있다.

삶의 목적은 삶 그 자체이다

"삶의 목적이 물질적 이익이 아니라 삶 그 자체임을 이해할 때, 우리는 바깥세계만 바라보는 것을 멈춘다."

이 힘든 시기를 살았던 위대한 프랑스의 과학자 알렉시스 카렐이 한 말이다. (Reflections on Life, Hawthorn Books, Ins.,1953.)

우리는 인생이 살 만한 가치가 없어 보일 때 어떻게 대처할 것인지에 대해, 젊을 때부터 미리 결정해두는 것이 바람직하다고 생각한다. 내가 내린 결정은 이랬다. 혹시라도 내 삶이 나에게 아무런 가치가 없다면, 내 삶이 적어도 다른 사람들에게는 큰 가치가 있을 것이다.

정신적, 신체적 고통이나 괴로움은 그게 얼마나 심각하든, 다른 사람을 도우려고 애쓸 때 느끼는 만족감과 기쁨으로 상당 부분 완화될 수 있다. 그리고 그것은 살 만한 가치를 만들어 낸다.

아마 당신도 제임스 모나한이 쓴 『내가 잠들기 전: 톰 둘리 박사의 마지막 날들』을 읽었을 때 이 사실을 알았을 것이다. 이 책 전체를 읽었든 리더스 다이제스트나 신문기사에서 압축된 버전을 읽었든지 간에 말이다.

젊은 의사인 톰 둘리는 무서운 병으로 고통 받고 있었다. 하지만 그는 아시아와 아프리카의 초라한 흙집에 사는 수십만의 병든 사람들을 위해 봉사하고자 하는 원대한 집념이 있었고, 그 집념이 그를 움직이게 했다. 그는 삶의 목적이 삶 그 자체라고 믿었고, 사람들을 살리고자 애썼다. 또 사람들을 돕기 위해 자신도 살아남기 위해, 있는 힘을 다해 싸웠다.

그에게는 시간이 얼마 없었기 때문에 매 시간을 가치 있게 쓰려고 했다. 초인에 가까운 의지력으로 스스로를 움직여 메디포의 기금을 모금하기 위해 글을 쓰고 강의를 하고 TV에 출연했다. 메디포는 세계의 혜택 받지 못한 사람들에게 의료서비스를 제공한다. 지금까지도 톰 둘리가 하던 일을 계속하기 위해 많은 돈이 모금되고 있다.

톰 둘리는 증권중개인과는 달리 훌륭한 종교적, 도덕적 철학으로 자신을 준비시켰다. 그의 삶이 이를 증명해준다. 그는 *신은 항상 좋은 신이다* 라는 것을 믿었다. 그리고 기도의 힘을 알고 있었다. 그에게 계속 살아갈 수 있는 용기를 준 것이 바로 이 힘이었다.

젊은 증권중개인은 절망 속에서 포기했다. 다른 사람을 위한 봉사에 헌신하는 새로운 삶을 시작해, 살아서 영웅이 될 수도 있었는데 말이다.

이 책은 자기계발 책이니, 당신에게 한 가지 제안을 하고자 한다. 당신 자신의 종교적, 도덕적 철학에 대해 생각해보라. 삶이 가치 없어 보일 때가 온다면 어떻게 할 것인지 지금 결정하라.

자기계발서는 말 그대로 당신의 생명을 구할 수도 있다. 한 어머니가 최근 내게 보낸 편지이다.

> 저는 세 명의 사랑스런 아이들과 다정한 남편과 살고 있는 주부입니다. 하지만 부정적인 마음자세 때문에 이 세상은, 특히 남편과 아이들은 제가 없는 게 더 나을 거라는 확신이 들더군요. 그리고 이런 제 감정과 생각은 통제할 수 없었습니다.
> 그렇게 저는 자살을 생각하고 있었습니다. 도와달라고 기도했지만, 도움의 손길은 오지 않는 것 같았습니다. 어느 날 오후『긍정적 마음자세로 성공하기』를 집어 들기 전까지는요.
> 그때부터 저는 틈날 때마다 이 책을 공부했습니다. 그리고 전 긍정적 마음자세를 삶의 방식으로 채택하기로 마음먹었습니다. 제 자신이 변한 것은 물론이고 저희 가족들의 변화, 남편과의 관계에 일어난 변화는 기적과도 같았습니다. 다른 영감을 주는 책도 읽어봤지만 당신의 책은 어떤 누구도 말해준 적이 없는 식으로 저를 실제적으로 돕는 방법을 알려주었습니다. 그리고 이것은 세상의 어떤 약이나 의사보다도 제게 필요한 것이었습니다.
> 힐 씨와 스톤 씨 모두에게 이 책을 써 주신 데 대해 감사드립니다. 그리고 신께 감사드립니다. 이 책을 제 때 가져다 주셔서 저는 제 생명을 구할 수 있었습니다.
> 제가 보다 나은 방향으로 변화해서 이제는 결코 예전 상태로 돌아

가지 않을 거라는 확신이 생긴 것은 모두 『긍정적 마음자세로 성공하기』에서 깊은 동기부여를 받았기 때문입니다. 규칙적으로 신에게 기도를 드린 것도 도움이 됐는데, 이것도 당신의 책을 읽고 곧바로 실천한 것입니다.

위기에 대처할 준비를 하라

『당신과 정신과학』과 같은 책을 읽으면 올바른 결정을 내리는데 도움을 받을 수 있다. 이 책에서 윌리엄 시 메닝거는 이렇게 말했다:

> 사람들은 자연의 갑작스런 맹공격에 각자 다르게 반응합니다. 어떤 이들은 집과 재산을 몽땅 잃고도 그것을 받아들입니다. 그들은 사랑하는 사람의 죽음이나 자신을 불구로 만든 장애에도 적응합니다. 다른 이들은 그렇지 못합니다. 어떤 사람들은 10톤 트럭에 머리를 전속력으로 부딪친 것과 같은 주변세계와의 극심한 충돌 후에도 여전히 그 자리에 존재하며 적응할 수 있습니다. 그렇게 할 수 있는 사람이 많지는 않습니다.
>
> 우리가 겪는 실패는 둘 중 하나의 반응으로 표현됩니다. 도망가거나 공격하기. 우리가 침착하게 대처하거나, 있는 그대로 받아들이거나, 그 일을 헤쳐 나가기엔 너무 벅찬 상황에 직면하면, (그리고 이건 트럭이 그런 것처럼 우리를 때려눕히진 않습니다) 우리는 회피하거나 도망가거나 어떻게 해서라도 그것의 코를 납작하게 꺾어주려고 애씁니다. 이것 아니면 저것이죠.

다른 사람의 경험에서 배워라

다음 장에서 당신은, 고난을 겪고 있을 때 *어떻게 해서든지 역경의 코를 납작하게 꺾어 준*, 강인한 사람들의 이야기를 읽게 될 것이다. 하지만 그 전에 다른 사람의 경험을 통해 미래에 대비할 수 있었던 나의 이야기를 먼저 하겠다. 이제는 당신도 인생에서 성공하는 사람은 자신과 다른 사람의 경험에서 배운 원리들을 연관 짓고 완전히 흡수해서 자기 것으로 만들어 사용하는 습관을 개발한다는 것을 알 수 있을 것이다.

앞서 말했듯이, 난 처음에 주식시장 붕괴와 그에 뒤따른 경제파동이 미치는 영향을 깨닫지 못했다. 하지만 위험의 신호를 분명히 보았고 그것은 나를 행동하게 만들었다.

1930년 라살 가(街)에서 한 친구를 종종 만나곤 했다. 그는 20대 후반이라는 젊은 나이에 사업에 성공한 친구인데 난 그를 존경했다. 친근한 대화가 오간 후, 악수를 하며 잘 가라는 인사를 하려는 순간, 그가 물었다. "그런데 클렘, 10달러만 빌려주겠나? 화요일까지 갚을 테니." 나는 그에게 10달러를 빌려주었다. 하지만 그가 말한 화요일은 영원히 오지 않았다.

이 경험으로 나는 생각하게 되었다. 물론 나는 결코 실망시켰던 적 없었던 판매시스템도 있고, 어떤 상황이 생기더라도 잘 대처할 능력이 있다는 완전한 확신도 있었다. 하지만 이런 생각이 들었다. "나라에서 가장 명민한 정신을 가진 사람도 시장이 붕괴되면서 재산을 잃었다. 그런데 내가 뭐라고 이 상황을 깨닫지 못하고 있나? 현금을 모아야 할 때이다. 위급할 때를 대비해서, 아니면 큰 기회를 붙잡을 준비를 하기 위해서. 둘 중 어떤 경우라도."

나는 소위 "저축하는 타입"이 아니다. 원하는 게 있으면 사고, 그 다음 그것을 갚기 위해 일한다. 나는 판매를 늘려서 수입을 늘렸고, 판매 *지식*과 기술을 늘려서 판매를 더 늘렸다.

사무실이 있는 로어노크 빌딩에 들어갈 때마다, 1층 은행 창문에 붙은 광고판의 문구가 내 마음을 끌었다. 거기 적힌 내용이 나의 이런 철학을 확인해주는 것 같았다. 간판에는 이렇게 적혀 있었:

젊을 때 돈을 빌리면 큰 재산을 벌 수 있다.

그가 정직하다면 빚을 모두 갚으려고 할 것이므로.

나는 집, 두 대의 차, 그리고 다른 사람은 사치품이라고 하지만 난 필수품이라고 부르는 것들을 할부로 구입했다. 게다가 나는 사업을 확장하려고 하고 있었고, 내가 대리해주는 보험회사들은 모두 나에게 상당히 큰 신용한도를 주었다.

그래서 나는 20년 짜리 양로보험에 가입함으로써 스스로를 저축하도록 밀어 붙였다. 이것은 해약 반환금이 가장 높은 종류의 생명보험이다. 일부러 금액이 높은 것으로 가입했다. 9년 후에는 위급상황이나 기회가 왔을 때 2만 달러의 대출을 받을 수 있기 때문이었다. 빚이 있는데도 불구하고 나는 이렇게 했다. 나는 내가 빚을 모두 갚을 거라는 것을 알고 있었다. 나는 이전의 경험에서 동기유발 도구를 개발해두었기 때문이다:

하기로 했으면 하는 거다-약속은 약속이다!

나에게 있어 이 말은, 무슨 희생이 따르더라도 내가 한 합의나 약속은 글로 썼든 말로 했든지 간에 지킨다는 의미이다. 1931년 막바지에, 나는 대공황의 영향을 느끼기 시작했다. 내게 심각한 문제가 있다는 것을 그때 깨달았기 때문이다. 돈 문제였다.

나는 문제를 공격했다

그때도 나는 학교를 다니며 사업을 하고 있었다. 채권자들은 나를 따라다니면서 괴롭혔다. 모든 채권자들이 동시에 돈을 상환 받고 싶어 하는 것 같았다. 나는 내가 빌린 돈을 모두 갚을 거라는 것을 알고 있었다. 그들도 이것을 알고 있었다고 생각하지만 그 당시에는 모두가 돈 문제를 겪고 있었기 때문에 어쩔 수 없었을 것이다.

내가 겪는 돈 문제의 원인은, 비록 내가 수천 명이 넘는 판매원들을 두고 있었지만 그들이 판매하는 양이 만족스러운 수준이 아니었기 때문에 내 수입이 안 좋다는 것이었다.

나는 28000달러 이상을 빚지고 있었다. 가만히 멈춰 이 문제에 대해 생각해보니, 중요한 것은 판매원의 수가 아니라 그들이 얼마나 많이 파느냐, 그리고 내가 얼마나 많은 돈을 버느냐 라는 것임을 깨달았다. 나는 생각했다.

"대학에서 공부하는 건 멋진 일이야. 하지만 가족과 나 자신을 위해 생계를 마련하고 빚을 갚는 게 더 중요해."

이렇게 해서 다시 한 번 학교를 관두게 된다.

그리고는 곧바로 문제를 공격했다. 우선 내가 가진 자산을 살펴보았다. 그 무렵 나는 기존에 우리가 판매하던 보험회사 두 곳과 더불어, 다른 세 곳의 보험회사의 상품도 판매해주기로 했다. 그래서 판매조직이 둘 이상 있으면 좋은 지역에 판매원들을 추가로 뽑을 수 있었다.

다행히 나에게는 이미 구축돼 있는 큰 규모의 갱신 예정 고객들이 있었다. 하지만 우리는 보험가입자들을 잃고 있었다. 그 수가 얼마나 되는지는 몰랐다. 내가 직접 심각한 돈 문제를 겪기 전까지는 사건의 심각성을 전혀 깨닫지 못했다.

하지만 기회란 무한하다는 것을 알았다. *판매의 성패를 좌우하는 것은 잠재고객의 태도가 아니라 판매원의 태도이기 때문이다.* 영감을 받아 고무된 판매원이 적절한 *노하우*와 *지식*을 가지고 있으면 잠재고객이 구입하게끔 할 수 있다. 나는 경험을 통해 이것을 알고 있었다.

이 사실을 증명하기 위해 방학이 되었을 때 직접 판매를 했다. 예를 들어 어느 여름 나는 10주 동안 뉴욕 주에서 판매를 했다. *나는 판매의 성패가 판매원의 마음자세에 좌우된다*는 것을 확실하게 증명해 보여야 했다. 커머셜 상해보험 회사와 협의해 보험료가 약간 더 높은 새로운 보험증권을 발행하라고 했다. 내 영업관리자들은 이런 건 팔리지 않는다고 말했다. 그리고 판매원들도 실제 그것을 고객들에게 팔지는 못했다. 그들도 불경기에 대해 들었던 것이었다. 그리고 그들은 보고 들은 내용이 자신에게도 영향을 미친다고 믿었다. 그 당시 수백만의 사람들이 그러했던 것처럼 그들도 스스로에 대해 부정적인 마음자세를 가지고 있었던 것이다.

그 해 여름 버팔로, 나이아가라 폭포, 로체스터, 그리고 뉴욕 주 서부의 다른 도시들에서 나는 여태까지의 판매 기록을 갈아치웠다. 지역이 어디든지, 경기가 호황이거나 불황이거나 상관없이, 절대 실패하지 않는 판매시스템을 사용했다. 이 시스템은 경제상황이 불리할 때도 유리할 때와 마찬가지로 똑같이 효과가 있다. 나는 그때도 알았고 지금도 알고 있다.

그렇게 시카고로 돌아온 나는 판매원 각각에게 편지를 써서 새로운 보험을 판매하라고 설득했다. 그들은 나를 믿었기 때문에 한번 시도해보자고 마음먹었다. 그들은 시도했기 때문에 새로운 보험이 예전 것만큼 팔기 쉽다는 것을 발견했다. 나는 그들에게 영감을 준 것이다.

내가 몰랐던 것

절대 실패하지 않는 판매시스템이 있었지만 내 판매원들은 그것을 완전히 적용하지 못했다. 그들은 배운 적이 없었고 누가 가르쳐 주지도 않았기 때문이다. 판매원들에게 *절대 실패하지 않는 성공시스템*을 훈련시키고 관리하고 유지하는데 적용했을 때 나에게 두 가지 부족한 요소가 있음을 깨닫기 시작했다. 그것은 *노하우*와 *지식*이었다.

뒤돌아보니 나에게는 적절한 의사소통, 판매훈련, 사업체의 경영에 대해서는 놀라울 정도로 아는 것이 없었다. 아마 경기가 호황일 때는 누구나 어떤 것이든 팔 수 있었기 때문에 해야 할 일이라고는 사람들을 만나서 뭘 파는지 말해주는 것이 전부였기 때문이었을 것이다.

지금 알고 있는 걸 그때도 알았더라면 판매기록을 보면서 어떤 시점에 사업이 잘 되고 있는지, 판매조직이 어디로 향해 가고 있는지 정확하게 알 수 있었을 것이다. 그리고 판매원과 영업관리자는 제대로 훈련을 받았을 것이다. 나는 판매관리에 적용되는 *절대 실패하지 않는 성공시스템*을 습득했을 것이다. 하지만 그러지 못했다. 왜냐하면 호황기에는:

- 나는 판매원과 영업관리자들을 만나보려고 하지도 않았다. 그런 생각을 못했던 것이다.
- 판매원들은 판매 지시사항을 4페이지짜리 폴더에 담긴 형태의 문서로만 받았다. 거기에는 주로 잘 짜인 판매대본, 몇 가지 판매 제안, 그리고 동기유발 도구들이 있었다. 그들은 판매대본을 단어 하나하나까지 외우라고 권고 받았다.
- 판매 회의를 열 생각조차 하지 못했다.
- 영업관리자는 판매원 관리에 관한 어떤 구체적인 지침도 받지 않았다. 판매인력에서 영업관리자를 뽑았기 때문에 그들은 어떻게 새로운 보험을 파는지 알고 있었다.
- 내가 보관한 기록이라곤 보험가입자의 이름, 간단한 경리 장부, 그리고 판매원의 이름과 주소록 밖에 없었다. 어떤 종류의 판매 기록도 없었다.

1인 기업을 운영하는 많은 사람들처럼 나도 경험으로 배웠다. 하지만 지금 알고 있는 걸 그때도 알았더라면 판매훈련, 의사소통, 회사 경영에 대한 현대의 기법들을 적용했을 것이다. 이런 *지식*은 학교나 책에서 얻을 수 있다.

필요라는 동기가 나를 움직였다

난 학교를 관두고 직접 행동을 취했다. 먼저 정신의 행동, 다음으로 육체의 행동.

모든 개인적인 성취는 마음속에서 출발한다.

나는 문제가 뭔지 알았다. 이렇게 문제를 아는 것은 해결책을 찾는 첫 걸음이다. 문제를 해결하기 위해 내가 해야 했던 일은:

1. 개인적 판매로 최대한 많은 수입을 올린다.
2. 계속해서 판매원들을 고용한다.
3. 새로 온 판매원들과 기존의 판매원들을 훈련시켜서 나만큼 하거나 나보다 더 잘하게 만든다.
4. 판매기록 시스템을 개발한다. 이를 통해 미국 전역의 각 도시, 소도시, 마을에서 얼마만큼 팔리고 있는지 정확하게 알 수 있도록 한다.

하지만 내가 어떤 행동을 취했는지 설명하기에 앞서, 나를 움직이게 한 필요라는 게 어떤 느낌이었는지 이야기해보겠다. 나는 점점 청구서를 제때 지불할 수 없는 때가 많아졌고, 채권자들은 나를 쫓아다니며 괴롭혔다. 하지만 꼭 제시간에 지불하는 것이 하나 있었다. 매주 토요일의 급료가 그것이다.

손목시계를 저당 잡혀본 경험이 있는가? 나는 두 번을 그랬다. 급료를 빠짐없이 맞추기 위해 돈이 추가로 필요했다. 사무실 임대료는 또 어떤가? 사무실에 불이 나갔을 때 난 그 이유를 알았다. 건물 관리인에게 전화하자 그가 물었다. "밀린 임대료는 언제 내실 겁니까?" 5분 후 대답을 주었고 불은 다시 들어왔다. 이런 일이 여러 번 있었다.

내가 빚을 갚는 데 모든 돈을 다 쓰고 있었다는 것을 기억하라. 과거의 채무를 이행하면서 현재의 청구서를 지불하고, 거기다 미래를 위해 몇 푼의 돈을 저축까지 하기란(하지만 당신에게 좋은 일이다) 힘든 일이다.

그렇게 필요 때문에 동기부여를 받아 나는 판매에 들이는 매시간을 알차게 만들고자 했다. 예전에 수업을 들었던 시간을 이제는 판매에 쏟았다. 나중에 내가 겪었던 몇 가지 일에 대해 얘기해주겠다. 그 경험은 *행동으로 이끄는 영감의 힘*을 증명했다. 그리고 누구나 이 원리를 사용할 수 있다.

추가로 판매원을 고용하는 것은 문제가 아니었다. 결과가 좋았던 네 줄짜리 광고 덕분에 계속해서 판매원들을 고용할 수 있었기 때문이다.

실행성공

또다시 나는 편지를 이용하는, 절대 실패하지 않는 판매원 고용시스템을 발견했다. 실행성공을 통해 나는 두 페이지짜리 편지와, 함께 보낼 안내문 두 가지를 개발했다. 이것은 결과가 너무 좋아서 나중에도 사소한 몇 가지를 제외하면 전혀 바뀌지 않았다.

이 편지와 안내문은 그것을 본 사람에게 우리의 광고에서 언급한 가능성들이 믿을 만하고, 탐나고, 달성 가능한 것으로 인식하게 만들었다. 이것은 동기부여에 필요한 세 가지 요소이다. 이것은 읽는 사람에게 행동을 재촉한다.

거기에는 아주 강력한 동기유발 도구도 포함되어 있었다:

성공은 시도하는 자의 것이다.

시도해서 잃을 게 없고 성공할 경우 큰 이득을 얻을 수 있다면,

무슨 수를 써서라도 시도하라!

지금 하라!

편지에는 이득뿐 아니라 단점도 언급했다. 예를 들어 편지에는 면허료와 지급품 때문에 지원자가 미리 계약금을 내야 한다는 사실도 적었다. 내가 이렇게 자세히 이야기하는 이유는:

- 당신은 아마 어떻게 내가 그렇게 많은 시간을 들이지 않고도 전국에 걸친 판매조직을 구축할 수 있었는지 궁금했을 것이다. 나는 같은 내용의 편지를 활용했다.

- 이제 당신은 내가 어떻게 비교적 적은 운영자금으로 조직을 구축할 수 있었는지 알게 것이다. 판매원들에게 지급품과 보험료로 계약금을 미리 내게 함으로써, 나는 그 계약금을 운영자금으로 쓸 수 있었다. 계약금은 요구를 하면 언제든 환불해준다고 약

우리는 역경을 무사히 헤쳐나왔다

속했다.

- 게다가, 당신은 면접으로 사람을 뽑을 때에도 이 편지와 인쇄물이 얼마나 쓸모 있는지 알게 될 것이다. 나는 편지를 통해 모든 이야기를 알고 있었기 때문에 면접 시간을 절약할 수 있었다.

됨됨이 – 자세 – 배우고자 하는 열의

불경기 때는 시카고 선데이 *트리뷴* 지에 실린 광고를 본 지원자들의 월요일 오전 면접 숫자가 200명쯤 될 때도 종종 있었다. 줄은 로어노크 빌딩의 내 사무실 문 앞에서부터 7층 복도까지 연결되기도 했다.

전문가들이 들으면 비웃을지 모르지만, 나는 그때도 몇 분 만에 사람을 꽤 정확히 평가하는 능력이 있었다. 판매 경험을 통해 상대의 반응을 민감하게 감지하고 그 반응을 정확하게 해석할 수 있었기 때문이다.

나는 고용하고 싶은 사람은 뽑고, 자격이 안 될 것 같은 사람은 체면이 깎이지 않게 거절해 재빨리 다음 사람으로 옮겨갈 수 있는 기법을 개발했다. 방법은 이렇다:

1. 면접을 보러온 사람들에게는 편지로 지원했던 사람들이 받았던 것과 똑같은 인쇄물을 주었다. 첫 면접 때는 지원자의 이름과 주소를 받지도 않았다.

2. "이 사람은 됨됨이가 훌륭한가? 마음자세는 긍정적인가, 부정적인가? 그는 기꺼이 배울 준비가 되어 있는가?" 이건 내가 스스

로에게 던진 질문이다.

3. 지원자가 자격이 없다고 생각되면 최대한 정중하게 그의 감정을 배려하며 이렇게 말했다. "공평하게, 모든 사람들과 면접을 볼 계획입니다. 여기 인쇄물을 보면 전체 계획이 나와 있습니다. 관심 있으시면, 두 번째 면접 때 다시 오세요." 계약금 때문에 다시 오는 사람이 거의 없단 걸 알고 있었다. 하지만 그걸로 지원자의 체면은 유지될 수 있다.

4. 판매원으로 고용하고자 하는 사람들에게는 배제하고 싶은 사람에게 했던 말과 한 가지만 다르게 말했다. "이 인쇄물을 읽어보세요. 그리고 제가 당신에게 큰 수입을 버는 것이 얼마나 쉬운지 직접 시범으로 보여줄 거란 걸 기억하세요. 계획이 마음에 드신다면 바로 면허를 받게 해드릴게요. 하루 동안은 제가 판매를 모두 하고, 그 수수료를 당신에게 드릴 겁니다." 그리고 나서 지난 주에 내가 판매원으로 번 수수료가 얼마가 많은지 잠시 동안 이야기해 주었다.

지원자가 돈이 없을 때 영업관리자가 직접 판매를 하고 그 수수료를 그에게 주겠다고 제안하면, 그는 이게 무슨 일인지 궁금하게 여긴다. 그리고 지원자가 영업 첫째 날 저녁에 현금으로 30달러에서 50달러(이 때는 1달러가 큰돈이었다!) 정도를 손에 쥐게 되면 새로운 기회를 결코 놓치려 하지 않는다.

태도 때문에 한물 간 사람이 된다

나는 *한물 간 사람*에게 동정심과 연민을 느낀다. 이들은 경제가 호황일 때는 1년에 15,000에서 30,000달러를 벌었지만 이제는 뒤처지게 된 사람들이다. 이들에게는 바닥에서부터 다시 시작해서 올라갈 의지가 없거나 태도가 너무 부정적이어서 무슨 일을 하든지 실패만 한다. 그들의 미래는 뒤에 남겨져 있다 - 그들의 고용주가 행동의 영감을 불어넣는 방법을 모른다면 말이다.

이런 이야기를 하는 이유는 내가 굉장한 것을 발견했기 때문이다. 나는 고용한 판매원들과 함께 나가서, 나의 판매시스템을 직접 시범보임으로써 그들을 훈련시킬 수 있다는 것을 깨달았다. 이렇게 하면서 나는, 판매원들을 훈련시키는 *절대 실패하지 않는 성공시스템*을 완성시키는 *노하우*를 개발할 *지식*을 얻기 시작했다. 이 일을 하기 전까지는 그것에 대한 *지식*이 없었다. 다음 장의 이야기를 읽으면, 이 시스템이 마침내 어떻게 완성됐는지 알게 될 것이다.

판매원에게 훈련이 필요함을 깨닫게 됐을 때 매일 한 페이지짜리 소식지를 그들에게 발송하기 시작했다. 소식지에는 내가 직접 효과를 봤던 반박이나 제안을 실었다. 보다시피 그 당시 나는 판매를 하고 있었다. 그리고 컨디션이 무척 좋았다.

소식지를 통해 판매원들에게 무슨 말을 어떻게 해야 할 지 알려주었다. 예를 들어 잠재고객이 "돈이 없어요," 라고 말할 때 어떻게 대응해야 하는지 지시사항을 알려주었다. 비록 잠재고객은 직장 상사나

이웃에게 보험료를 빌려야 하겠지만 말이다.

소식지에는 판매원들에게 *행동*으로 *이끄는 영감*을 주는 아이디어나 *동기유발* 도구도 실었다. 가령 이런 것이다:

"*불리해 보이는 일은 모두 더 큰 이점을 가지고 있다.*"

소식지를 작성하다 보니 나의 생각도 글로 분명하게 정리되었다. 이 일로 나는 다른 사람을 훈련시키는 *절대 실패하지 않는 성공시스템*에 한 발짝 더 다가갈 수 있었다.

내 문제는 불경기 동안 부정적 마음자세를 지니고 있는 사람들에 비하면 작은 것이었다. 하지만 문제는 문제였다.

채권자들이 전화를 걸고, 편지를 보내고, 면담을 하러 오는 게 점점 신경 쓰였다. 그래서 채권자들에게 채무 금액은 100 퍼센트 지불될 것이고, 지불 날짜가 지나면 6%의 이자도 주겠다고 말했다. 그들은 내 수익에 비례해서 대금을 지불 받게 될 것이다. 이건 부탁이 아닌 내 확신한 결정이 표현이었다. 이로써 아무도 불평하지 않았다. 결국 돈은 모두 갚았다.

다음 장에 나오는 여러 이야기들을 읽으면 어떻게 고난이 사람을 강하게 만들 수 있는지, 어떻게 하면 주변의 모든 것이 무너져 내릴 때도 당신은 쌓아 올릴 수 있는지, 어떻게 불리한 상황을 유리하게 바꿀 수 있는지 알게 될 것이다.

커다란 문도 작은 경첩에 매달려 있다

바람을 이루는 것은 마음에서부터 시작된다. 당신의 성공은 당신의 마음에서 시작된다. 첫 단계는 당신의 문제, 목표, 혹은 소망이 무엇인지 정확히 아는 것이다. 이 점이 분명하지 않다면, 글로 써보고 계속 고쳐보라. 그 단어들이 당신이 추구하는 바를 정확하게 표현해낼 때까지.

아무리 불리해 보이는 어떤 일이더라도 찾으려고만 한다면 그에 상응하는 이점이 있기 마련이다. 이렇게 이점을 찾는 방법을 배워라. 그러면 매번 역경의 코를 납작하게 해 줄 수 있다.

Chapter 10

어떻게 하는지 알면 쉽다

불경기는 올바른 마음자세를 개발한 사람에게는 재앙의 옷을 입고 나타난 축복이었다. 물론 이것에 무너질 수 있는 것도 사실이지만 어떤 이들에게는 발전의 원동력이 되기 때문이다.

레오 폭스에게도 이것은 축복이었다. 그를 처음 만났던 날 그는 내게 잊을 수 없는 인상을 남겼다. 광고를 보고 나를 찾아온 레오에게서 난 승자의 미소와 함께 열정적인 모습을 볼 수 있었다. 당연히 바로 고용했다.

레오에게는 직업이 있었지만 돈을 벌지는 못했다. 돈이 없다는 것은 심각한 문제였지만 그에게는 건강, 행복, 열정, 성공의 모습이라는 축복도 함께 있었다. 처음 나와 일하기 시작했을 때 그는 돈이 다 떨어져서 시카고 북쪽의 값 싼 호텔에서 두 아이 그리고 아내와 함께 지내고 있었다. 가구를 사거나 가구가 있는 집에서 살 여력은 물론 없고, 심지어 그 작은 호텔의 숙박비마저 밀린 상황이었다.

레오의 아내는 그가 외출하면 애들을 데리고 호텔방을 나설 엄두조차 내지 못했다. 밀린 방세 때문에 호텔 관리인이 문을 잠그는 것이 두려웠기 때문이다. 레오는 이런 악조건에서도 처음 면접을 본 날도 환하게 미소를 지었었다. 그때는 내가 아직 노스웨스턴 대학에 다닐 때여서 새로운 판매원이 들어오는 첫 날 함께 일하는 관행이 없을 때였다. 하지만 나는 나중에 레오를 훈련시켰다.

몇 달 후 레오가 해 준 얘기에 따르면 판매를 시작한 첫 날 벌었던 돈은 밀린 호텔비를 갚느라 다음날 먹을 음식을 사기 위해 다시 돈을 벌어야 했다고 한다.

그는 일하려는 의지가 있었던 사람이었기에 얼마 지나지 않아 급한 청구서를 모두 지불했다. 그로부터 넉 달 후 레오는 자동차 계약금을 내는 위치까지 올라섰다. 나는 그가 보여준 능력을 보고, 2년 후 펜실베니아의 영업관리자 자리를 주었다.

열정은 끌어당긴다

레오가 일한 지 몇 주가 지났을 때 놀라운 일이 벌어졌다. 그가 예전에 다녔던 직장 동료가 나를 찾아온 것이다. 레오의 동료가 말하길, 길에서 우연히 레오를 만났는데 너무 행복하고 부유해 보여서 일자리가 또 있는지 궁금해서 찾아왔다고 했다. 물론 있었다.

그렇게 두 달 동안 레오의 예전 회사에 있던 5명을 더 고용할 수 있었다. 그들도 레오를 만났을 때 어디에서 일하는지 물어보고 찾아온 것이다.

나는 레오를 크게 존경한다. 하지만 그에게는 문제가 있었다. 다름 아닌 많은 사람들을 파멸로 이끈 알코올 중독이다. 사실 그의 아버지존 폭스는 위스콘신 폰두랙에 위치한 퍼스트 내셔널 손해보험의 소유주이자 사장이었다. 하지만 그의 아버지는 술 때문에 레오를 집에서 내쫓아냈다. 그와 알고 지낸 지 1년이 지났을 때, 레오는 나에게 자신의 문제에 대해 고백하면서 이렇게 얘기했다.

"일리노이 드와이트에 있는 킬리 센터에 갈 거예요. 가서 나 자신과의 싸움에서 이길 겁니다." 그리고 그는 정말로 드와이트에 갔고 그 싸움에서 이겼다.

사교 모임이나 회의에서 누가, "같이 한 잔 하실래요?"라고 물으면, 레오는 열렬히 환영하며 "좋지요."라고 대답한다. 그런데 정작 주문을 할 때는 이렇게 말한다. "제 건 따뜻한 커피로 주세요." 그는 킬리 센터에 들어갔던 날 이후로 술을 입에도 대지 않았다.

그 후 레오는 가족을 데리고 폰두랙으로 향했다. 영업관리자가 되기 위해 펜실베니아로 떠나기 전에 아버지를 만나려는 것이었다. 레오의 아버지는 그가 과거의 낡은 습관을 버린 것을 보고는 말했다.

"네가 펜실베니아에서 스톤 씨를 위해 영업관리자가 될 만큼 훌륭하다면, 우리 퍼스트 내셔널의 사장이 되기에도 충분하다고 생각한다."

레오는 아버지와 함께 일하게 됐고 결국 사장의 자리까지 올라갔다. 내가 퍼스트 내셔널 손해보험을 구입할 기회를 가졌던 것도 레오를 통해서였다. 오늘날 레오는 자신이 선택한 일에서 승승가도를 달리고 있다. 나는 사람들에게 종종 레오의 이야기로 영감을 준다.

나에겐 문제가 있었다

이제 판매원들의 훈련에 관한 절대 실패하지 않는 시스템의 개발이 어떻게 진전됐는지 이야기하겠다. 또 동기유발 도구인 *"불리한 상황은 더 큰 이득으로 바꿔라"*를 어떻게 사용했는지도 말해주겠다.

노스웨스턴 대학을 그만둔 나는 대부분의 시간을 직접 판매를 하고 판매원들을 현장에서 훈련하는 데에 쏟았다. "현장"이란 말은 실제로 잠재고객이나 고객을 방문한다는 의미이다. 이것은 이론과는 달리 직접 "한다"는 의미가 들어 있다. 내가 판매원과 함께 판매를 할 때 판매원은 내가 하는 것처럼 한다면 자신도 큰 수익을 올릴 수 있음을 알게 된다. 하지만 이것만으로는 충분치 않다는 것을 깨달았다.

훈련생들이 종종 게임의 흥분에 몰입해, 구체적으로 어떤 원리를 적용해야 하는지 제대로 관찰하지 못하는 것을 볼 수 있었다. 이런 실수는 우리가 자기계발 책을 읽을 때 하는 실수와 같다. 책이 주는 재미에 너무 빠진 나머지 그 이야기에 담긴 원리를 놓치는 것과 비슷하다. 그래서 이렇게 결론지었다.

"그들은 시대가 시대인지라 불가피하게 행동의 영감을 받았다. 하지만 누가 가르쳐주지 않으면 배울 수 없는 것이다. 그리고 그 누구도, 관찰을 통해 지식을 얻는 방법을 가르쳐주지 않았다." 이것을 깨닫고는 판매원들을 훈련시키는 효과적인 교육방법을 개발하기 시작했다.

우선 처음 배우기 시작하는 판매원들에게 판매 대사와 반박의 문장을 단어 하나까지 빠짐없이 외우게끔 했다. 나는 그들에게, 무슨 말을 어떻게 해야 하는지 알면 매일 얼마나 큰 수입을 올릴 수 있는지 얘기해 주었다. 또 이론을 알고 나면 왜 일을 하면서 행복해지는지, 잘 짜인 판매 프레젠테이션을 쓰면 시간을 어떻게 절약할 수 있는지를 얘기해 주었다. 그렇게 판매원들이 알아야 할 것들을 다 배우고 나면 그를 하루 동안 현장으로 데리고 갔다. 이렇게 함으로써 그는 내가 현장에서 하는 말과 행동을 분명하게 이해할 수 있었다.

성공을 위한 세부계획

난 판매원과 함께 일하면서 판매교육에 대한 *지식*과 *노하우*를 얻었다. 얼마 지나지 않아 신입판매원과 경력판매원을 잘 훈련시킬 수 있는 세부적인 계획도 짤 수 있었다.

아래와 같다:

1. 나는 늘뜬 기분을 유지힌 채 빠르게 움직이면서 하루 종일 일한다. 내 목표는 그날을 내가 살았던 날 중 최고로 만드는 것이다. 훈련생은 내 대화에 끼어들거나 판매를 방해해서는 안 된다. 그는 나와 가까이 있으면서 내가 하는 일을 관심 있게 지켜보고 내가 움직이는 것에 맞춰 함께 이동해야 한다.
2. 우리는 오전 9시에 첫 고객을 방문하고, 내가 11:30까지 판매한다.
3. 그 후 훈련생이 30분 동안 판매한다.

4. 나는 그가 판매면담을 할 때 어떤 실수가 있는지 구체적으로 기록한다.

5. 정오가 되면 오전에 했던 일에 대해 이야기하면서 구체적으로 고칠 점을 말해준다. 그 전에 잘한 것부터 말한다. 그리고 그에게 도움이 될 만한 것을 구체적으로 제안한다. 판매의 성패를 결정지었던 사항은 특히 강조한다. 사소한 사항들은 그냥 언급만 하고 넘어간다.

6. 점심을 먹고 내가 다시 4:30까지 판매를 한다.

7. 그 후에는 판매원이 직접 하루 일과가 끝나는 시간까지 판매한다.

8. 나는 또 그의 판매 프레젠테이션을 관찰해 기록한다.

9. 5번의 과정을 반복한다.

10. 저녁을 먹고 판매회의에 참석해서 판매원이 판매토크를 시연한다. 이것은 나와 판매원들이 시카고 이외의 지역에서 판매를 할 때의 상황이다. (시카고에서 판매할 때는 판매회의가 열리지 않는다)

11. 회의에 참석한 판매원들은 판매토크 시연을 보면서 좋은 점이나 판매의 성패를 결정지었던 사항을 찾아야 한다. 시연을 보면서 결점을 발견하지 못한 판매원은, 자신이 판매를 할 때에도 똑같은 잘못을 저지를 것이기 때문이다.

12. 그의 판매토크 시연이 끝나면, 다음과 같이 진행된다.

- 발표를 한 판매원이 먼저 말할 기회를 갖는데, 어떻게 하면 판

매토크가 더 완벽해질 수 있는지 자신의 의견을 말해본다.
- 그 후 모든 사람이 차례대로 나와서 자신의 의견을 말한다. 하지만 훈련생은 그런 의견들 중에서도 내가 적으라고 하는 것만 받아 적는다.
- 마지막으로 내가 나와서 여태까지 나왔던 원리들에 대한 내 의견을 말하고, 나오지 않았던 원리들을 추가로 짚어준다.
- 행동으로 이끄는 영감은 성공의 가장 중요한 요소이기 때문에 난 발표자들, 특히 나와 오늘 하루를 함께 보냈던 판매원에게 영감을 불어넣으려고 노력한다.

판매원과 하루 동안 일하고 위의 과정을 마치고 나면 다음 단계는:

- 다음날은 판매원 혼자서 일한다.
- 그날 저녁 판매회의가 있으며 판매원은 판매 시연을 한다.
- 우리는 위에서 설명한, 전날 저녁에 했던 과정을 반복한다. 이것은 그가 전날 밤에 제대로 배웠는지 확인하기 위한 것이다. 이렇게 하면 그가 어떤 습관과 노하우를 습득했는지 알 수 있다.
- 다음날 아침, 나는 판매원과 함께 간다. 그가 30분 동안 일한다. 필요하다면, 내가 한두 명을 직접 방문해서 특정 상황을 어떻게 다루는지 보여준다. 그러고 나서 그가 한두 명에게 판매를 해보게 한다. 그가 판매를 하는 동안 나는 다시 기록한다.

- 그런 다음 나는 그에게 몇 가지 제안을 해준 후 그가 혼자 일하게 한다. 우리는 저녁에 다시 만난다.
- 판매원이 앞서 들었던 제안을 따르지 않았거나 이론을 익힐 필요가 있다고 생각되면, 그 다음날은 하루 종일 공부를 하라고 한다. 이런 일은 거의 없다. 왜냐하면 불경기 때라서 돈이 되는 일이라면 배우고자 하는 의욕으로 가득 차 있었기 때문이다.
- 사무실로 돌아오면 곧바로 나는 같이 일했던 판매원에게 편지를 쓴다. 편지에는:

-그의 개선된 점을 말해준다.
-다른 의견도 말하면서 그를 격려한다.
-내가 적으라고 했던 중요한 구체적 제안들을 모두 정리해 목록으로 만든다.

이 프로그램은 판매원들을 성공적으로 훈련시키는 청사진이 되었다. 이 원리들을 적용할 수 있는 곳이라면, 누구라도 훈련의 성공시스템을 개발하기 위해 이 원리들을 자신에게 적용시켜 보고 완전히 내 것으로 흡수해서 사용할 수 있다.

다시 말하지만 난 그 당시 돈이 간절히 필요했다. 빚에서 벗어나려고 안간힘을 쓰고 있었을 때였다. 그런데 이 프로그램을 쓰면 판매원들을 훈련시키는 데 많은 시간을 들이지 않아도 됐고 그 효과도 충분한 것을 알 수 있었다. 그리고 그들도 돈이 필요했기 때문에 최선을 다하려고 했다. 따라서 그들은 나에게 계속 의지할 필요가 없었다. 일단 *지식*과 *노하우*를 익히고 나면 혼자 힘으로 나아갈 수 있었다. 얼마 지나지 않아 일리노이 주에는 잘 훈련된 판매원의 수가 충분할 정도로 많아졌다. 난 그들 중 몇 명을 다른 주로 가라고 했다.

그런데 이렇게 하나의 문제를 해결해갈 즈음 난 또 다른 문제에 직면하게 된다. 그것은 돈을 버는 것보다 더 중요한 문제였다. 내 아들의 건강에 관한 것이었다.

성공하려면 환경을 선택하라

나의 아들 클렘 주니어는 1929년 12월에 태어났다. 태어나서 2년 반 동안 감기, 꽃가루 알레르기, 천식으로 고통 받았다. 겨울에는 끊이지 않고 아팠다. 의사들도 별다른 수가 없는 듯했다.

내가 센 고등학교에서 처음으로 인간의 정신이 어떻게 작동하는지 탐험하기 시작하면서 내 철학의 일부가 된 자기계발의 기본 원리 중 하나는 이것이다:

사람은 환경의 결과물이기 때문에 목표를 향해 가장 잘 발전할 수 있는 환경을 의도적으로 선택해야 한다.

나는 살아오면서 계속 이렇게 하려고 노력했다.

책에는 없는 게 거의 없다. 노스웨스턴 대학을 다닐 적에 미국의 어떤 지역에는 돼지풀 꽃가루가 없다는 것을 책을 통해 봤다. 오레곤, 워싱턴, 콜로라도, 미시건 북쪽과 같은 지역이 그랬다. 그래서 나는 미시건 이시페밍에 있는 북쪽의 숲 클럽 회원권을 샀다.

그곳은 174제곱킬로미터의 개인호수와, 리조트 시설을 이용할 수 있는 곳이었다. 원래는 클렘이 더 커서 이곳을 충분히 즐길 수 있을 때쯤 갈 계획이던 곳이다.

아들은 여름에는 건강했다. 그러다가 11월 대기 중에 돼지풀 꽃가루가 많아질 때가 되면 건강이 악화되었다. 1931년 10월의 어느 날, 집에서 또 다시 클렘이 아프다는 편지를 받았다. 그때를 결코 잊지 못할 것이다. 나는 그때 판매출장으로 일리노이의 폰티액에 있었다. 그 소식을 들은 나는 바로 행동하기로 결심했다. 아들을 튼튼하게 해 줄 환경을 선택하기로 말이다. 스스로에게 말했다.

"클렘이 여름에 제일 건강하다면, 왜 그를 날씨가 따뜻한 곳으로 데려가지 않는가? 돼지풀 꽃가루가 많은 시기에는 왜 그런 게 없는 곳으로 데려가지 않는가? 왜 해를 따라가지 않는가? 그렇게 해서 클렘의 건강이 좋아지면, 다시 집으로 돌아오면 된다."

그래서 우리 가족은 1931년 11월부터 자동차를 타고 다니며 주에서 주로 이동하기 시작했다. 1년 반 동안 해를 따라다녔다. 겨울에는 남쪽으로, 여름에는 북쪽으로 갔다. 클렘은 살이 붙으면서 더 튼튼해졌다.

우리는 최고의 리조트 호텔에서 지냈다. 나는 돈이 필요했기 때문에 이 호텔들의 경영진에게 최저가격인 비즈니스 할인 요금으로 줄 것을 설득했다.

불리한 상황을 유리하게 바꿔라

나는 이렇게 어쩔 수 없이 각 주를 옮겨 다니게 되었다. 그런데 그저 끌려가기만 하지는 않았다. 가는 곳마다 개인판매를 할 수 있도록 면허를 취득한 것이다. 기존의 판매원이나 앞으로 고용할 판매원에게 계약이 만료된 고객의 갱신 건을 주자는 건 내 생각이었다. 나는 내 판매조직에 남아 있는 판매원들 각각을 직접 훈련시켰다. 훈련 프로그램은 『성공을 위한 세부계획』에서 설명한 것과 완전히 똑같다.

당시 뉴잉글랜드에는 공장들이 문을 닫았고 펜실베니아, 아리조나, 그리고 그 외 광산들도 문을 닫았다. 버지니아와 다른 남부의 주에서는 면화와 땅콩의 가격이 너무 떨어져서 농부들이 작물들을 갈아엎어 거름으로 썼다. 시장에 내다 팔아봤자 돈이 되지 않았기 때문이다. 텍사스에서는 석유가 베럴 당 60센트에 팔리고 있었다. 이런 상황에서도 내가 훈련시킨 판매원들은 하루에 20에서 50달러를 벌 수 있었다.

전국을 떠돌던 1년 반 동안, 내 조직의 판매 인력은 135명의 잘 훈련된 판매원으로 줄었다. 직접 훈련시킬 기회를 갖기 전에 상당수를 잃었던 것이다. 하지만 이 135명이 불경기 동안 판매한 양은 1000명 이상이 호황일 때 판매한 것보다 훨씬 많았다.

그렇게 아들을 위해 건강에 도움이 되는 환경을 선택해나가면서, 나는 불리한 상황들을 유리하게 바꿨다. 사업을 계속 확장할 수 있는 단단한 토대를 쌓았고, 판매원들을 성공적으로 훈련시키는 데 필요한 *지식*과 *노하우*를 완성할 수 있었다. 그리고 가장 놀라운 발견을 했다.

놀라운 발견

나는 모든 판매원 한 명 한 명에게 편지를 썼다. 그가 성공하려면 어떤 원리가 필요한지 설명해주는 편지였다. 편지들을 마지막으로 검토하다가 놀랐다. 판매원 개개인이 바로잡아야 할 잘못이 그렇게 많지 않았던 것이다. 한 사람에게 적용되면 다른 사람에게도 적용할 수 있었던 것이다.

이 발견을 토대로 우리가 가르치는 원리를 훈련 매뉴얼에 담아 작성했다. 판매원들은 매뉴얼을 보고 사전지식을 배운 후 적절한 현장학습이 이루어지면 큰 소득을 올릴 수 있었다.

매뉴얼의 첫 페이지는 항상, 행동의 영감을 발견할 수 있는 곳인 신에 대해 생각하는 것으로 시작한다. 다음의 내용이 적혀 있다.

모든 분야의 성공은 기도의 도움을 받는다. 어떤 종교적 믿음을 갖고 있든 간에 기도는 심리적 관점으로 볼 때 목표를 향한 생각을 분명히 할 수 있게 돕고, 활기를 주는 내면의 힘을 개발해준다. 좋은 하루를 보내고 난 후 신의 권능에 감사해서 손해 본 사람은 아무도 없다. 신의 권능에 성공을 도와달라고 요청한 많은 사람들은 그 도움을 받았다. 결과를 원하면, 기도를 해보라!

판매기록부

불경기가 닥쳤을 때 난 내 사업에 무슨 일이 벌어지고 있는지 알 수 있을 만한 단서가 아무 것도 없었다. 이 사실을 깨달았을 때 랜드 맥

널리에게 특별한 카덱스 시스템을 설치해달라고 했다. 이 시스템은 각 주와 시에서, 각 영업관리자와 판매원이 얼마나 많은 판매를 했는지 월별, 연별 정보를 주기 위해서 고안된 것이었다. 이 시스템은 경험을 통해 필요한 *지식*과 *노하우*를 갖게 된 전문가들에 의해 만들어졌고 색칠된 탭에는 각 판매원에게 마지막으로 보고를 받은 날짜와 그에게 편지를 써야 하는 날짜가 나와 있었다.

이 시스템으로 인해 판매기록부는 마침내 진화했다. 이것을 잘만 사용하면 과거 실적, 현재 위치, 우리가 가고 있는 방향, 위험 영역을 알 수 있었다. 하지만 어떻게 고난이 사람을 강하게 만들고, 왜 올바른 마음자세를 가진 사람에겐 불경기가 변장옷을 입은 축복이 되는지 내가 아는 데는 이런 시스템이 필요하지 않았다.

다음 장에서는 어떻게 부정적인 마음자세를 가진 사람이 올바른 마음자세를 가질 수 있도록 자신에게 동기 부여할 수 있는지 알게 될 것이다.

커다란 문도 작은 경첩에 매달려 있다

당신은 환경의 결과물이다. 따라서 목표를 향해 당신을 가장 잘 발전시킬 환경을 선택하라. 환경의 관점에서 당신의 인생을 분석해보라.
당신 주위에 있는 것들이 당신을 성공으로 향하도록 도와주고 있는가? 아니면 당신을 가로막고 있는가?

Chapter 11

힘이 나오는 신비한 곳

"제발 신이시여, 저를 구원해 주소서… 제발 신이시여, 저를 구원해 주소서…!"

몇 번이고 계속, 빌 톨스는 겸허하고 신실하게 되뇌었다. "*제발 신이시여, 저를 구원해 주소서… 제발 신이시여, 저를 구원해 주소서…!*"

해군에서 수병으로 근무하던 윌리엄 톨스는 새벽 4시 수송선에 있다가 물살에 휩쓸려 빠지게 되었다. 그는 물에 빠지자 수없이 연습했던 해군의 지침대로 작업복을 벗고 그것으로 임시 구명조끼를 만들었다.

시간은 계속 흘러갔다. 그 누구도 그가 물에 빠진 것을 보지 못한 것 같았다. 하지만 그날 오후 3시 미국 화물선 *익제큐터*에 타고 있던 선원들에게 목격되었다. 빌이 끌어올려졌을 때 가장 먼저 신에게 감사의 기도를 올렸다.

이것은 위대한 자기계발서 『TNT, 당신 안의 힘』에 나오는 이야기이다. 나는 연설을 할 때 이 이야기를 자주 인용한다. 그리고 내가 관리하는 판매원들에게 영감을 주기 위해 이 책을 보내주기도 했다. 이 이야기가 무엇이 그리도 특별하냐고 물을 것이다. 왜냐하면 *익제큐터*의 선장은 항로를 바꿔 원래의 경로에서 320킬로미터나 떨어진 곳에서 빌을 구했기 때문이다. 지금까지도 선장은 자신이 왜 경로를 바꿨는지 모른다고 한다.

그녀의 기도는 응답받았다

최근 조셉 매디 박사와 그의 부인 페이가 저녁을 먹으러 우리집에 왔다. 나는 TNT 책의 빌 톨스의 이야기를 그들에게 해주었다. 그러자 페이가 말했다.

"흥미롭네요, 우리도 비슷한 경험을 했거든요. 인터로켄에서 호수 건너에 이웃사람이 있었는데 모두 그를 뱃사람이라고 불렀어요. 몇 해 전 겨울, 조와 저는 플로리다의 마라톤에 트레일러를 세워뒀었는데, 조가 어느 날 시내에 쇼핑을 갔다가 뱃사람을 만났어요. 그는 조에게 낚시하러 갔다가 운 좋게 물고기를 많이 잡았던 얘기를 해줬지요. 다음 날 아침 조와 뱃사람은 각각 작은 모터보트를 타고 나갔어요. 두 사람 다 경고표지를 봤지만 무시하고 그냥 출항했어요. 그런데 오후가 되자 바다가 사나워지기 시작했어요. 뱃사람은 네 시쯤에 돌아왔고 다른 정기 어선도 돌아왔습니다. 그런데도 조는 돌아오지 않아 걱정이 되기 시작했어요. 그래서 기도하기 시작했습니다."

"무슨 일이 있었던 건가요?" 나는 조에게 물었다.

그가 대답했다. "갑자기 폭풍이 닥쳤어요. 파도가 너무 높은 데다 보트는 너무 작아서 파도에 쓸려 배 밖으로 튕겨져 나갔어요. 그렇게 물속으로 가라앉았다가 다시 떠오르기를 반복했죠. 그런데 얼마쯤 시간이 지나 다시 떠올랐을 때 팔을 뻗어보니 보트의 옆면에 손이 닿았어요. 전 기어서 배 위로 올라왔지요. 보트가 완전히 한 바퀴를 돌아 다시 제게로 왔던 겁니다. 왜냐하면 처음 물 위로 떠올라 주위를 둘러봤을 때는 배가 안 보였거든요."

페이가 말했다. "조와 제가 파악한 대로라면 이 일은 4시 직후에 일어났어요. 제가 기도하고 있던 때였죠."

빌 톨스와 조셉 매디 박사의 이야기를 하는 건 나도 역시 기도의 힘을 믿기 때문이다. 이것은 *절대 실패하지 않는 성공시스템*에서 아주 중요한 역할을 한다.

기도의 힘은 불가사의하다. 모든 자연 현상과 초자연 현상도 그렇다. 사람이 이를 이해할 만큼 깨우치기 전까지는 불가사의로 남을 것이다.

하지만 이런 현상을 우리가 이해하든 못하든, 사실은 사실이다. 모든 결과에는 원인이 있기 때문에 어떤 행동이 어떤 결과를 가져옴을 안다면, 그게 왜 작동하는지 모르더라도 해당 원리를 사용할 수 있다.

혼을 읽는 사람

자기계발서의 많은 저자들은, 사람의 정신에 영향을 주고 또 반대로 영향을 받기도 하는 힘, "*알려진 힘과 알려지지 않은 힘*"에 관한 진실을 찾고 있다. 이것이 내가 혼을 읽는 능력을 가진 피터 허코스를 만나야만 했던 이유이다. 나는 그의 집을 방문했고, 그의 부인 마리아와 사랑스런 어린 딸 캐롤리나도 만났다. 우리는 좋은 친구가 되었다.

첫 번째 방문 때 피터 허코스는 내 아내에게 종이 위에 이름을 하나 써달라고 했다. 아내는 이름 하나를 적었다.

피터는 뭐가 적혔는지 보지 않고 오른손으로 종이를 구겼다. 그러고 나서 몇 년 전에 일어났던 여러 가지 일들을 우리들에게 얘기해 깜짝 놀라게 했다. 모든 이야기는 100% 정확했다. 그리고 그가 종이에 적힌 사람에 대해 묘사했을 때 그것이 정확히 일치하는 것을 보고 우리는 다시 한 번 놀랐다.

한 번은 피터가 내 시카고 사무실을 방문했다. 그때 나는 할리우드에서 영화산업에 관계하는 친구와 장거리 전화를 걸고 있었다. 그런데 피터는 단지 전화선에 손을 갖다 대는 것만으로 나와 대화한 사람의 신체 모습과 몇 가지 특징들을 묘사했다. 또 한 번은, 피터가 우리 회사 홍보부서의 루 핑크와 악수를 하고는 루 자신만 아는 사실들을 루에게 말했던 적도 있다. 그리고 피터가 로버트 알 맥코믹 시카고 소년클럽을 방문했을 때도 그는 그곳의 아이들과 나를 다시 한 번 놀라게 했다. 아이들이 갖고 있는 구체적인 문제와 삶에서 벌어졌던 사건들을 정확하게 묘사했기 때문이다.

피터 허코스와 첫 만남을 갖기 전, 나는 그의 책, 『심령술사, 피터 허코스의 이야기』와 시카고 트리뷴 지에 실린 노마 리 브라우닝의 기사, 그리고 그녀가 피터 허코스를 처음 만나고 나서 쓴 등골이 오싹

해지는 보고서를 읽었다.

노마 리는 나중에 내게 이렇게 말했다.

"그는 내가 낸 테스트를 거의 100퍼센트 맞췄어요."

아마 당신도 그가 야구점수를 정확하게 예언했던 보고서나 그의 능력으로 범죄를 해결했던 업적에 대해 읽어봤을지도 모른다. 유럽에서 그는 "텔레파시 탐정"으로 알려져 있다. 그가 많은 범죄를 해결하는 공을 세웠기 때문이다. 그것에는 17개 나라에서 있었던 27건의 살인사건도 포함된다. 그의 사이코메트리 능력-물건을 만져서 그 물건을 가지고 있던 사람의 경험을 말하는 것-은 신비롭다. 피터가 삶에서 주된 목표로 생각하는 것은 그가 가진 심령 능력의 범위가 어디까지인지 알아보는 것과 어떻게 하면 그 능력을 인류를 위해서 사용할 수 있는지 배우는 것이다.

보이지 않는 정신의 경로

초심리학 분야에서 가장 많은 일을 한 사람은 아마 듀크 대학의 조셉 뱅크스 라인 박사일 것이다. 그는 34년 이상을 듀크 대학에 있으면서 초감각적 지각의 힘을 과학적으로 탐구하고 그것의 타당성을 입증하고자 노력했었다.

난 그를 여러 번 만났는데 그와 얘기를 나누다 보면, 지난 10년 동안 이루었던 과학업적의 발견보다 지난 10년 동안 얻은 심령현상의 발견이 더 대단하다는 생각까지 하게 된다.

라인 박사가 쓴,『정신의 새로운 세계, 정신의 힘은 어디까지인가』

그리고 제이시 프랫과 공동 저술한 『초심리학』은 권위 있는 책들이다. 그의 부인 루이자이 라인은 여러 해 동안 그와 연구하면서 『보이지 않는 정신의 경로』라는 책을 냈다. 이 책은 여러 가지 초감각적 인지경험의 재미있는 사례들이 나와 있어서 쉽게 읽힌다. 초감각적 인지경험은 당신이 겪으면서도 단지 우연이라고 생각하기 때문에 알아차리지 못하는 경험이다. 이것은 텔레파시(생각이 전달되는 것), 투시(감각에 존재하지 않는 물체를 알아보는 능력), 과거인지(과거를 보는 것), 예지(미래를 보는 것)의 영역에 속할지도 모른다.

여기서 심령 현상에 대한 이야기를 하는 것은 우리가 알지 못하는 힘이 있음을 아는 것이 유익하기 때문이다. 불가능해 보이는 일도 가능할 수 있음을 깨달을 때, 당신은 과학자의 접근법을 취하고 있는 것이다. 그러면서 당신의 시야는 넓어지게 된다.

예측하기

행복하고 건강하고 성공적인 삶을 살기 위해 꼭 심령 현상을 연구할 필요는 없다. 그런 연구가 얼마나 스릴 있고 신나는 것인지, 그리고 *알려지지 않은 힘*이 당신에게 어떤 영향을 줄 수 있는지는 제쳐두고서라도 말이다.

하지만 *"과학적 지식의 도움을 받아 미래를 최대한 잘 들여다보는 일"*은 필요하다. 그렇게 할 수 있다면 당신은 특히 사업과 재산에 영향을 주는 것에 대해 현명한 결정을 내릴 수 있다. 이런 *예측의 과학에서는 순환과 경향성을 이해하는 것이 매우 중요하다.*

나는 시카고에 있는 아메리칸 내셔널 신탁은행의 대출부 부사장인 폴 레이몬드가, 에드워드 알 듀이와 에드윈 에프 다킨이 공동 저술한 『순환』이란 책을 내게 보내줬을 때 처음으로 *순환*과 *흐름*에 대해 알게 되었다.

나는 이 책에서 제시한 원리들을 사용하고 큰 효과를 봤기 때문에 여기서 나누고자 한다. 예를 들어 사업이 더 이상 성장하지 않으면 나는 *순환*에서 배운 원리를 사용한다.

"새로운 생명, 새로운 피, 새로운 아이디어, 새로운 활동으로, 새로운 흐름을 불어넣어라."

지금 나는 순환 연구회의 대표이사이다. 이 단체를 만든 에드워드 알 듀이는 전무이사이다.

순환 과 *흐름* 에 대한 연구는 무척 중요한데 거기에 대해 알려진 게 거의 없었기 때문에 나는 듀이 씨에게 순환과 흐름을 쉬운 말로 설명하는 편지를 써달라고 부탁했다. (그는 선행지표들에 대한 편지도 썼다. 이것은 19장에 나온다) 다음은 순환이라는 매력적인 주제에 관한 그의 설명이다.

순환

자세히 관찰해보면 많은 사건들이 상당히 규칙적인 시간 간격으로 되풀이해 나타나는 것을 볼 수 있다.

순환 패턴은 한 번 만들어지면 계속 유지되는 경향이 있기 때문에 그것은 예측을 위한 도구로써 상당히 가치가 있다.

예를 들어 당신은 12달의 주기를 갖는 계절의 순환에 대해 알고 있다. 지금이 여름이라면 당신은 6개월 후 춥고 바람이 많이 불게 될 거란 사실을 안다. 지금이 겨울이라면, 당신은 반 년 후에 테니스와 수영을 할 거라고 예상할 수 있다. 이처럼 순환에 대한 지식을 이용할 수 있다.

물론 계절의 순환은 누구나 알고 있다. 사람들이 잘 모르는 것은 이 밖에도 다른 순환들이 있다는 사실이다.

사냥꾼이라면 누구나 어떤 해에는 사냥감이 풍부하고 어떤 해에는 드물다는 것을 안다. 그런데 사냥꾼들 대부분이 모르는 있는 사실은 이런 해들의 간격이 꽤 일정하기 때문에 예측 가능하다는 사실이다. 그 주기를 알게 된 허드슨만 회사는 그것을 이용해 몇 년 전부터 대비해왔다.

모든 어부들은 계절에 따라 물고기의 수가 달라진다는 것을 안다. 그들은 이 지식을 재정리해서 물고기 수의 정확한 변화 곡선을 알아내어 물고기가 풍부한 시기를 정확하게 예측할 수 있다. 그들은 계속 그렇게 해왔다.

화산학자는 화산 폭발을 예측하기 위해 순환에 대한 지식을 사용한다. 지진학자도 지진이 오는 것을 대략적으로 예측하기 위해 순환의 지식을 사용한다. 단지 이뿐만이 아니라 과학의 많은 분야들이 순환의 지식을 이용한다.

경제학자들조차도 인간사의 상승과 하강이 굉장히 일정한 시간 간격으로 벌어지고 있어서 이것을 단지 우연의 결과물로 치부해버리기는 어렵다는 것을 알아가고 있다. 미래에는 이것에 대해 보다 자세하게 알게 될 것이다.

때로는 이러한 순환을 꽤 간단하게 알아낼 수 있기도 하다. 어떤 분야에 나타난 도표의 수치를 관찰하는 것만으로도 대략적인 패턴을 알 수 있는 경우가 있다. 하지만 우연한 오르내림과 순환을 구별하는 데는 기술이 필요하다.

혼자서 해볼 수 있는 게 있다. 당신의 감정의 순환을 알아내라. 혹은 당신의 부인, 남편, 직장 상사 혹은 직원의 감정 순환을 알아내라.

		|	|	|	|	|	|	|	|
		|	|	|	9월	|	|	|	|	|
		1	2	3	4	5	6	..	30	31
매우 행복	+3									
행복	+2									
대체로 만족	+1									
보통	0									
불만족	-1									
불행함, 슬픔	-2									
의기소침	-3									

매일 밤 그날의 기분을 점수로 매겨서 해당되는 칸에 점을 찍는다. 그 점들을 선으로 연결하면 곧 패턴이 보일 것이다. 남자는 보통 순환 주기가 2주에서 9주 사이이다. 이것이 당신의 자연적인 리듬이고, 대개는 변하지 않고 계속 유지된다. 기분을 예측할 수 있는 당신의 지식을 사용해서 스스로를 지나친 낙관주의나 지나친 비관주의로부터 보호하라.

대부분 여성은 성적 주기가 14일인데 이것도 위와 같은 방식으로 찾아내서 시간을 측정할 수 있다. (두 번째 주기는 대개 더 강렬하다) 여성의 감정 또한 29일 순환주기와 일치하는 것처럼 보이는데 이것은 달의 주기에 따라 달라진다.(29일을 네 시기로 구분했을 때 여성의 감정은 세 번째 시기에 최고조에 이른다)

순환에 관한 지식은 인류에게 크게 유익할 수 있다. 예측을 가능하게 해주기 때문이다. 이것을 통해 우리는 바꿀 수 있는 것은 바꾸고 바꿀 수 없는 것에는 순응할 수 있게 된다.

성장의 흐름

성장에 대해 알아야 할 핵심은 이것이다.

"길게 보면, 우주에 존재하는 모든 것은 나이가 들어감에 따라 성장 속도가 느려진다."

아기는 6개월 안에 몸무게가 두 배로 자란다. 이런 속도로 가다간 얼마 안 있어 몸무게가 몇 톤은 나갈 것이다. 그런데 나무도, 사람도 처음에만 그렇게 자라다가 점점 느려지다가 결국 성장을 완전히 멈춘다. 사업도 나라도 마찬가지다. *새로운 것이 더해지지 않는다면*.

*성장*은 보통 *실제 수치*로 계산된다. 2년 전 판매량이 100,000달러였고, 1년 전에는 200,000달러, 올해는 300,000달러라고 하자. 괜찮아 보이는 수치다.

하지만 *성장속도는 퍼센트*로 계산된다. 2년 전 판매량이 100,000달러였고, 1년 전에는 200,000달러라면, 성장 속도는 100퍼센트이다. 올해 판매량이 총 300,000달러이면 성장속도는 50 퍼센트로 떨어진 것이다! 얼마나 큰 하락인가! 성장속도가 계속 이런 식으로 떨어지다 간 앞으로 문제가 될 것이다.

성장은 *꼭 퍼센트로* 계산하라!

이것은 한 회사의 성장을 책임지는 사람에게 무척 중요한 문제이기 때문에 강조하고 싶다. 엄마가 아기의 몸무게를 기록하는 것처럼, 가상의 회사가 있다고 생각하고 판매 도표를 만들어보자.

년도	연간판매량(달러)	5년간의 성장량(달러)	
1920	20,000		
1925	38,000	18,000	(1920-1925)
1930	68,000	30,000	(1925-1930)
1935	116,000	48,000	(1930-1935)
1940	186,000	70,000	(1935-1940)
1945	279,000	93,000	(1940-1945)
1950	391,000	112,000	(1945-1950)
1955	508,000	117,000	(1950-1955)
1960	609,000	101,000	(1955-1960)

언뜻 보면, 이 회사는 5년마다 괜찮은 추진력을 가지고 빠른 속도로 확장하고 있는 것처럼 보인다. 모르는 사람이라면 이 겉으로 보이는 성장의 흐름이 계속될 것이라고 예상할 것이다.

이제 성장속도의 관점에서 이 수치들을 살펴보자. 아래의 표처럼 이 회사는 1920년 설립된 이래로 성장 속도가 꾸준히 감소하고 있음을 알 수 있다.

1920-1925, 이 시기의 성장량은 1920년 판매량의 90%
1925-1930, 이 시기의 성장량은 1925년 판매량의 80%
1930-1935, 이 시기의 성장량은 1930년 판매량의 70%
1935-1940, 이 시기의 성장량은 1935년 판매량의 60%
1940-1945, 이 시기의 성장량은 1940년 판매량의 50%
1945-1950, 이 시기의 성장량은 1945년 판매량의 40%
1950-1955, 이 시기의 성장량은 1950년 판매량의 30%
1955-1960, 이 시기의 성장량은 1955년 판매량의 20%

표를 보면 이 가상의 회사의 성장속도가 5년 마다 10 퍼센트씩 감소한다는 것은 분명하다. 이런 추세가 계속된다면, 미래의 성장속도는 다음과 같을 것이다:

1960-1965, 이 시기의 성장량은 1960년 판매량의 10%
1965-1970, 이 시기의 성장량은 1965년 판매량의 0%

성장속도를 알고 있으므로 1965년과 1970년의 예상 판매량도 더 정확하게 추측할 수 있다. 1970년이 되면 추진력이 완전히 사라질 것이다. 그때쯤이면 이 회사는 수많은 회사들이 그랬던 것처럼 오래되고 전혀 새롭지 않은 방식으로 틀에 박힌 수순을 밟게 될 것이다. 치열한 경쟁에 떠밀려 완전히 설 자리를 잃거나, 노후화되어가는 조직에 새로운 피가 흘러 들어와서 새로운 시작이 가능해질 때까지는 아마 서서히 쇠퇴의 길을 걸을 것이다.

이런 종류의 예측은 성장속도 패턴을 바탕으로 하고, 그 그래프가 "완전히 다 자란" 상태라고 부를 만한 상태로 가는 것을 보여주는데, 실용 경제학의 학생들에게 중요한 도구가 된다.

위의 가상 상황에서는 성장속도가 매우 규칙적으로 하락하는 것을 볼 수 있다. 물론 가상이기 때문에 하락속도가 매우 규칙적이었다. 물론 실제에서 이 정도의 규칙성을 갖는 조직은 없을 것이지만 우리는 이것을 통해 사업가나 투자가들이 대강 보고 넘기는 사실을 다시 상기시켜줬다는 점에서 유익했다. 유기체의 성장속도를 보면 생명력의 수준을 제대로 알 수 있다는 점이 그렇다.

내가 지금까지 말한 내용은 부정적인 내용이다. 이것이 가장 자연스러운 일의 흐름이라 할지라도 긍정적 정신은 이러한 자연의 흐름을 거부할 수 있다. 긍정적 정신은 상황에 대해 뭔가 행동을 취한다.

자연적 성장흐름을 바꾸는 핵심은 새로운 것을 들여와서 성장 흐름을 다시 출발시키는 것이다.

예를 들어 70년 전 마차 산업은 성장이 끝난 시점에 가까워지고 있었다. 누군가 기계의 힘으로 움직이게 하는 탈 것에 대해 생각해냈다. 오늘날 마차 산업이 어디 있는지 보라! 이러한 예는 많다.

요약: 그것이 뭐가 됐든 성장속도가 하락하는 것은 자연스러운 일이다. 하지만 충분한 상상력과 부지런함만 있으면 새로운 성장흐름을 통해 옛 것을 대체할 수 있다.

당신을 속박에서 풀어줘라

외부의 상황이 당신의 운명을 지배하는 것을 용납하고 있다면, 그 속박에서 벗어나라!

속박이란 당신의 의지가 아닌 다른 무언가의 의지에 묶여 있는 상태이기 때문이다. 외부의 영향력과 내부의 부정적 생각과 태도에 복종하는 것이 속박이다.

난 정신의 힘과 그것을 사용하는 방법에 대한 연구를 거듭할수록, 성공이나 실패는 주로 그 사람의 마음태도에서 나온 결과라는 사실을 점점 확신하게 되었다.

태도는 동기에서 나온다. 동기는 행동하게 만드는 내면의 충동이다. 행동으로 이끄는 영감이라고 말할 때의 영감은, 좋은 행동을 하게 만드는 내면의 충동이다. 그리고 이것이 긍정적 마음자세를 발달시킨다.

하지만 동기는 나쁜 것일 수도 있다. 동기가 나쁘면 내면의 충동은 부정적 마음자세를 발달시킨다.

도덕률(이것은 좋은 것이다)에 따라 살고자 하는 내면의 충동과, 유전적으로 물려받은 강렬한 본능, 감정, 느낌(이것도 잘 감독하고 통제하기만 하면 좋은 것이다)에 따라 살려고 하는 내면의 충동이 서로 부딪히면 문제가 생긴다.

그런데 뭐가 좋은 것이고 뭐가 나쁜 것이란 말인가?

당신은 하나의 덕목이 다른 덕목과 부딪히는 상황에서 어떻게 하는가?

긍정적 마음자세는 어떻게 개발할 수 있는가?

사뮤엘 버틀러의 소설 제목인,『만인의 길』은 무척 소박하고 상징적이어서 나는 다음 장의 제목으로 이것을 사용했다. 다음 장에서는, 이런 질문에 맞닥뜨리게 되었던 사람들의 이야기를 다루고 있다. 내면의 투쟁에서 누구는 성공하고 누구는 실패했다. 이 성공과 실패를 가른 것은 긍정적 마음자세이냐, 아니면 부정적 마음자세이냐 때문이다. 즉 마음자세가 좋거나 나빴기 때문이다.

12장은 당신이 이런 내면의 투쟁을 겪고 있을 때 현명한 길, 성공의 길을 택하게 하기 위해 쓰였다.

커다란 문도 작은 경첩에 매달려 있다

기도에 깃든 정신의 신비한 힘과 놀라운 정신의 힘은 우주의 법칙에 따라 작동한다. 우주의 법칙은 우리가 이해를 잘 못해도, 혹은 믿지 않거나 무지하다 해도, 그것과 관계없이 작동한다.

우주의 법칙은 늘 패턴을 따른다. 움직이고 자라는 모든 것은 순환하고 일정한 방향으로 흐른다. 모든 자연적, 인위적 유기체는 성숙을 향해 자라다가 새로운 생명, 새로운 피, 새로운 아이디어, 혹은 새로운 활동이 없다면 성장을 멈추고 죽는다.

미래를 내다보고 새로운 순환과 흐름을 만들어낼 수 있는 지식과 노하우가 있다.

Chapter 12

만인의 길

　최상인 그를 보아라, 최악인 그를 보아라! 그러면 당신은 사람의 모습을 본 것이며, 만인의 존재 상태를 본 것이다.
　성자이면서 죄인, 신이면서 동물인 당신의 모습 말이다. 절대 실패하지 않는 성공시스템에 대한 탐구를 하면서 도덕성이란 것 역시도 성공과 성취에 기여하고 있다는 사실을 깨달았다. 사람이 자신 안의 죄인, 자신 안의 동물을 다스리는 법을 배우지 않으면 완전한 성취는 허락되지 않는다.
　시간이 지나면서 판매원들이 실패하는 네 가지 근본 원인을 알게 되었다. 그것은 판매뿐만 아니라 모든 분야의 성공에도 적용되는 사실이다. 그 네 가지는 사회 통념에 어긋나는 섹스, 술, 속이기, 훔치기이다. 시행착오와 시행성공을 통해 나는 판매조직 내에 있는, 사람을 파괴하는 이 요소들과 싸우는 노하우를 얻었다. 이 장에 나오는 원리들을 나의 사안에 적용해 보고 완전히 내 것으로 만들어서 사용하게 되면, 당신은 당신의 본성인 선을, 심지어는 성자의 면모를 더 쉽게 끄집어낼 수 있다. 그렇게 할 때 당신은 그 선함이 여태껏 꿈꾸지도 못했던 큰 힘을 준다는 것을 발견할 것이다.

내가 원하는 선은 행하지 아니하고, 도리어 원치 않는 악을 행한다

당신이 옳은 일을 해야 할 때 하지 못한다면 그 이유는 올바른 습관을 확고히 하지 못했기 때문이다. 그래서 습관에 대해서 이야기해보겠다. 조금 더 정확히 말하자면 좋은 습관을 어떻게 만드는지에 대해 이야기해보겠다.

당신이 나쁜지 알면서도 그 일을 한다면 당신을 유혹하는 강한 충동을 효과적으로 통제하거나 다스리는 습관을 기르지 못했기 때문이다. 혹은 이미 당신 안에 있는 나쁜 습관을 효과적으로 제거하는 방법을 모르기 때문이다. 다음의 진리를 이해하는 것은 중요하다.

당신은 언제나 당신이 원하는 것을 한다.

이것은 모든 행동에 적용되는 사실이다. 당신은 어떤 일을 하면서, 그것은 누가 시켜서 했다고 변명할지도 모른다. 혹은 어쩔 수 없이 했다고 말할 수도 있겠지만 실은 당신이 그러기로 선택했기 때문이다. 따라서 배워야 할 비밀 한 가지는, 자신의 의지대로 "난 ~하고 싶어"를 개발하는 방법이다.

"하지만 유전적으로 타고난 성향은 어떡하고요?" 당신은 이렇게 물을 수도 있다.

다음 이야기에서는 한 젊은 남자가 어떻게 큰 해가 될 수도 있었던 상황으로부터 자신을 효과적으로 보호했는지 나온다.

얼마 전 시카고 판매원 클럽의 회의에 앞서 칵테일파티가 있었는데 친구가 밥에게 말했다. "스카치로 마실래, 아님 버번?"
밥은 미소를 지으며 말했다. "둘 다 됐어. 난 술을 안 마셔."
잠시 망설이다가 밥이 물었다. "왜 그런지 알고 싶어?"
친구는 그렇다고 하자 밥이 말을 이었다.
"우리 아버지 알지, 유명한 사람이라 다들 아버지를 알지. 아버지는 자신의 분야에서 천재로 불렸어. 정말 대단한 분이었지. 우리 어머니는 아버지를 존경하지만 아버지로부터 믿을 수 없을 정도로 극심한 고통을 겪었어. 아버지가 알코올 중독이었거든. 어떤 해에는 아버지 수입이 5만 달러가 될 때도 있었어. 그런데도 우리 가족은 쓸 돈이 없기도 했어. 하지만 더 나쁜 건, 어머니가 수치심과 고통, 두려움으로 고문당하듯 살아오셨다는 거야."
그는 잠시 멈추었다가 말을 이었다.
"난 어머니를 사랑해. 물론 아버지도 사랑해. 그래서 아버지를 비난하고 싶진 않아. 하지만 어렸을 때 난 결심했어. 아버지같이 멋지고 똑똑한 사람이 술 마시는 습관 때문에 가족들에게 그런 고통을 줄 수 있다면 나는 절대로 술을 마시지 말아야겠다고. 내가 왜 술을 마시겠어? 아버지의 아들이라 알코올 중독이 되는 성향을 물려받았을지도 모르는데, 왜 그런 위험을 감수하겠어? 내가 평생 첫 잔의 술을 들이키지 않으면 내게 진짜 그런 성향이 있다고 해도 날 해칠 순 없을 거야. 이제 이해가 되지?"

타고난 성향에 대해 손 쓸 수가 있냐고? 있다. 당신은 유전적으로 물려받은 성향을 다스릴 수 있다. 그리고 바람직한 성향을 개발하고 바람직하지 않은 성향을 무력화시킬 수 있다. 당신에게는 선택의 힘이 있기 때문이다. 잘못된 방향으로는 아예 첫 발조차 내딛지 마라. 어떤 습관이 당신의 가족에게 해로운 것으로 증명됐다면 그 습관은 시작도 하지 마라. 밥처럼 "아니"라고 말하는 법을 배우도록 하라.

미국의 위대한 심리학자인 윌리엄 제임스는 이런 글을 썼다.

"한 잔씩 마시는 술이 모여 술주정뱅이가 되는 것처럼 하나하나의 행동이 모여, 그리고 노력하는 시간들이 모여 성자가 될 수도, 한 분야의 권위자나 전문가가 될 수도 있다."

그리고 그는 습관을 없앨 때의 중요한 원리를 강조했다.

"갑자기 그만둬라. 모두에게 그것을 알려라. *어떤 예외도 없게 하라.*"

만약 한 친구가 어떤 나쁜 행동을 하자고 꼬드긴다면 "아니"라고 말할 수 있는 용기를 개발하라. 다음은 그것에 관한 이야기다.

나는 아이들와일드 공항에서 택시를 타고 뉴욕으로 가던 중이었다. 택시기사는 어떤 일에 대해서건 뚜렷한 주관을 갖고 있는 것 같았다. 난 묵묵히 그의 말을 듣고 있었다.

"여기가 제가 태어나서 자란 동네에요. 친구들이 날 계집애 같다고 놀렸던 그날 밤을 잊지 못할 거예요. 패거리가 저기 길 건너 토니의 식료품점을 함께 털러 가자고 하는 걸 제가 싫다고 했거든요. 그날 밤 저는 집으로 달려왔어요. 잘못된 패거리와 어울렸다는 것 알았죠. 그런데 어떤 애들을 보면 옆에서 친구들이 부추길 때 '아니'라고 말할 배짱도 없는지 참, 재미있다니까요."

그때야 난 비로소 입을 열었다.

"하지만 그건 재미있는 게 아니에요. 그건 비극이죠."

잘못된 길로 빠지는 아이들 대부분이 다 '아니'라고 말하지 못해서 그렇게 된 것이다. 그들은 잘못된 패거리가 옆에서 부추길 때 '아니'라고 말할 배짱이 없었다.

암시는 부추긴다… 자기암시는 악을 물리친다

나는 계속 말했다.

"자동차 절도와 같은 범죄로 형무소에 가는 십대들이 1년에 백오십만 명이란 걸 아세요?"

택시는 내 호텔에 도착했다. 그래서 나는 이런 개인적 비극을 어떻게 하면 피할 수 있는지에 대한 설명은 하지 못했다. 부모들이 암시를 효과적으로 사용하는 것을 배웠다면 많은 비극을 피할 수 있었을 것이다. 만약 그랬다면 자녀들에게 자기암시의 힘을 사용하는 법을 가르쳐 선한 일을 행하고 악한 일을 피할 수 있게 가르칠 수 있기 때문이다.

새로운 상황에 처하거나 전에 해 본 적이 없는 일을 처음으로 할 때면 사람은 경각심이나 두려움 때문에 망설이게 된다는 걸 직접 경험했다. 이것은 특히 전에 해본 적이 없는 나쁜 일을 처음 하도록 부추겨졌을 때 더욱 두드러진다. 이때 생긴 두려움이 잘못된 일을 하지 못하도록 막았을 것이다. 이것은 미지의 위험으로부터 당신을 보호하는 자연의 방법이다.

나쁜 습관에 이미 완전히 빠져 있는 사람이 아니라면 잘못된 행동을 하게 될 때면 누구나 망설이게 된다는 것을 우린 확실히 알고 있다. 아무 망설임 없이 그런 일을 저지르지는 않는다.

또한 우리의 모든 행동들은 암시, 자시암시, 무의식적 암시에 대한 반응으로 일어나는 것이고, 그것에는 예외가 없다. 계속 읽다 보면 이해할 수 있겠지만, 우선 간단하게 정의를 내리자면 이렇다.

*암시*는 당신이 보고, 듣고, 느끼고, 맛보고, 냄새 맡는 모든 것이다. 이것은 외부에서 온다. 예를 들어 아이는 부모가 걷는 것을 보기 때문에 걷는 것을 배우게 된다. 다른 사람들이 말하는 것을 듣기 때문에 말하는 것을 배우게 된다. 글을 읽을 줄 알게 되면 책에서 생각들을 얻는다.

반면 *자기암시*는 당신이 의도적으로 스스로에게 부여하는 암시이다. 그것은 당신의 상상력을 통해 생각, 보이는 것, 소리, 느낌, 맛, 냄새라는 형태로 나타난다. 어떤 단어를 떠올려볼 수도 있고 큰 소리로 자신에게 말하는 방식일 수도 있다. 아니면 글로 적어볼 수도 있다. 동기유발 도구를 배울 때 하는 일이 바로 이것이다. 일정한 목적을 가지고 자신에게 어떤 말을 해주거나 잠재의식에 영향을 주는 생각을 한다면 그것이 자기암시이다.

다음의 말에 의미를 담아서 읽으면서 그 의미에 반응해보라. 이런 습관을 개발하면 당신에게 유익한 동기유발 도구가 될 것이다.

"아니!"라고 말할 용기를 가져라.
진실을 바로 볼 용기를 가져라.
옳으니까 옳은 일을 하라.
지금 하라!

무의식적 암시는 무의식이라는 명칭에서 알 수 있듯 저절로 생겨난다. 이것은 잠재의식에 있던 모습, 소리, 느낌, 맛, 소리의 이미지, 혹은 어떤 글자의 형태가 번뜩 의식으로 떠오르는 것이다. 생각도 무의식적 암시의 한 형태이다. 무의식적 암시가 어떻게 작동하는지 다음을 통해 볼 수 있다.

존은 고등학교에 입학했다. 그는 친구들을 사귀고 싶다. 그리고 친구들을 사귀게 된다. 몇 명이 농담 반 진담 반으로 밤에 폐품처리장에 가서 자동차 휠캡을 훔치자고 제안한다. 이것이 암시이다. 존이 예전에 훔치는 습관을 만들어놓지 않았다면 양심 때문에 신경이 쓰일 것이다. 만약 존의 부모가 존에게, *도둑질하지 말라*, 또는 *"아니"라고 말할 용기를 가져라* 와 같은 동기유발 도구로 자기암시를 사용하는 법을 가르쳤다면 이런 상황에서 그 암시들이 떠오를 것이다. 이것이 무의식적 암시이다.

부모는 존에게 일주일 동안 매일 아침과 저녁에 *도둑질하지 말라* 와 *"아니"라고 말할 용기를 내라* 를 여러 번 반복하라고 제안하면서 자기암시를 가르칠 수 있다. 필요할 때 도움이 되도록 이 확언들을 잠재의식에 아로새기려는 소망을 가지고 자발적으로 반복한다면 존은 자기암시를 사용하고 있는 것이다.

잠재의식에 그 암시가 새겨졌다면 그것과 연관된 위급상황에 직면할 때 자동적으로 동기부여문이 번쩍이게 될 것이다. 이것이 무의식적 자기암시이다. 그렇게 되면 존도 그 택시기사처럼 "아니"라고 말할 용기를 낼 것이다. 더 나아가 친구들에게 옳으니까 옳은 일을 하라는 말을 건넬 수 있을지도 모른다.

함께함

존에게 메이라는 매력적인 동생이 있다고 해보자. 모든 청소년에게는 섹스 본능이란 것이 있는 것처럼 메이도 그럴 것이다. 그것은 일정한 임무를 완수하고자 하는 타고난 본능이며 언제나 내면에서 충동으로 존재한다. 하지만 또다시, 자연은 자신의 보호책으로 두려운 느낌이나 위험에 대한 경각심을 일으켜 그녀를 망설이고 생각하게 만든다. 메이도 그의 오빠 존처럼, 친구를 사귀고 싶다는 생각을 하고 그렇게 사귀게 된다. 하지만 그녀는 잘못된 무리에 들게 된다. 어떤 남자친구들은 농담 반 진담 반으로 부적절한 제안을 한다. 그 제안이 끈질기게 이어지고 반복될수록, 그녀의 잠재의식에 미치는 영향력은 커진다.

하지만 메이의 부모가 그녀에게 알맞은 때에 알맞은 행동을 하도록 자기암시를 사용하는 법을 가르쳤다면 메이는 자신의 문제를 현명하게 대처해 옳은 일을 선택할 것이다.

존과 메이에게 암시의 힘을 이해하고 있는 부모가 있다면 메이는 처음부터 잘못된 무리에 들지도 않았을 것이다. 제대로 교육받은 십대들은 자신이 환경의 영향을 받는 존재라는 것을 알기 때문이다. 암시는 환경에서 온다. 그리고 위의 경우에는, 친한 친구와 동무들이 가장 영향력이 강한 환경 중 하나이다.

다음의 글은 여기저기서 종종 인용되는데 아마 읽어본 적이 있을 것이다.

악은 끔찍한 모습의 괴물이다
악을 싫어하려면 제대로 보기만 하면 되는 것,
하지만 그 얼굴을 계속 보다 보면,
처음에는 견디다가, 곧 연민을 느끼게 되고, 다음에는 끌어안게 된다.

다시 말하지만 존과 메이의 부모가 아이들 삶의 중요한 문제들에 대해 대화 나누는 것을 부모의 역할이라고 생각하는 사람이라면, 좋은 암시를 통해 아이들이 높은 도덕적 기준을 만들게 할 수 있을 것이다. 그리고 됨됨이가 훌륭한 친구들과도 사귈 수 있을 것이다. 또한 평생 갈 친구를 분간하는 방법을 배울 것이고 친구들이 삶을 용기 있게 만나도록 돕는 방법을 배울 것이다.

부모가 규칙적으로 시간을 내서 이런 문제들에 대해 의논했다면 부모와 아이들 사이에 형성된 공감대 덕택에 자식은 부모의 조언을 받아들일 수 있었을 것이고, 그것에 따라 행동하게 했을 것이라고 추측해볼 수 있다. 그러나 부모가 자녀와 함께 하는 시간을 많이 갖지 않았다면 부모가 무슨 말을 하더라도 자녀들은 항상 거부할 것이다. 아마 의식적으로든 무의식적으로든 부모가 바라는 것과 정반대의 행동을 할 것이다.

그리고 그들에게 유혹이 다가올 때 바람직하지 않은 외부의 영향력을 무력화하고 거부하고 물리치는 대신, 유혹에 굴복해서 그것을 받아들이게 된다. 일부 심리학자들은 단지 부모를 괴롭히기 위해서 이런 행동을 한다고도 말한다.

*함께함*을 어떻게 개발하는지 배우고 싶다면, 그리고 자신을 이해하고 싶다면, 그리고 당신의 아이들과 삶의 중요한 문제들을 이해하고 싶다면 『당신과 정신과학(Menninger and Leaf, Scribner's, New York, 1948)』을 읽어보라.

다음은 내가 판매원들의 문제를 다룰 때 사용한 원리인데 당신도 똑같이 효과적으로 사용할 수 있다. 보편적인 원리라면 으레 그렇듯, 이 원리도 비교적 간단하다.

- 그가 마음속에서 옳으니까 옳은 일을 하겠다는 열망이 생기도

록 암시를 사용했다.
- 옳으니까 옳은 일을 하기 바라는 마음을 강화하기 위해 그가 자신에게 자기암시를 사용할 수 있게 그 방법을 가르쳤다.
- 그가 바라는 목표를 향해 나아갈 수 있도록 필요할 때마다 그 사람의 환경을 바꾸어 주었다.
- 어떻게 하면 건강하고 자신에게 이로운 환경을 선택할 수 있는지 그것에 대한 지식을 알려주었다.

이제껏 읽었던 이야기들에서 이 원리의 일부가 사용된 것을 보았을 것이다. 나머지 장에서는 이 원리들 전체가 적용된 경험들을 이야기해보겠다.

하지만 지금 당신은 암시와 자기암시, 무의식적 암시라는 것을 사용할 수 있고, 당신이 바라는 목표에 도달하는 것을 돕는 환경을 선택하는 것이 얼마나 중요한 지 이해할 수 있어야 한다.

예를 들어, 이렇게 할 수 있다.
- 이 책에 나온 동기유발 도구를 사용한다.
- 당신만의 동기유발 도구를 개발한다.
- 암시로써 다른 이들에게 영향을 준다.
- 이 책과 이 책에서 추천한 다른 자기계발서를 계속 읽는다.

이제는 속이기에 대해 이야기해보자. 실패의 네 가지 원인-섹스, 술,

속이기, 훔치기- 중에서도 가장 흔히 볼 수 있는 것이 속이기이다.

속임수는 영웅을 배신자로 만든다. *이것만큼은 절대 어기지 않는다*는 높은 도덕적 기준을 세우지 않은 어른은 어른이라고 말할 수 없다. 그런 사람은 자신만을 유일한 관심사로 두면서 자기가 원하는 것만이 전부인, 아이와 같은 사람이다. 정신과 의사는 아이가 그런 행동을 한다면 정상이라고 하지만 어른이 그런 행동을 할 때는 비정상적이라고 말한다. 철이 없다고 할 수 있다. 아직 성숙하지 않은 사람이기 때문에 진실을 바로 볼 용기를 배우지 못했다. 그런 사람은 이제 작은 속임수를 쓰기 시작할 것이고 그것은 또 큰 속임수가 될 것이고, 더 나아가서는 흉악한 범죄로까지 이어질 수 있다.

정신적으로 성숙하지 않다면, 그리고 속임수를 경멸하지 않는다면 영웅도 배신자로 전락할 수 있다. 미국 독립전쟁의 영웅 베네딕트 아놀드가 그랬다.

배신자

대담한 포트 타이콘데로 공격으로 베네딕트 아놀드는 독립혁명 중 가장 뛰어난 성공을 거둔 장군이 됐다. 나는 그를 보면서 그에게는 성공적인 영업관리자가 되기에 충분한 자질이 많이 있다고 항상 생각했다. 하지만 결점도 있었다. 그것은 뛰어난 재능이 있는 사람도 실패자로 전락시킬 수 있을 만큼 큰 결점이었다. 물론 그에게 장점이 많은 것도 부인할 수 없다. 관심 있는 것도 많고 체력도 강한 사람이었고 진취적이고 추진력도 강한 사람이었다. 하지만 그도 몇몇 영업관리자처럼 지나치게 이기적이었다. 개인적 이해관계가 얽히면, 종종 이성보다는 *감정이 앞선 행동을 했다.* 이런 점에서 보면 그는 어른이 아니었다.

그는 투지 있는 장군이었기 때문에 부하들에게 존경을 받았다. 하지만 의원들이나 군의 고위 관리들의 눈에 비친 그의 모습은 문제가 있는 사람이었다. 오만하고, 무리한 요구를 하고, 참을성이 없고, 고집이 셌다. 이런 특징의 영업관리자와 함께 일하기가 어렵듯이, 그와도 함께 일하기가 힘들었을 것이다.

감정적 유형의 영업관리자는 그의 잘못된 점으로 인하여 징계를 받게 될 때 깊은 상처를 받고 모욕을 느끼는 것을 볼 수 있다. 아놀드도 역시 1777년 지휘권을 상실했을 때 그랬다. 그럼에도 불구하고 그는 1777년 10월 7일 영국군이 공격했을 때 지휘권도 없이 혁명군을 이끌고 나갔다. 그의 리더쉽과 열정, 전투능력은 다시 한 번 승리를 가져다주었고 의회는 감사를 표하기 위해 그를 육군소장으로 임명했다.

여자는 종종 남자가 궁극적으로 성공할지 실패할지를 결정짓는 가장 큰 원인이 된다. 베네딕트 아놀드가 왕당파 당원의 18살 된 딸과 결혼한 건 1779년이었다. 이 시간이 중요한 건, 그해 봄에 *그가 처음으로 적을 위해 일했기* 때문이다. 1780년 5월 아놀드는 웨스트포인트의 지휘권을 요구했고 그것을 획득했다. 그러자 곧바로 영국에 연락해 2만 영국 파운드를 주면 요새를 넘기겠다고 했다. 애초에 그럴 계획이었던 것이다.

그가 반역에 가담하게 된 것은 정치적 동기가 아닌 개인적 동기 때문이었다. 몇몇 영업관리자들이 회사를 배신하는 이유가 원칙 때문이라기보다는 개인적인 이유 때문이듯이 말이다. 아놀드도, 자신의 고용주를 배신하는 영업관리자처럼, 자신의 행동을 합리화했다. 아놀드도, 다른 불충한 사람들처럼, *나한테 어떤 이득이 있는가?* 라는 부정적인 동기유발 도구에 따라 행동했던 것이다.

나중에 저항할 수 있도록 지금 자신을 무장하라

당신은 미래에 옳지 않은 일을 하게끔 유혹하는 상황을 만나기도 할 것이다. 그때 그것에 저항하기 위해 지금 자신을 무장해야만 한다. 유혹이 있을 때면, 다음 두 개의 긍정적 동기유발 도구에 곧바로 반응하는 습관을 길러라.

지금 누리고 있는 좋은 것들에 감사하라!
무엇이든지 남에게 대접을 받고자 하는 대로 남을 대접하라.

다음 번 유혹을 받게 될 때 이 동기부여문에 반응한다면, 이것이 가진 힘을 분명히 알게 될 것이다.

이제 당신은 다음 장으로 갈 준비가 되었다. 다음 장의 제목은 "지금 있는 곳에서 원하는 곳으로 옮겨가는 법"이다.

커다란 문도 작은 경첩에 매달려 있다

도덕과 윤리의 높은 기준은 성공의 중요한 부분이다. 특히 섹스, 술, 속이기, 훔치기에 관해 높은 기준을 세워놓는 것은 중요하다. 다른 어떤 이유보다 이 네 가지 때문에 성공할 수 있었던 많은 이들이 자신의 경력을 망쳤다.

옳은 일만을 하는 습관을 기르려면 *자기암시*가 중요한 실마리가 된다. 자기암시를 통해 당신은 잠재의식과 상상의 힘을 이용할 수 있다.

다음은 평생 유용하게 쓰일 동기유발 도구 세 가지이다. 날마다 여러 번 반복해 읽어라.

"아니!"라고 말할 용기를 가져라.
진실을 바로 볼 용기를 가져라.
옳기 때문에 그 일을 하라.

Chapter 13

지금 있는 곳에서 원하는 곳으로 옮겨가는 법

"비즈니스 할인 요금으로 최저가격을 주시기 바랍니다." 나는 호텔 부지배인의 눈을 똑바로 바라보며 말했다.

그는 30초쯤 망설이다가 내가 막 작성한 숙박등록 카드를 보고는 미소 지으면서, 아버지가 아들에게 하듯 몸을 기울여 작은 목소리로 말했다.

"우리는 아칸소 주 출신을 좋아해요. 우리가 바가지를 씌우는 건 시카고 사람들이죠."

나는 웃었다. 그는 내가 왜 웃는지 안다고 생각했을 것이다. 하지만 그는 몰랐다. 그는 내가 시카고 출신이란 걸 몰랐으니까.

"가족들과 2주 동안 머무신다고요? 제일 좋은 방을 하루 5달러에 드리지요. 이 정도면 되겠습니까?"

1932년에 우리 가족이 해를 따라다닐 때의 일이다. 나는 아칸소 주에서 판매를 할 수 있는 면허를 땄다. 그곳에서 일하는 동안 내 공식적인 우편주소는 리틀록으로 되어있었다. 그래서 핫스프링스의 최고급 리조트 호텔에 숙박등록을 할 때, 늘 그랬던 것처럼 그 지역의 주소를 적었던 것이다. 나중에 읽게 되겠지만, 아칸소는 나에게 친절한 곳이었다. 최고의 영업관리자들 다수가 이 지역에서 나왔기 때문이다.

알링턴 호텔에 있는 동안, 나는 그곳의 환경을 제대로 활용했다. 우선 근무시간 동안은 평상시와 같이 판매를 했다. 단 한 가지 예외가 있다면 정오에 추가로 1시간을 더 쉬는 것이었다.

목욕탕은 정오부터 2시간 동안 공식적으로 문을 닫았다. 하지만 목욕탕의 매니저와 그의 직원들은 나의 보험 고객이 되었고 나를 좋아했기 때문에 문을 닫는 규칙에 예외를 만들어줬다. 나는 12시 5분 전에 목욕탕에 들어갔다. 탕 안에는 나밖에 없었다. 나는 이곳에서 느긋하게 휴식을 취하고 핫스프링스의 온천수로 더 건강해지는 혜택을 누렸다. 그리고 나서 오후 2시부터는 말 그대로 새로운 하루를 시작했다.

매일 조금씩 운동을 하려고 노력했다. 여름에는 테니스, 겨울에는 스케이트 같은 것을 했고, 헬스 리조트에 있을 때는 그곳의 시설을 이용해 운동했다. 왜냐하면 건강한 정신을 가지려면 건강한 몸을 만들기 위해 노력해야 한다고 확신했기 때문이다.

일자리를 원하면 쫓아가라

매년 3월이 되면 나는 핫스프링스로 돌아가 새 고객을 유치했다. 작년에 내가 팔았던 보험고객의 보험갱신 시기가 다시 오기 바로 전, 한 통의 편지를 받았다. 디 에이 쿡의 편지였는데 영업관리자로 일하기를 원한다는 내용이었다. 그는 특히 기존 고객의 계약갱신을 누가 맡을 지에 관해 질문했다. 그를 채용하는 데는 많은 고민이 필요 없었다. 당시에 그 지역에는 영업관리자가 없었는데 그는 그 자리를 적극적으로 원했기 때문이었다.

디 에이 쿡은 알칸소 출신이 대개 그렇듯 진짜 신사였다. 알칸소 사람을 경험해봤던 나는, 알칸소의 흙에는 분명 뭔가 특별한 게 있어서 이렇듯 훌륭한 사람들을 만들어내나 보다 하고 종종 생각했다. 서덜랜드가 그 중 한 사람이다. 빌(그의 애칭이다)은 내가 여태껏 만나본 가장 됨됨이가 훌륭한 사람 중 한 명이었다. 내 이익을 보호해 줄 적임자가 있으면 집에서 1,300킬로미터 가까이 떨어진 곳에서도 회사를 운영할 수 있다는 사실을 증명해준 사람이 바로 그였다. 내가 달라스에 아메리칸 연합보험사를 설립할 수 있었던 것도 모두 빌 덕분이었다. 빌이 무슨 결정을 내리면, 그것은 대부분 옳았다. 정직하고 상식이 올바른 사람이었으니까 그랬을 것이다.

디 에이 쿡의 현장교육 날, 우리는 핫스프링스에서 맬버른까지 운전해 갔다. 하지만 그런 노력에도 불구하고 그날 난 몇 개의 보험밖에 팔지 못했다. 내가 판매원과 현장교육을 나간 전체를 통 털어 봐도 판매가 부진했던 날이 14일이 될까 말까 할 것이다. 그런데 이 날이 그 중 하나였다. 판매가 부진한 날이면 나는 언제나 마음을 긍정적으로 길들여, 바로 다음 날에는 뛰어난 판매성과를 거두었다. 물론 예외도 있었다. 워싱턴 주 시애틀에서 새로운 보험상품을 처음 판매했을 때는 판매 컨디션을 회복하는 데 사흘이 걸렸다. 하지만 사흘 후에는 내가 훈련시킨 판매원과 뛰어난 성과를 냈다. 판매가 줄줄이 이어지고 성과에 성과가 이어졌었다.

언제나 그렇듯이 나는 성과가 좋지 않은 날에도 상황이나 사람, 보험서비스를 탓하지 않았다. 문제는 내 안에 있다는 걸 알았으니까. 이 얘기를 그날 저녁 쿡에게 했다. 그가 말했다. "무슨 말씀인진 알겠어요. 오늘 판매가 부진했던 것은 상관없어요. 당신의 시스템이 어떻게 작동하는지 알겠거든요."

지금 알고 있는 걸 그때도 알았더라면 나는 다음 날도 쿡과 함께 작업했을 것이다. 하지만 그때는 판매가 부진할 수도 있을 거라는 생각을 못했고, 따라서 여행 일정을 빡빡하게 짰었다. 판매가 부진할 거라고는 예상하지 못했기 때문에 일정에 차질이 생길 거라고는 생각하지 못했던 것이다. 그래서 난 다음 차례의 판매원과 현장교육을 하기 위해 다른 주로 넘어갔다. 그런데 쿡과 판매를 나갔을 때 판매성과가 안 좋았던 것 때문에 내 안에서는 *영감을 주는 불만족*이 생겨났다. 그래서 이 불만족이 큰 동기가 되어서, 뛰어난 성과를 내겠다는 의욕으로 가득 찬 채로 다음 교육할 판매원과 현장에 나갔다.

내 판매조직은 전국에 걸쳐 있지만 몇몇 주에는 판매원이 거의 없었다. 그 이유는 내가 늘 기존의 판매원들을 직접 훈련시키기 때문이다. 이건 시간이 걸리는 일이었다. 동부와 남부 지역은 1년에 한 번씩 방문해 교육시키고, 서부 지역은 2년에 한 번 짧은 출장을 여러 번 나누어 갔다. 출장에서는 매일 성과를 내야 했다. 내 판매인력은 수가 줄었었고 다시 조직을 구축할 때는 판매원들이 제대로 훈련되어 있길 바랐었다는 것을 기억하면서 읽도록 하라.

판매원을 밤에 만나서 그 시점에 그에게 필요한 모든 것을 가르치고, 다음 날 오후 세시까지 그와 함께 일한 후 다음 목적지로 가는 것이 그 당시의 내 일정이었다.

하지만 쿡은 이런 교육에도 불구하고 판매를 잘하지 못했다. 그런데 어쩌면 더 잘 된 일이었다. 왜냐하면 그것 때문에 영업관리자가 될 수밖에 없었기 때문이다. 그는 영업관리자로서는 뛰어난 능력을 모습을 보여줬다. 그가 뛰어난 영업관리자인 이유 중 하나는 한 명의 뛰어난 판매원을 끌어당겼다는 사실 때문이다. 조니 시몬스. 나중에 읽겠지만 조니는 쿡이 부족한 자질을 갖고 있었다. 이로써 나는 다른 원리를 배웠다.

당신에게 일정한 경험이나 재능, 기술이 부족할 때 당신이 그것을 배우는데 필요한 대가를 치르고 싶지 않다면 그것을 가진 사람을 고용하라.

쿡은 훌륭한 영업관리자임이 입증되었다. 쿡은 우리 회사를 위해 필요한 사람을 발견하면 잘 설득해서 고용하는 재주가 있었다. 그의 시스템은 무척 단순했다. 그저 나에 대해 아는 것을 아는 대로 말해주는 것뿐이었다. 여기서 나는 또 한 가지 원리를 배웠다. 판매원들을 면접 볼 때 *그 조직에서 성공한 다른 사람의 얘기를 해줌으로써* 그들의 상상력을 자극하면서 감정에 호소하라는 것이다. 나중에 이 기법을 계속해서 사용하면서 점점 능숙하게 쓸 수 있었다.

성공시스템을 공부하고 배우고 사용하면 그 덕을 본다

디 에이 쿡은 조니 시몬스에게 이 기법을 사용했다. 조니는 쿡의 옆 사무실에서 일하던 사람이었다. 조니는 아직까지도 스스로 이 일에 지원했다고 생각하지만 사실은 효과가 좋은 쿡의 그 기법 때문이었다. 하지만 쿡의 계획은, 원하는 사람이 있으면 쫓아가라는 것이었다. 그리고 그는 조니 시몬스를 쫓아가서 그를 고용했다. 은퇴했을 때 조니는 백만장자가 되어 있었다.

그는 끝없는 띠를 엮었다

영업관리자로서 조니 시몬스는 우수한 판매원들을 끌어당기는 끝없는 띠를 엮기 시작했다. 그는 단 한 번도 광고를 한 적이 없었다. 하지만 그에게는 우리를 위해 일하고 싶어 하는 보험고객이나 친구들의 대기명단이 늘 있는 것 같았다. 그리고 그는 자신이 고용한 판매원들에게 똑같은 기술을 훈련시켰고, 그들은 기쁜 마음으로 조니를 도왔다.

많은 이들이 조니를 본보기로 삼아 그의 조언을 따랐다. 조니는 이렇게 말하곤 했다.

"당신이 이 일을 하면서 행복하다면, 이 일을 잘 해나가고 있다면, 진정한 미래가 보인다면 이 기회를 친척, 친구와 나누세요. 큰 수입을 안겨주고 언제가 부자로 만들 수 있는 이 기회를 그들에게도 나눠주세요."

그들은 이 이야기를 듣고 그들의 형제, 자매, 아버지, 아들, 친척을 데려왔다. 조니가 엮기 시작한 이 띠는 마침내 아칸소, 테네시, 루이지애나, 텍사스, 미시시피, 앨라배마, 뉴멕시코, 애리조나, 북 캘리포니아에까지 이르렀다. 그가 고용하고 훈련시킨 판매원들 몇몇은 다른 주에서 영업관리자가 되었다.

좋은 사람 한 명이 다른 사람을 끌어당긴다

성공한 판매원이나 영업관리자가 친인척들에게 자신이 하는 일을 해보라고 격려함으로써 자신들이 가진 행운을 나누겠다고 생각하는 것은 무척 드문 일이다. 나는 이 끝없는 띠 시스템의 가치를 깨닫고, 다른 판매원들에게 그들의 행운을 친척들과 나누라고 격려했다. 많은 이들이 그렇게 했다. 이 시스템으로 인해 우수한 사람들을 끌어당기는 듯 보였다. 게다가 이런 식의 고용은 돈이 들지도 않았다.

나를 도와 사업을 구축한 판매원들의 흥미진진한 이야기를 다 적자면 책이 몇 권은 필요하다. 그 중 몇 가지는 이 책에서 읽게 될 것이다. 하지만 지금은 내가 "보물지도"라고 이름 붙인 것에서 빠진 부분이 있는데 그것에 대해 말해보겠다.

조직의 규모가 커지면서 나는 현장교육을 할 때 영업관리자와 곧 매니저로 승진할 최우수 판매원이 무슨 이유에선지 동기부여 받지 못한 판매원들과 함께 하는 게 좋겠다고 생각했다. 현장교육을 영업관리자들이 담당해주고 난 판매회의에서 알아야 할 것들을 가르침과

동시에 행동으로 이끄는 영감을 복돋아 준다면 더 많은 사람들을 도울 수 있을 것이라고 생각했다.

난 영업관리자들에게 판매의 신을 만드는 제작자가 되라고 동기를 부여해주면서 *행동으로 이끄는 영감*을 직원들에게 불러일으키는 방법을 발견했다. 이것은 나에게 큰 행운이었다. 물론 내가 좋아하는 것은 판매이다. 하지만 조직의 차원에서 본다면 나의 시간을 판매관리와 훈련에 쓰는 것이 의무라고 생각했다.

1937년, 나는 여태껏 쓰인 책들 중 가장 이상한 책을 받았다.

여태껏 쓰인 책들 중 가장 이상한 책

유명한 판매원이자 판매원 상담가인 모리스 피커스는 당시 판매조직들을 찾아다니며 책을 판매하고 있었다.

그는 내게도 찾아와 어떤 책을 사라고 했지만 몇 장을 훑어보니 마음에 들지 않아서 거절했다. 그것은 관상학 책이었다. 머리의 튀어나온 부분이나 코의 생김새 같은 것을 연구하는 학문 말이다. 내가 원했던 것은 이런 게 아니다. 왜냐하면 내 시스템은 머리에 튀어나온 부분이 몇 개든, 코가 길든 짧든 관계없이 누구에게나 판매할 수 있기 때문이다. 판매는 판매원의 생각에 좌우되는 것이다. 판매원이 코가 긴 사람한테는 팔기가 쉽다고 생각한다면 그 사람에게는 팔 것이다. 코가 길어서가 아니라 팔 수 있다고 생각했기 때문이다.

모리스 피커스는 책을 팔지 못했다. 그런데 그때 그는 내 삶을 바꿔놓는 뭔가를 했다. 그는 내게 다른 책 한 권을 줬다.『생각하라 그러면 부자가 되리라』 그는 책 속에 영감을 주는 글귀도 적어놓았다. 책을 읽어보니 『생각하라 그러면 부자가 되리라』의 철학은 내 철학과 일치하는 부분이 너무나 많았다. 그때부터 나는 사람들을 돕기 위해 영감을 주는 자기계발서를 선물하기 시작했는데 나중에는 습관이 되었다. 가장 큰 도움이 된 것은 나폴레온 힐의 으뜸원리(둘 이상이 모여 하나의 목표를 향해 조화를 이루며 함께 일하는 것)였다. 나는 다른 사람을 고용해서 내가 하던 일의 많은 부분을 그에게 맡기게 되면서 시간이 많이 생겼고, 그렇게 얻은 시간으로 더 많은 활동을 할 수 있었다.

나는 예전부터 다른 사람에게 빚지는 기분을 끔찍이도 싫어했다. 그래서 책을 읽은 후 모리스에게 전화로 감사를 표시하고 그의 책 중 하나를 샀다. 그 후로도 이런 저런 식으로 감사를 표시하려고 노력했지만 그가 소개해준 책에서 받았던 도움은 너무 커서 결코 보답하지 못 할 것이다.

생각하라 그러면 부자가 되리라

나는 생각해서 부자가 되었다. 그리고 원리들을 연관 짓고, 완전히 이해해고, 사용했던 내 판매원들 역시 생각해서 부자가 되었다. 난 이 책들을 내 판매원들에게 선물해줬다. 그러자 성과가 보이기 시작했다. 그것도 큰 성과가. 기억하라, 1937년은 불경기에서 벗어나고 있는 때였다. 책 제목 자체가 관심을 끌 만한 것이었다. 책의 내용은 돈을 많이 벌고 사업을 성공시키고자 하는 독자들의 관심을 사로잡았고, 의욕을 불어넣었다. 난 연설을 할 때마다 이 새로운 연장을 청중들과 함께 나누려고 했다. 그래서 『생각하라 그러면 부자가 되리라』를 몇 권씩 챙겨가서 경품으로 나누어주곤 했다.

자기계발서를 선물하는 것은 습관이 되었다. 지금은 해마다 모든 판매원들과 사무실 직원들, 내가 경영하는 회사의 주주들에게 자기계발서를 서너 권씩 보낸다. 책뿐만 아니라 영감이 되는 음반과 잡지도 보낸다.

당신은 이 책 『절대 실패하지 않는 성공시스템』에서 사람들이 자기계발서를 읽고 삶이 더 개선되었다는 이야기를 많이 읽었을 것이다. 그런데 진짜 놀라운 것은, 미국에는 사람들의 의욕을 고취시키는 자기계발서 작가들이 운 좋게도 많이 배출되었지만 실제로 그것을 사용하는 사람은 거의 없다는 사실이다.

1937년 『생각하라 그러면 부자가 되리라』를 나누어주면서부터, 내 영업관리자들은 판매의 신을 만들어내는 제작자가 되기 시작했다. 판매원늘은 엄청나게 팔아내기 시작해, 동기부여의 기술을 모르는 사람이 보기에는 믿어지지 않을 정도의 성과를 냈다. 『생각하라 그러면 부자가 되리라』를 받은 지 2년 만에 나는 다시 천 명이 넘는 판매원들을 거느리게 되었다. 지불할 청구서는 모두 지불되었다. 예금계좌와 다른 자산도 생겼다. 그 중 하나는 겨울별장으로 구입한 플로리다 서프사이드에 있는 현대식 땅콩집이었다. 두 세대가 한 마당을 쓰는 땅콩집을 산 이유는, 한 동에서 나오는 임대수익이 땅콩집 전체의 비용을 커버해주기 때문이다.

증명할 길은 없지만, 나는 『생각하라 그러면 부자가 되리라』가 살아있는 다른 어떤 작가가 쓴 책보다 더 많은 사람들에게 사업의 성공과 많은 돈을 얻도록 영감을 주었다고 믿는다.

여기 그 중 한 사람의 이야기이다.

석탄 한 덩어리와 책 두 권

나는 솔트레이크 시의 유타 호텔에서 판매회의를 열었다. 회의는 오전 10시에 시작할 예정이었고 나는 8시에 도착해 아침을 먹고 나서 운동도 할 겸 시내 중심가를 걸었다. 호텔로 돌아오면서, 커다란 유리창 안에 놓인 조그만 크기의 석탄 한 덩어리가 눈에 띄었다. 석탄 앞에는 책 두 권이 놓여있었다. 『생각하라 그러면 부자가 되리라』 그리고 『바빌론에서 가장 부자인 사나이』였다. 석탄회사에 석탄이 있는 것은 전혀 이상한 일이 아니었다. 그런데 책 두 권이 석탄 앞에 놓여 있는 건 특이해 보였다. 회의 때까지 시간이 좀 남기에, 가게 안으로 들어가 주인을 찾았다. 그리고 마틴 씨에게 『생각하라 그러면 부자가 되리라』로 인해 얼마나 많은 사람들의 삶이 더 좋게 변화되었는지 이야기해주었다. 그리고 물었다.

"제가 들어온 건, 왜 석탄 앞에 책 두 권을 놔두셨는지 궁금해서요."

마틴 씨는 잠시 주저하다 말했다. 그의 말은 진지했다.

"지금 이 이야기는 낯선 사람한테는 절대 안 했을 얘기에요. 그런데 당신을 보니 나와 닮았다는 느낌이 들어요. 당신은 낯선 사람 같지가 않네요."

"고맙습니다."

"저는 파트너와 두 가지 사업을 하고 있었습니다. 자갈산업과 석탄산업이요. 하지만 둘 다 적자가 너무 심해서, 둘 중 하나를 팔아 다른 하나라도 살릴 수 있기를 바랐습니다. 하지만 잘 안 되더군요. 그때 운 좋게도『생각하라 그러면 부자가 되리라』를 우연히 발견했습니다."

그는 잠시 주저하다 말했다.

"이제 할 얘기가 바로 낯선 사람에게는 안 했을 얘기에요.『생각하라 그러면 부자가 되리라』를 연구한 지 몇 년 만에 저와 파트너는 두 사업체 모두를 적자에서 구해냈습니다. 당신이 오늘 여기 온 것도 대단히 좋은 타이밍이네요. 왜냐하면 얼마 전에 재고로 있는 물건 값과 다른 빚을 모두 갚았거든요. 보여드릴 게 있어요…" 그는 수표장을 펼치더니, 숫자 하나를 손가락으로 가리키며 자랑스럽게 말했다.

"186,000달러, 저희가 보유한 현금이에요. 빚은 없어요. 저는 친구들에게 이 책『생각하라 그러면 부자가 되리라』를 빌려줬어요. 그런데 모두가 책을 돌려주진 않더군요. 그래서 생각했죠. 책을 창가에 잘 보이게 두면 사람들에게 좋은 일을 할 수 있겠다고요. 원하는 사람이 있으면 누구라도 이 책을 공짜로 가져갈 수 있어요. 그리고 다른 책인,『바빌론에서 가장 부자인 사나이』도 아직 안 읽어보셨으면 한 번 읽어보세요. 이 책에는 누구라도, 설사 그가 봉급으로 사는 사람일지라도, 원리만 따르면 많은 재산을 얻을 수 있는 방법이 나오거든요."

보물지도가 완성되었다

1939년, 보물지도의 모든 부분이 완성되었다.
1. 자신의 의지대로 일으킬 수 있는 행동으로 이끄는 영감
2. 부와 성공을 얻는 노하우
3. 성공적이고 돈이 되는 사업을 구축하는 것
4. 그리고 또 한 가지, 살아있는 철학

1939년 나는 심각한 문제에 직면해 시험에 들게 되었는데, 내 시스템을 이용해 그 시험을 성공적으로 통과했다. 이것으로 나는 내 시스템이 필요한 모든 요소를 다 갖추고 있음을 확인할 수 있었다. 나는 그때도 알았고 지금도 안다. 분명한 목표, 한 가지 목적에 골몰하는 것만 갖고는 성공할 수 없다는 것을. 성공하기 위해서는 우선 많은 것들의 정수를 추구해야 한다. 많은 것들이란 삶의 좋은 것들을 말한다. 어떤 것의 정수는 추상적이고 눈에 보이지 않는다. 결코 도달할 수 없는 것이다. 하지만 완벽의 정수를 추구하면 당신은 더 완벽해진다.

성공의 정수를 추구하라, 당신은 더 성공적인 사람이 될 것이다.
성취의 정수를 추구하라, 당신은 더 많이 성취하게 될 것이다.

하지만 어떤 것의 정수를 추구할 때 동시에 구체적이고 주요한 목표를 완수하라. 단 한 가지 목적을 향해 걸어가라. 그렇게 내딛는 한 걸음 한 걸음이 당신이 추구하는 것의 정수로 더 가까이 데려다 줄 것이다. 삶의 진정한 보물을 추구하면서 유형의 부와 성공을 추구하면

그것을 발견할 것이다. 그게 당신의 소망이라면 말이다. 성공의 정수는 그의 살아있는 철학에 의해 결정된다.

살아있는 철학

철학이 살아있으려면, 그렇게 살아야 한다. 그게 살아있는 철학의 정수다. 철학을 살려면, *당신이 행해야* 한다. 행함, 단지 말이 아닌 행함이 살아있는 철학의 유효성을 결정짓는다.

행함이 없는 믿음은 죽은 것이므로.

사람은 자기가 알든 모르든 누구나 철학을 가지고 있다. 당신은 당신이 생각하는 것이 된다. 나의 살아있는 철학은 다음과 같다.

첫째, 신은 언제나 좋은 신이다.

둘째, 진실은 언제나 진실이다. 그것을 잘 이해 못해도, 안 믿어도, 무지해도 상관없이.

셋째, 사람은 유전, 환경, 몸, 의식과 잠재의식, 경험, 시공간에서의 위치와 방향, 알려진 힘과 알려지지 않은 힘 등의 결과물이다. 사람은 이 모든 것에 영향을 미치고 사용하고 통제하고 조화를 이룰 수 있는 힘이 있다.

넷째, 사람은 신의 형상으로 창조되었다. 따라서 신이 주신 능력, 즉 생각을 지휘하고, 감정을 통제하며, 운명을 결정할 능력을 가지고 있다.

다섯째, 종교는 역동적이고 살아있고 자라나는 경험이다. 그 보편

적 원리는 단순하고 오래 간다. 황금률을 예로 들어보면, 그것은 무엇이든지 남에게 대접을 받고자 하는 대로 남을 대접하라는 것이다. 단순한 개념이지만 그것은 모든 것에 적용되고 시간이 흘러가도 변치 않는다. 하지만 황금률이 살아있으려면 그것을 적용해야 한다.

여섯째, 나는 기도를 믿는다. 기도의 기적적인 힘을 믿는다.

이런 철학 자체만으로는 나에게 의미가 없다. 내가 이 철학대로 살지 않는다면 그건 나에게 아무것도 되지 않는다. 철학을 산다는 것은 삶에서 그것을 적용하는 것이다. 내가 곤경에 처했을 때 이 철학을 어떻게 적용했는지 이야기해보겠다. 그러면 살아있는 철학이란 말을 좀 더 실감할 수 있을 것이다.

1939년, 나는 동부의 큰 상해·건강보험 회사를 대리하는 보험 영업회사를 소유하고 있었다. 천 명이 넘는 정규 판매원들이 나의 관리 하에 미국의 모든 주에서 활동 중이었다. 나는 특정 상해보험 몇 가지를 독점적으로 판매할 수 있는 계약을 구두로 맺은 상태였다. 이 계약에 따라, 영업회사는 내 소유로 하되 보험회사가 보험증권을 인쇄하여 보험 보상금을 지불하고 나머지 비용은 모두 내가 부담하고 있었다.

그때는 봄이었고 난 가족들과 함께 플로리다에서 휴가를 즐기고 있었다. 보험회사의 최고임원 한 명에게서 편지가 왔다. 편지에는 그 계약이 2주 후에 종료될 거라고 간략하게 쓰여 있었다. 그 뜻은 회사를 대리하는 내 면허를 포함한 내 판매원들의 면허 모두가 취소된다는 것이었다. 그날이 지나면 보험을 팔 수도 갱신시킬 수도 없다. 게다가 그 회사의 사장은 출장 중이라 두 달간은 연락이 안 될 거라고 했다.

나는 심각한 문제에 봉착했다. 기존의 계약이 사라지게 된다면, 현재와 같은 전국적 규모의 계약을 2주 안에 새로 맺는 것은 불가능한 일이었기 때문이다. 내가 해결책을 못 찾으면 천여 명의 판매원들과 그들의 가족들도 큰 문제를 겪게 될 것이었다.

심각한 문제에 부딪히면 *당신은* 무엇을 하는가? 신체적, 정신적, 도덕적, 영적, 가족, 사회적, 사업상 문제들, 그 어떤 문제든지.

사방이 무너져 내리면 *당신은* 무엇을 하는가?

기댈 곳도 없으면 *당신은* 무엇을 하는가?

이때가 당신의 믿음이 시험에 드는 순간이다. 적용하지 않는 믿음은 백일몽에 불과하다. 계속해서 적용해야 그게 진짜 믿음이다. 그래서 당신이 가장 힘들 때가 믿음이 그 존재를 시험당할 때인 것이다.

당신이 내 상황이었다면 어떻게 했겠는가? 나는 이렇게 했다.

아무에게도 이 상황을 알리지 않고 방 안에서 45분 동안 혼자 있었다. 생각하기 시작했다.

"신은 언제나 좋은 신이다. 불리한 상황 속에는 찾으려고만 한다면 언제나 더 큰 이득이 있다."

그리고 무릎을 꿇고 내가 받은 축복들에 대해 신에게 감사했다. 건강한 몸과 정신, 멋진 아내, 멋진 세 명의 아이들, 위대한 자유의 땅, 무한한 기회의 땅에서 살고 있다는 특권, 그리고 살아있다는 기쁨. 그런 후 길을 알려달라고, 도와달라고 기도했다. 그리고 *믿었다*. 요청

한대로 받을 것임을.

그리고 나서 긍정적인 정신활동을 시작했다!

자리에서 일어나며 생각을 시작했고 네 가지를 다짐했다.

1. 나는 해고되지 않을 것이다.
2. 내 회사를 만들어서 1956년까지 미국 최대 규모의 상해·건강 보험 회사로 키우겠다.
3. 1956년까지 어떤 구체적 목표에 도달하겠다. (너무 중대하고 개인적인 일이라 여기서 말하기는 적절하지 않다)
4. 이 회사의 사장과 연락하겠다, 그가 세상 어느 곳에 있더라도

그 후 행동을 시작했다. 가족들에게는 이런 위급상황을 알리고 싶지 않았기에 집을 나와 가까운 공중전화로 향했다. 회사의 사장과 통화하는 것이 목표였다. 시도했기에 성공했다. 사장은 친절하고 이해심 많고 원칙이 있는 사람이었다. 그는 한 가지 조건 하에 내가 계속 영업하는 것을 허락했다. 텍사스 주에서 철수하는 것이 조건이었다. 회사의 총판대리점이 그 지역에서 우리 판매원들과의 경쟁 때문에 어려움이 많다고 했다. 그리고 90일 후에 본사에서 다시 만나기로 하고 전화를 끊었다.

90일 후에 우리는 다시 만났다. 나는 지금까지도 이 회사의 면허를 가진 채 계속 실적을 내주고 있다.

그리고 1956년이 왔다. 내가 1939년에 세운 회사는 미국 최대의 상

해·건강보험 회사가 되지는 않았지만 동종 업체 중에서는 최대이다. 상해보험과 건강보험만 발행하는 세계 최대의 주식회사가 된 것이다. 내가 개인적으로 세웠던 목표도 이루어졌다.

자, 당신에게 묻겠다. 당신은 신체나 정신이나 도덕이나 가족이나 사회적인 것이나 사업상에 어떤 문제가 생길 때 무엇을 하는가? 당신의 철학이 그 대답을 결정지을 것이다.

기억하라! 살아있어야 그게 살아있는 철학이다. 그게 살아있는 철학의 정수다. 철학이 살아있으려면 그렇게 살아야 한다. 그렇게 살려면 그것을 행해야 한다. 행함, 단지 말이 아닌 행함이 살아있는 철학의 여부를 결정짓는다.

커다란 문도 작은 경첩에 매달려 있다

당신이 지금 읽고 있는 것은 자기계발 책이다. 당신이 책 속의 가르침을 배운다면, 이 책 하나만으로도 더 나은 삶을 향해 나아갈 수 있다. 하지만 이 땅에는 수백 권의 자기계발서가 있다. 작가의 경험과 지혜에서 자라난 책들. 이것들을 활용하라. 더 많은 정보와 기법으로 당신을 준비시킬수록 성공은 더 빨리, 더 확실하게 온다.

SUCCESS

4부 – 부, 그리고 삶의 진정한 보물

나라의 부는 국민들이 만든다
문제가 있다고? 잘됐다!
지능은 행동하는 방식이다
먼저 생각하라, 그러면 반은 이루어진 것이다
가진 것을 나누면, 남아있는 것은 더 많아지고 커진다

Chapter 14

부와 기회

"어떻게 하면 부를 얻을 수 있습니까?"

지난 번 호주와 뉴질랜드로 강연 여행을 갔을 때 가장 많이 받았던 질문이다. 『긍정적 마음자세로 성공하기』라는 책이 호주에서 막 출간 됐을 때 책 표지에 나를 "100달러로 3500만 달러를 번 사나이"로 소개하고 있었기 때문이다.

『절대 실패하지 않는 성공시스템』에는 내가 나와 가족을 위해 어떻게 경제적 부를 얻게 되었는지 나온다. 이 책의 목적은 내가 배운 것을 당신과 나누려는 것이다. 하지만 당신이 어떻게 백만 달러를 벌지 알아보기 전에 - 일단 백만 달러를 원한다고 가정했을 때 - 우선 *현대의 부*가 어떻게 만들어졌는지 생각해보자.

자유의 땅이라면 우리에게는 부를 얻을 기회가 숨 쉬는 공기만큼이나 많다. 『절대 실패하지 않는 성공시스템』등의 자기계발서는 우리 자신에 대해서, 그리고 우리가 영향을 끼치고 영향을 받기도 하는 외부의 영향력에 대해서 생각하게 만든다. 그러니 정부에 대해 생각해보는 것도 바람직한 일이다. 정부는 당신에게 어떻게 영향을 주는가? 그리고 당신이 정부에 영향을 주려면 어떻게 해야 하는가?

우리의 위대한 유산

우리의 위대한 유산인 워싱턴, 프랭클린, 제퍼슨, 그리고 건국의 아버지들 모두는 헌신적인 인물이었다. 그들은 최대 다수의 선을 위한 국가를 건설한다는 생각에 고무되었다. 링컨의 "국민의, 국민에 의한, 국민을 위한 정부"라는 표현은 적절했다.

헌법과 *"우리는 신을 믿는다"*라는 신조 하에 미국 정부의 전통과 철학이 시작되었다. 그것은 성실함, 적극적 태도는 보상받는다는 것, 나라와 국민을 부유하게 만드는 것을 강조했다. 국민이 부를 창조하면 나라가 번영한다.

그리고 부를 만들어내는 것은 긍정적 마음자세, 교육, 노동, 지식, 노하우, 사람들의 도덕성이다. 부는 사기업의 자유를 보장하고, 개개인의 생명과 재산을 존중하고 보호하는 정부 하에서 만들어진다. 부의 획득에 중요한 재료는 생각, 노동, 원자재, 신용, 공평한 세금이다. 돈, 혹은 교환의 매체는 사람들이 인정하고 받아들일 수 있는 가치를 지녀야 한다.

이 모든 것이 중요하다. 다 좋은 것이다. 이 모든 것이 이 나라의 전통이며 이 나라를 부유하게 만든 원인이기도 하다. 이 나라는 헌법의 보호 아래에서 당신을 비롯해 *절대 실패하지 않는 성공시스템(행동으로 이끄는 영감, 노하우, 지식)*을 통해 부를 구하는 모든 사람들에게 부를 얻을 수 있는 좋은 환경을 제공해준다.

어떤 나라에서는 대중들이 부를 획득하기에 호의적인 여건을 제공하지 않는다. 예부터 다른 철학을 고수해왔기 때문이다. 그런 나라들과 국민들이 부유해지려면, 부와 신용에 관한 시대에 뒤떨어지는 경제이론을 버리고, 부의 획득을 바라보는 올바른 마음자세를 채용해야 할 것이다.

부는 어떻게 만들어지는가

이런 말을 들어봤을 것이다. 바늘은 바늘을 만든 원자재에 비해 천 배 이상의 금전적 가치를 지닌다. 이와 비슷하게, 60층짜리 사무실 건물, 대형 선박, 컴퓨터는 그것의 원자재에 비해 훨씬 비싼 금전가치를 지닌다. 원자재를 사용 가능한 완성품으로 바꾸는 데는 *생각과 노동*이 든다. 실질적 원가는 이 생각과 노동에 대한 임금이다. 건물이 상징하는 재산가치가 수시로 변동하긴 하지만, 건물이 사라지지 않고 존재하는 한 시장가치도 존재한다. 컴퓨터와 선박도 마찬가지다. 사용할 수 있는 한 시장가치는 존재한다.

오늘날 생각과 노동은 또 다른 부를 만들어낸다. 주식, 채권, 계약으로 대표되는 무형의 재산이 바로 그것이다. 무형의 재산은 종종 유형의 재산보다 더 큰 부를 개인에게 가져다주기도 한다. 예를 들어 성공적인 기업의 주식은 그 기업이 가진 유형의 재산보다 시장가치가 높다. 투자자들이 고려하는 것은 회사의 수익, 영업실적, 산업동향, 미래의 예상 수익, 그리고 가장 큰 자산인 경영능력이다. 이렇게 시장가치는 현재 상태뿐 아니라 미래를 고려해서 산정된다.

미국에는 지금 수백만의 사람들이 좋은 직장에서 큰 수익을 벌어들이고 있다. 그 중 수십만 명은 부자이고, 수만 명은 백만장자에 속한다. 그들이 부자이고 백만장자인 것은, 그들이 소유한 회사의 유형자산 때문이 아니라, 대개는 그들이 보유한 유가증권 때문이다. *그들은 수입 중 일부를 저축해 유가증권을 구입한다.*

다시 말하지만 생각과 노동, 원자재가 일자리와 부를 만들어낸다. 그리고 이 부를 내 것으로 만들려면 회사나 개인이 신용으로 구매할 수 있는 제도가 뒷받침되어야 한다.

이 나라에서는 됨됨이가 올바른 사람은 누구라도 신용을 구축하고 유지할 수 있다. 그래서 올바른 마음자세가 있다면 당신의 창조적 생각, 예술적 재능, 지식, 노하우, 개성, 신체적 에너지를 큰 재산으로 바꿀 수 있는 기회가 충분히 있다.

당신은 자동차와 가구, 집을 누릴 수 있다. 회사를 차리고, 농장과 농장에 필요한 장비를 구입할 수도 있다. 신용으로 구매하는 것이다. 하지만 신용을 유지하려면 의무를 다하고 지불할 돈을 제때 내야 한다.

당신이 무언가를 구입하면 다른 미국인들에게 일자리가 생긴다. 그들은 또 신용으로 생필품이나 사치품을 구입한다.

당신이 신용으로 집 등을 구입하고 지불을 완납하면 이것의 시장가치만큼의 유형재산을 소유하게 된 것이다. 그리고 빌린 돈으로 사업체를 구입하거나 투자를 했을 때 빌린 돈을 완납할 무렵이면 사업체의 투자 가치가 처음 구입가격의 몇 배로 뛰어있을 가능성이 있다.

당신이 빌린 돈으로 부를 획득한다면 나라의 부도 증가시키고 있는 것이다. *나라의 부는 그 국민들의 부에 좌우되기 때문이다.* 그리고 국민들의 부는 직업을 통해 꾸준히 들어오는 수입에 좌우된다.

국내 영업 마케팅 경영진 클럽은 판매원 한 명이 32명의 일자리를 유지시킨다고 말한다. 예를 들어 당신이 자동차를 구입하면 자동차 판매원과 제조회사의 직원들이 수입을 얻는다. 또 제조사에 납품하는 공급업체의 직원들도 수입을 얻는다. 공급업체에 납품하는 업체의 소유주와 직원들도 수입을 얻는다.

그러면 이들 모두는 직간접적으로 세금을 낸다. 그 돈으로 정부는 공무원들에게 월급을 준다. 그들은 다시 구매를 한다. 이것으로 또 몇 명의 사람들이 수입을 얻고, 그들은 또 신용으로 물건을 산다. 그들 역시 또 세금을 낸다.

주주들도 소득에 대한 세금을 내고 회사가 발전하고 주식의 시장가치가 증가함에 따라 그들의 부도 증가한다.

세금은 좋은 것이다

모든 수입과 재산에 매겨지는 공평한 세금은 좋은 것이다. 그것은 나라에 도움이 되고 나라에 도움이 되는 것은 국민들에게도 도움이 되기 때문이다.

하지만 비효율적이고 허술한 정부 운영 때문에 시간과 돈이 낭비되고 불필요한 일이 많아지는 것을 묵인하는 것은 바람직하지 않다.

회사와 마찬가지로 정부의 운영도 이러한 것들을 피하기 위해 규칙적으로 감시해야 한다.

미국 정부는 현재의 수입에 돈을 조금 더 융통해서 큰 규모의 일을 추진할 수 있다. 왜냐하면 미국은 지금까지 채무에 불성실했던 적이 한 번도 없었기에 신용도가 높기 때문이다. 이런 전통은 미국이 독립전쟁 중 발행한 화폐를 인정하면서 시작되었다.

공평한 세금은 좋은 것이다. 미국 정부가 그러하듯, 이 돈으로 정부는 국민의 생명과 자유, 재산을 보호하는 군사력을 유지할 수 있다. 그래서 세금은 자유를 사랑하는 사람들이 계속해서 그 자유를 누릴 수 있게 하는 역할도 해준다. 사람들은 필요한 것을 생산하고 정부는 그 과정을 뒷받침하면서 추가로 부를 획득한다. 정부에게 더 많은 공장, 더 많은 기계, 더 많은 제품, 더 많은 일자리는 더 많은 세수입을 의미한다.

세금은 좋은 것이다. 하지만 삶에서 좋은 것들이 종종 그렇듯이, 이성적인 사고를 통해 그것의 바람직한 면을 보지 못한다면 좋아하지 않을 수도 있다. 연방세를 보자면, 헌법에서는 이렇게 말한다. "최대한 세금을 적게 내라, 하지만 법의 테두리 안에서 그렇게 하라. 법에 불평등이 있다면 바꾸겠다." 이것보다 더 공평한 게 어디 있겠는가?

현명한 사업가는 법의 테두리 안에서 게임을 한다. 그는 불리한 상황을 이득이 되게 바꾸고, 그 과정에서 추가적인 부를 얻는다. 그는 사업의 이윤을 개인 소득으로 가져가는 대신(이 경우 세금은 점점 올라가서 이윤의 91 퍼센트에 이른다) 사업에 재투자한다. 그렇게 그의 사업은 계속해서 성장한다.

만약 그가 큰돈이 필요해지면 법의 테두리 안에서 그것을 가질 수 있다. 그는 회사의 소유권 일부를 주식공개를 통해 시장에 내놓는다. 그의 소유권 비율은 낮아지지만 그의 부는 증가한다. 왜냐하면 그의 주식의 시장가치는 주식공개 이전의 회사의 처분가치에 비해 몇 배로 커질 수 있기 때문이다. 기억하라, 주식을 사는 사람들은 회사의 경영이나 미래와 같은 무형적 요소를 고려한다.

주식에 투자하는 사람들의 부는 커진다. 돈이 돈을 벌어다 준다. 일을 해야 하는 건 회사의 주요 소유권자들과 경영자들이다. 그들은 일을 해서 스스로를 위해 돈을 벌고 자산을 키운다. 이에 따라 투자자들이 구입한 주식의 가치도 같은 비율로 상승한다. 그러면 투자자들은 또 주식을 담보로 돈을 빌려 원하는 곳에 쓴다.

나라의 부

부유한 나라와 가난한 나라를 비교해보면 풍부한 광물자원, 석유, 무성한 식물, 좋은 기후, 좋은 항구, 풍부한 수자원에 의해서 한 국가의 부가 결정되는 게 아님은 분명하다. 한 국가의 부는 주로 영감에 찬 생각, 지식, 노하우, 사람들의 노동에서 나온다. 천연자원은 *잠재되어 있는* 부이다. 지식 자체는 힘이 아니고 *잠재된* 힘이듯이, 천연자원도 활용될 때까지는 부가 아니다.

천연자원이 풍부하지만 아직은 비교적 가난한 나라들-인도, 멕시코, 아르헨티나, 브라질 등-이 어떻게 이 자원을 활용할 수 있는지 알아보기에 앞서, 천연자원이 많지 않지만 부유해지고 있는 나라들-일본, 서독, 푸에르토리코 등-도 있음에 주목하자. 이들이 발전할 수 있었던 것은 정부와 국민들의 긍정적인 마음자세와 제조, 자금조달, 마케팅, 수출에 관한 지식과 노하우 때문이었다. 이들은 성공시스템을 적용하고 있다. 이들은 계속해서 발전할 것이다.

천연자원이 풍부한 미국과 같은 나라에서는 *절대 실패하지 않는 성공시스템*을 통해 천연자원을, 많은 사람들이 누릴 수 있는 거대한 부로 바꿀 수 있다. 다음의 전제조건만 갖춰진다면:

1. 모든 원자재는 그 나라의 영토에서 나온다.
2. 그 나라 국민의 노동력을 사용해 원자재로부터 완제품을 만든다.
3. 임금, 재료비 등 모든 비용을 국내 통화로 지불한다.
4. 기업과 소비자가 유익하게 이용할 수 있는 건강한 신용시스템이 갖춰져 있다.
5. 사기업의 자유를 보장하고, 모든 국민의 생명과 재산권을 동등하게 보호하기 위해 강한 정부가 법의 시행을 보장한다.
6. 국력을 강화해 비우호적인 나라들이 감히 침입하지 못하게 함으로써 전쟁을 피할 수 있어야 한다.
7. 사람들은 긍정적이고, 개인적 성취를 통해 자부심을 느낀다. 이것으로 사람들은 일하는 기쁨을 맛보고, 자신의 국가와 세계가 더 살기 좋은 곳이 되었으면 하는 바람도 갖게 된다.

나눔으로 커지는 부

　미국은 전 세계의 어려운 나라들을 돕기 위해 식량과 군수품 등을 그들에게 보내주었다. 이 때 미국의 유형재산은 커졌다. 이는 더 많은 공장, 더 많은 기계, 더 많은 제품, 더 많은 일자리, 더 많은 집, 따라서 더 많은 세수입을 의미했기 때문이다. 대개 원조를 제공하는 성격이었기 때문에 돈을 받지 않는 경우가 많지만, 그럼에도 불구하고 해외로 식량과 제품을 보냈을 때 미국의 유형재산은 불어났다. 더 중요한 것은, 우리가 동맹국과 친구에게 힘과 용기를 주었다는 사실이다. 그들은 자유를 위해서라면 목숨까지도 기꺼이 내놓을 사람들이다. 우리의 도움을 통해 그들은 이제 스스로를 지킬 수 있게 되었다. 노르웨이, 이탈리아, 그리스, 서독, 일본이 그런 나라의 대표적 사례이다.

　게다가 미국과 미국 국민들은 용감하게도 다른 나라들이 자력으로 일어날 수 있도록 *절대 실패하지 않는 성공시스템*의 구성요소를 함께 나누었다. 다양한 의사, 간호사, 과학자, 교사, 사업가들이 그 나라로 건너가 *행동의 영감*을 불러일으켜 주었고, 이들은 또 그 나라들이 기꺼이 받아들일 수 있는 한에서 최대한 빠르게 *지식*과 *노하우*를 전해주었다. 우리는 그들에게 돈을 빌려주었고, 그들이 빠른 시간 내에 부를 얻을 수 있도록 그들이 생산한 제품을 구입했다.

국제수지

　어떤 나라들은 외국자본에 대한 두려움 때문에 불필요하게 빈곤상태에 머물러 있기도 하다. 이런 나라의 수장들은 부를 얻은 나라로부터 배워야 한다.

　올바른 마음자세로 해결하려고만 한다면 모든 문제에는 만족할 만한 해결책이 있기 마련이다. 한 선진국이 심각한 무역적자를 겪게 되었다고 해보자. 이 나라는 신중하게 수입을 통제할 수 있다. 또한 어리석은 자존심을 버리고, 다른 나라가 크게 성공을 거두었던 시스템을 일시적으로 도입해서 사용할 수 있다. 바로 교환의 매체로서 금은 본위제를 사용하는 대신, 물물교환 무역을 시행하는 것이다. 예를 들어 공업국가가 농업국가의 생산물이 필요할 때, 물물교환 무역은 다음과 같이 진행된다:

　공업국가는 농업국가로부터 정해진 금액만큼, 가령 5억 달러어치의 양털, 목재, 고기 등을 구입하는 데 동의한다. 농업국가도 같은 금액만큼 공업국가의 제품을 구입하기로 동의한다. 각 나라는 공산품과 농산품 등의 생산자인 자기 국민에게 자국의 화폐로 값을 치른다. 농업국가에서 공산품을 수입하는 사업가는 수입물품의 대금을 자국 화폐로 정부에 지불한다. 마찬가지로 공업국가의 고기 도매업자도 자국 화폐로 고기의 값을 정부에 치른다.

　요약하자면 다음과 같다.

　사기업의 자유를 보장하면서 개인의 재산권을 존중하고 보호하는 정부 하에서 부란, 긍정적 마음자세, 교육, 노동, 지식, 노하우, 도덕성을 통해 만들어진다. 부를 획득하는데 중요한 요소는 생각, 노동, 원

자재, 신용, 공평한 세금이다. 돈, 혹은 교환의 매체는 사람들이 인정하고 받아들일 수 있는 가치를 지녀야 한다.

냉전에서 더 빨리 승리하라

빈곤한 나라가 부를 얻도록 도우려면 우리는 그들이 부를 얻는 지식과 노하우를 사용하게 하면 된다. 우리는 기꺼이 그런 지식과 노하우를 나누고자 한다.

인도는 증가하는 인구 때문에 점점 더 가난해지고 있다. 그 이유는 소비자가 많아져서이다. 미국은 증가하는 인구 때문에 점점 더 부유해지고 있다. 그 이유도 소비자가 많아져서이다. 미국이 부를 얻었던 공식은 인도에서도 똑같이 적용돼 그 나라를 부유하게 만들 수 있다.

한 가지 더 말하자면, 러시아와 중국은 다른 나라를 정복하고 그 나라의 국민들을 노예로 만들지 않고도 부를 얻을 수 있다. 그들 역시 절대 실패하지 않는 성공시스템을 사용하면 나라 안에서부터 거대한 부를 축적할 수 있다. 하지만 우선 현대의 부가 어떻게 만들어지는지 이해하고 필요한 원리들을 적용해야 할 것이다.

당신, 부, 그리고 기회

포트 녹스의 저장고에 감춰져 있다는 금괴 이야기가 근거 없는 것이라고 한다면, 전 세계의 금과 은을 다 합쳐도, 미국 한 곳에서 생각과 노동, 원자재로 만들어내는 유형재산의 가치에 훨씬 못 미친다는 것을 명심하라.

이 장에서 설명한 부에 관한 개념을 이해했다면 당신은 이제 그 원리를 삶 속에서 적용할 준비가 된 것이다.

커다란 문도 작은 경첩에 매달려 있다

나라의 부는 국민의 부에 좌우된다. 당신은 이 나라의 부를 구성하는 한 부분이다.

부를 얻으려면 부가 어디서 나오는지 부가 어떤 식으로 작동하는지 먼저 이해해야 한다. 이 장을 다시 한 번 읽어보는 게 어떤가? 확신하건대 이전에 놓쳤던 부분을 다시 보고 이해할 수 있을 것이다.

Chapter 15

열정의 스위치를 켜라

"*점화버튼? 그게 뭐죠?*" 나는 물었다.

"음, 그건 누구나 가지고 있는 거예요." 잭이 말했다.

"점화버튼을 찾으려면 우선 그 사람이 원하는 게 뭔지, 그걸 얻으려면 뭐가 필요한지, 또 당신이 어떻게 도울 수 있는지 알아야 해요. 당신이 그의 머릿속에 그 사람이 갖고 있지 않은 어떤 것에 대한 필요를 구체화시키는 거예요. 그게 첫 번째 할 일이죠. 그런 다음 당신에게 그 사람의 필요를 완벽하게 충족시켜줄 뭔가가 있음을 보여주세요. 그의 소망이 내면에서 타오르는 열망으로 바뀔 때 당신은 그의 점화버튼을 누른 거예요."

"점화버튼을 눌렀다는 게 동기를 부여했다는 뜻인가요?" 내가 물었다.

"맞아요," 잭이 대답했다. 잭은 1년에 백만 달러어치 이상의 보험을 판매한다. 그는 판매원들이 성공적으로 팔 수 있도록 동기부여하는 전문가로서, 점화버튼을 어떻게 누르는지 가르친다.

잭 레이시는 판매세미나를 통해 판매원들을 성공적으로 교육시키기로 정평이 나있다. 그는 미국 전역에 있는 수백 곳의 기업에서 판매원들을 훈련시켰고, 그의 서신강좌와 오디오를 활용하는 사람들은 전 세계에 뻗어 있을 정도였다.

이제 당신은 안다. *절대 실패하지 않는 성공시스템*에서 가장 중요한 요소는 *행동으로 이끄는 영감*이라는 사실을. 잭 레이시는 말한다. "동기를 부여하고 싶으면, *점화버튼*을 누르세요." 여기서 점화버튼이란 행동의 영감을 주는 올바른 버튼을 의미한다.

그에게 살아갈 이유를 줘라

레오나드 에반스는 내 영업소에서 판매원을 하다가 영업관리자로 승진했다. 그 후 미시시피 주의 지역 관리자가 되었다. 하지만 그는 아칸소 주의 더모트에서 계속 살기로 결심했다. 어릴 적에 아칸소의 흙을 밟은 사람들은 무슨 이유인지 그곳에 다시 돌아가는 것 같았다. 아칸소의 흙에는 사람들을 끌어당기는 특별한 뭔가가 있다.

레오나드는 영업관리자로서 성공했다. 하지만 그는 거기서 만족했기에 그의 조직의 영업실적은 더 이상 좋아지지 않았다. 물론 영업 실적은 괜찮은 편이었고 레오나드도 괜찮은 수입을 벌었다. 하지만 전국 영업관리자인 나로서는 만족할 수가 없었다. 나는 타성에 젖은 레오나드를 끄집어내기 위해, 그의 가슴에 한 줄기 영감을 일으킬 버튼을 누르려고 수차례 노력했다. 하지만 그가 붙잡은 영감의 불빛은 금새 꺼져버리는 것 같았다.

레오나드는 무척 만족하고 있었다. 하지만 나는 계속 시도했다. 물론 약간의 발전은 있었지만 다른 주들의 성과를 따라가진 못했다. 그러던 어느 날, 그의 부인 스코티에게서 한 통의 편지가 왔다:

스톤씨에게
레오나드에게 심각한 심장마비가 왔어요. 의사 말로는 죽을지도 모른데요. 레오나드가 사직편지를 써 달라고 부탁했어요.

그가 건강할 때 사직서를 제출했다면 나도 기꺼이 받았을 것이다. 하지만 사업은 돈이 전부가 아니다. 나는 그가 살기를 바랐다. 동기부여의 비결은 이성과 더불어 감정에 호소하는 것이다. 나는 신중하게 편지 한 통을 그에게 보냈다. 그 내용은:

- 사표는 받아들여지지 않았으며, 그의 미래는 앞에 펼쳐져 있다고 말했다.
- 공부하고 생각하고 계획하는 시간을 가져보라고 제안했다.
- 『성공의 과학-긍정적 마음자세』과정을 공부하는 것의 가치를 설명해주었다. 17개의 강좌로 이루어져 있는데 각 장의 끝부분에 나오는 질문들에 꼭 답변을 해보라고 했다. 특히 1장에 나오는 첫 번째 질문 "당신의 구체적이고 주요한 목표는 무엇인가?"에 대해서.
- 그가 병원에서 퇴원해 나를 볼 준비가 되면 나는 바로 더모트로 날아가겠다고 했다.

나는 *사람을 살리는 한 가지 방법이 그에게 살아갈 이유를 주는 것*임을 경험으로 알고 있었다. 편지에서 이렇게 적었다. "…우리에겐 당신이 필요해요. 당신이 절실하게 필요해요. 빨리 나으세요. 당신을 위한 어마어마한 계획이 있으니까요."

레오나드는 살아갈 목적을 찾았기에 다시 회복하기 시작했다. 그는 *인생에는 사업이나 돈을 버는 것 이상의 뭔가가 있다*는 것을 깨달았다.

내가 그의 집에 도착했을 때 그는 더 이상 몸져 누워있지 않았다. 그는 공부하고 생각하고 계획하는 시간을 갖고 있었다. 그는 다섯 가지 주요 목표를 이루자는 영감을 받았다.

- 3년 후 12월 31일에 은퇴하자.
- 그때까지 영업실적을 두 배로 올리자.
- 백만 달러를 벌자.
- 내가 관리하는 판매원들과 영업관리자들에게 영감을 주고 훈련시키고 인도해서 그들이 더 빨리 더 큰 돈을 벌고 부를 얻을 수 있게 하자.
- 하지만 무엇보다도, 내가 *성경과 성공의 과학*을 공부하면서 얻은 영감과 지혜를 다른 이들과 함께 나누자.

그는 이 모두를 해냈다. 판매원, 영업관리자, 고등학교의 십대들, 봉사단체에 소속된 사업가들, 교사들, 종교모임의 멤버들을 포함해, 긍정적 마음자세에 관한 레오나드의 연설을 들은 사람들의 삶은 모두 이전보다 나아졌다. 그들은 모두 레오나드가 세상을 더 살기 좋은 곳으로 만들었다는 데 동의할 것이다.

내가 그에게서 동기를 유발한 방법

어떤 요소들이 레오나드 에반스에게서 동기를 유발시켰는지 살펴보자.

1. 잭 레이시의 말처럼, 나는 그의 머릿속에서 그가 필요로 하는 것을 구체화시키고 그걸 완벽하게 충족시킬 수 있는 것이 나에게 있음을 보여주었다. 이것은 암시이다.
2. 이성뿐 아니라 감정에 호소했다. 나는 그를 원하고 필요로 한다고 말했다. 또한 그의 미래가 앞에 펼쳐져 있다는 완전한 확신이 있음을 그에게 알려줬다. 나는 진정성 있게 말했기에 그는 나를 믿어줬다.
3. 요양을 하면서 공부하고 생각하고 계획하며 시간을 보냈기 때문에 빨리 회복했다. 이제 그에게는 기대할 것이 생겼다.
4. 그에겐 달려갈 길이 있었다. 많은 이들이게 더 높은 성취로 이끌수 있게 용기를 복 돋았던 자기계발 강좌를 공부했기 때문이다.
5. 그 강좌에는 질문이 적혀 있었고, 그것은 사람의 마음을 긍정적

으로 변화시킬 수 있는 것들이었다. 그는 그것에 대답하면서 다섯 가지 구체적이고 주요한 목표를 생각해냈다.

6. 나는 그에게 쓴 편지 속에 암시를 활용했고, 그와 직접 만나 이야기를 하면서도 그 암시를 더욱 확대시켰다. 이 만남을 통해 내가 지금 하는 일이 죽어가는 사람에게 단지 친절하게 대하는 것뿐일 수도 있다는 의심도 지울 수 있었다. 나는 또 텍사스 주 달라스에 사는 내 친구 찰리 새먼즈의 이야기도 해주었다. 찰리 새먼즈 역시 심장마비로 죽을 고비가 찾아왔지만 살아갈 이유가 있었기에 다시 회복할 수 있었다. 그리고 그는 의사의 지시를 따라 육체적 일은 다른 이들에게 맡기고는 정신으로 활동하는 일을 했다. 그는 심장마비 전에도 뛰어난 성취를 이루었던 사람이지만 그 후에는 더욱 대단했다. 찰리의 의사는 그가 오래 살 것이라고 말한다.

그에게 꿈을 실현할 기회를 줘라

레오나드 에반스를 고용한 사람은 주니 시몬스였다. 조니는 펠릭스 구드슨도 고용했다. 나는 언젠가 펠릭스에게 물었다. "아칸소 주에서 뛰어난 영업관리자를 다른 주보다 더 많이 뽑을 수 있었던 이유가 뭐라고 생각하세요?"

그는 대답했다. "다른 주는 어떤지 잘 모르겠어요. 하지만 조니 시몬스와 면접을 볼 때 그는 내게 이 일을 하면 일주일에 버는 돈을 하루에 벌 수 있다고 했어요. 저는 그걸 통해 기회를 볼 수 있었죠. 제가 필요한 건 그게 다였어요. 저는 일할 준비가 되어 있었으니까요.

그렇기 때문에 제 꿈을 실현시키기 위해 돈을 벌 방법을 알 수 있었던 겁니다."

그는 체세적으로 일했다. *절대 실패하지 않는 성공시스템*을 사용해서 판매원에서 영업관리자로, 또 웨스트 버지니아의 지역관리자로 승진했다. 그리고 큰 부를 얻었다.

어릴 적 펠릭스가 아버지의 농장에서 학교까지 걸어갈 때면 아칸소의 진흙이 그의 발가락 사이로 스며 올라왔다. 그는 언덕 위의 흰색 저택을 지나갈 때마다 종종 이런 다짐을 했다. "언젠가는 이 농장을 사서 언덕 위의 큰 하얀 저택에서 살 거야."

웨스트 버지니아의 지역관리자가 되고 얼마 안 있어 농장과 언덕 위의 흰색 저택을 구입할 수 있었다. 그리고 그곳에서 미국에서 가장 품질이 좋은 순종 소를 키울 수 있었다.

그는 영업관리자 시절, 인간에 대한 사랑을 보여주었다. 그는 진정한 인간 건설자였다. 그의 훌륭한 됨됨이는 다른 사람들도 그렇게 하게 만드는 힘이 되어주었다. 그래서 난 그가 비교적 젊은 나이에 자신의 재능을 다른 사람의 꿈을 실현시키는 데에 쓰고 싶어 은퇴하고자 했을 때 놀라지 않았다. 그는 음악목사가 되어 교회를 돕기로 한 것이다. 이제 그는 판매원과 사업가로서의 재능을 활용해 교회의 좋은 일을 확장시킬 기금을 모으는데 기여할 수도 있다. 몇 년을 더 공부해야 했지만, 그는 결국 음악목사가 되었다. 내가 펠릭스 구드슨에게 배운 원리는 이렇다.

그가 원하는 것을 얻을 수 있는 기회를 줘라.
그러면 그가 당신을 위해 일하게 될 것이다.

동기를 유발하는 가장 재미있고 쉬운 방법 중 하나가 *설렘의 길*이다. 실제 있었던 이야기를 들려줌으로써 행동의 영감을 일으키는 것이다. 이것은 이성뿐 아니라 감정에 호소하는 길이기도 하다. 내가 이 책 전체를 통해 당신에게 하고 있는 일이 이것이다. *잘 되고 있는 것 같은가?*

설렘이 동기가 된다

"너 좀 괜춘하게 하네, 괜춘하지 않네, 이건 십대 갱단이 쓰는 말이에요." 데이비드 윌커슨 목사가 말했다. 그는 뉴욕 브루클린에서 갱단의 목사로 통하는 건장한 몸의, 소년 같은 얼굴 지닌 젊은 목사이다.

내가 나폴레온 힐에게 배운 동기유발 도구가 있다.

모든 역경에는 그와 동등하거나 그보다 더 큰
  이득의 씨앗이 들어있다.

당신이 설렘을 느껴 이 문구를 받아들이고 사용할 마음이 들게 하기 위해 윌커슨 목사의 이야기를 해보겠다.

"저는 펜실베니아의 언덕에 위치한 콜포트의 작은 시골교회에서 목회를 하고 있었습니다. 그곳에서 십대 갱단이 저지르는 범죄와 그들의 마약 중독에 대한 이야기를 무척 많이 들었습니다. 그 생각을 할 때면 밥이 안 넘어갈 때도 있었죠. 잠도 잘 오지 않았습니다. 결국 이 문제에 사로잡히기 시작했습니다. 그들에게 손을 내밀어야 한다는 강박관념이 생긴 것이죠.

"어느 날 서재에 앉아 있다가 『생명』이라는 잡지 한 부를 집어 들었어요. 잡지에는 십대 소년 7명이 살인 혐의로 기소되는 사진이 들어 있었죠. 그들은 북부 맨해튼의 하이브리지 공원에서 마이클 파머의 살해혐의로 기소됐습니다. 그들의 얼굴이 머릿속에서 떨쳐지지 않았습니다. 계속 저를 따라다니는 것 같았어요. 제 강박관념은 더욱 심해졌습니다."

그러고 나서 데이비드는 직접 뉴욕까지 가서 재판에 참석한 이야기를 해주었다. 그는 일곱 명의 소년 피고인들이 저질렀던 악랄한 범죄를 세세한 부분까지 들었을 때 자신이 느꼈던 고통도 이야기해주었다. 그는 이 아이들에게 동정심을 느껴 그들을 보살피고 싶었다고 말했다. 다음은 그가 한 이야기를 녹음한 내용이다.

"법정에서 그 모든 이야기를 들었지만 제 마음 속엔 동정심뿐이었습니다. 판사가 휴정을 선언하기 위해 일어섰을 때 지금 일어나야 한다는 묘한 충동을 느꼈습니다. 강박관념이 최고조에 달한 순간이었죠. 판사가 집무실로 들어가기 전에 만나봐야 했어요. 집무실에 들어가고 나면 경비들이 저의 접견을 또 막을 거니까요. 지난번에도 못 보게 막았으니, 이번에도 그럴 거란 걸 알았어요.

"그래서 성경을 손에 들었어요. 그럼 내가 목사란 걸 알릴 수 있다고 생각했죠. 그리고 말했습니다. '데이비슨 판사님, 저를 목사로서 예우하시어 판사님을 접견할 수 있게 해주시겠습니까?' 판사는 깜짝 놀라서 책상 뒤로 몸을 숨겼습니다. 그리고 소리쳤습니다. '당장 저 자를 끌어내세요!'

"갑자기 법정은 소란에 휩싸였습니다. 두 명의 경찰이 저에게 덤벼들더니 가운데 통로로 저를 질질 끌고 갔지요. 적어도 35명은 급히 일어나서 법정 밖으로 도망쳤습니다. 누군가는 이렇게 외쳤죠, '카메라를 꺼내, 그가 이 쪽으로 오고 있어. 카메라를 꺼내!'

"놀랍게도 이들은 기자였습니다. 경찰은 제가 총을 가지고 있는지 확인하려고 몸을 뒤졌습니다. 판사의 생명이 위협받았다고 생각했는데 저는 그 사실을 몰랐습니다. 그들은 제가 목사인 척하면서 판사를 죽이려 했다고 생각했나 봅니다. 문에 다다르자 머리카락이 제 눈 앞을 가렸고 저는 울기 시작했습니다. 이건 그냥 악몽인 듯했죠. 좋은 의도를 갖고 있었지만, 한 순간에 온 세상이 무너져 내리는 것 같았거든요.

"문에 다다르자 수많은 카메라 플래시가 터졌습니다. NBC, 유나이티드 프레스, INS에서 나온 사람들이었어요. 그들은 나에게 성경이 부끄럽지 않다면 성경책을 들어 올리라고 소리쳤어요. 그래서 말했죠. 전 성경이 부끄럽지 않으며 하나님의 말씀이야말로 지금 상황의 유일한 해답이라고요. 전 성경을 들어 올렸어요. 이게 그때 찍힌 사진이에요.

"신문을 봤어요. 최악의 사진이었죠. 그 이미지는 제 머릿속을 파고

들어왔어요. 아직도 그 사진이 눈앞에 어른거려요. 경찰 두 명과 저, 머리카락은 눈앞까지 흘러내려와 있고요. 신문의 머리기사 제목은 자칭 급진파 목사라는 자가 살인재판을 중단시키다! 였습니다."

데이비드는 콜포트로 돌아올 때 수치심을 느꼈다고 했다. 그의 아버지는 그가 신경쇠약에 걸린 거라고 생각했고 교회에서는 그에게 적어도 2주는 쉬라고 했다.

"사실 교회에서는 특별회의를 열어서 목사 전체의 치욕이 된 그 신문을 안건으로 올리려고 했어요." 그가 말했다.

데이비드 윌커슨은 다시 뉴욕으로 갔다. 지금부터 *"모든 역경에는 그와 동등하거나 그보다 더 큰 이득의 씨앗이 들어있다."*라는 동기유발 문구가 그의 삶에서 펼쳐지는 것을 보게 될 것이다.

"차를 대고 나서 176번가를 걷고 있었어요. 그때 누가 저를 부르는 소리가 들렸어요. '안녕하세요 데이브.' 저는 다가가서 말했어요, '날 아니?' 그가 말했어요, '마이크 파머 살인재판에서 쫓겨난 목사님이시잖아요. 럴 발드레즈와 애들을 도와주려고 하신 거죠? 전 톰이에요. 오벌 갱단의 두목이에요. 오셔서 저희 애들을 만나보세요…'

"톰은 저를 데려가서 아이들에게 소개시켜줬어요. 그들이 말했어요. '당신은 괜찮아요, 우리편이니까요.' 전 그게 무슨 말인지 몰랐습니다. 그때 한 명이 말했죠. '그날 경찰들이 법원 밖으로 아저씨를 끌고 나가는 걸 봤어요. 경찰이 당신을 싫어한다는 뜻이죠. 경찰은 우리도 싫어해요. 그러니까 당신은 우리편이에요.' 그리고 그들은 저를 갱단의 목사라고 부르기 시작했습니다."

법원에서 온 몸으로 쫓겨난 참담한 패배, 신문 1면에 떨친 악명, 굴욕, 이런 것들이 있었기에 데이비드 윌커슨이 아무도 다가가지 못했던 뉴욕의 십대 갱단 두목 및 그 멤버들과 공감대를 형성할 수 있었던 것이다.

데이브 윌커슨은 갱단조직 오벌, 드래곤, 헬버너, 마우마우, 채플린, 지지 등은 물론, 매춘부, 알코올 중독자, 마약중독자들에게 *다가갈 수 있었다.* 그는 강렬하고 열의에 불타는 접근법으로 아이들에게 다가가, 그들이 선량하고 법을 지키는 시민이 되도록 격려했다.

그의 기법은 효과가 좋아서 종종 그 자리에서 완전한 치유가 일어나기도 했다. 그의 성공은 놀라울 정도여서, 많은 목사들은 그가 기적을 일으킨다고 말했다. 최악이었던 알코올 중독자, 마약중독자, 잔인하고 악랄한 범죄를 저지른 십대 중 몇 명은 대학공부를 마치고 성직자가 되어 데이브 윌커슨의 사명을 옆에서 돕겠다고 마음먹었다.

이 이야기가 당신에겐 어떤 의미인가?

당신이 준비되지 않았다면 아무런 의미도 없다.

"모든 역경에는 그와 동등하거나 그보다 더 큰 이득의 씨앗이 들어있다" 라는 원리에 관해 생각해보고 완전히 내 것으로 만들어서 사용할 수 없다면, 이 이야기는 당신에게 아무런 의미도 없다.

절대 실패하지 않는 성공시스템으로 열정의 스위치를 켜라

이런 의문이 들 것이다.

- *설렘으로 동기를 유발하라* 는 원리를 어떻게 연관 짓고 완전히 내 것으로 만들어서 사용할 수 있는가?
- 야심 없는 사람에게 어떻게 야심이 생기도록 동기부여하는가?
- 무관심한 사람에게 어떻게 영감을 줘서 행동하게 만드는가?
- 무엇보다도 열정의 스위치를 어떻게 켜는가?
- 열정의 불길이 꺼지지 않게 하려면 어떻게 하는가?

나는 부모, 교사, 목사, 사업가, 영업관리자, 젊은이들의 지도자들에게서 종종 이런 질문들을 받았다. 내 대답은 언제나 "*절대 실패하지 않는 성공시스템을 사용하세요.* 시스템은 세 가지 요소로 이루어져 있습니다. (1)행동으로 이끄는 영감, (2)노하우, (3)지식." 그런 다음 나는 설렘을 준다. 예를 들어 십대들의 모임의 이야기를 해보겠다. 그들은 자신들의 모임을 청소년 성공클럽이라고 부른다.

당신에게 말했던 것처럼, 나는 위의 질문을 한 사람들에게도 자기계발 도서, 영감을 주는 영화, 자기계발 오디오앨범의 가치를 이야기해 준다. 청소년 성공클럽에는 여러 가지 자기계발 도서들이 모두 있다. 아이들은 『한 번 시작해봐』 책을 모두 한 권씩 가지고 있다. 수업 후반에는 한 명씩 나와서 책이 실제로 어떤 일을 해줬는지 발표한다.

2년 전 첫 모임에서 나는 말했다.

"이건 너희의 클럽이야. 앞으로 있을 두 번의 모임에서 어떤 주제로 토의했으면 좋겠니?"

"학교에서 어떻게 공부를 잘 할 수 있는지와 일자리를 구하는 방법이요."

그렇게 다음 두 번의 모임주제가 정해졌고, 모임의 시작과 끝에는 의식을 행한다.

클럽 회장이 다음의 질문으로 모임을 시작한다.

"당신의 긍정의 힘은 잘 있습니까?

아이들이 열정적으로 대답한다.

"아주 좋습니다!"

회장이 다시 묻는다.

"기분은 어떻습니까?"

열정적인 대답이 돌아온다.

"*건강한 느낌이에요! 행복해요! 굉장해요!*"

모임이 끝나기 전 나는 한 명씩 불러 발표하게 한다. (1)모임이 어떤 의미가 있었는지, (2)지난 번 모임에서 특별히 어떤 도움을 받았는지, (3)배운 원리를 바탕으로 어떤 구체적 행동을 취했는지.

그런 다음 클럽 회장은 다시 처음에 했던 의식의 질문들을 반복한다.

어떻게 하면 학교 공부를 더 잘 할 수 있나요?

나는 아이들이 무엇보다도 더 관심 있어 하는 게 다름 아닌 학교 공부라는 사실에 놀랐다. 그래서 특별히 못 하는 과목이 뭔지 물어봤다. 여러 가지 대답이 나왔지만, 우선 수학을 예로 들어 보자. 내가 쓴 방법이다:

1. *행동으로 이끄는 영감* : 각 과목의 필요성을 말해줄 때 스릴과 기쁨을 자극했다. 그 과목이 *왜 그들에게* 그렇게 중요한지 말해주었다.

아르키메데스, 아인슈타인과 같은 위대한 수학자를 언급하며, 수학이 논리적으로 사고하는 데 도움이 됨을 알려주었다. 또 다른 행성의 외계인들과 수학의 기호로 대화할 가능성도 말해주었다. 새로운 장이 시작될 때 나오는 법칙과 공식만 이해하고 외우면 수학을 배우는 게 얼마나 쉬운 일인지 보여주었다.

법칙만 알고 적용하면 어떤 문제라도 풀 수 있다. 난 대학에서 삼각법을 배울 때 숙제를 안 했지만 시험 때마다 좋은 점수를 받았다. 위의 법칙을 사용했기 때문이다. 문제를 푸는 목적은 법칙을 익히기 위해서이다. 왜 법칙을 *배우지* 않는가? 법칙만 알면 문제를 빨리 풀 수 있다. 그리고 지금 무엇을 하고 있는지 정확하게 알 수 있게 된다.

2. *노하우와 지식* : 나는 아이들에게 학교 선생님들 중에 누가 맥코믹 클럽에 와서 공부를 가르쳐 줬으면 좋겠냐고 물었다. 아이들은 투표로 원하는 선생님을 정했다. 프로 교사는 가르치는데 필요한 *지식*과 *노하우*를 가지고 있다. 그들에게 동기부여의 노하우는 없을 수도 있지만 그 부분은 내가 채워줄 수 있었다. 아이들은 선생님의 가르침 하에 자발적으로 공부했다. 선생님에게는 충분한 금전적 보상을 해주었다. *그 결과는?* 90일 후 한 아이는 두 학년 과정을 훌쩍 뛰어올랐다. (그 아이는 원래 두 학년 뒤쳐져 있었다)

7학년 한 명은 읽기 수준이 3학년이었는데 90일 후 5학년 수준이 되었고, 학기가 끝날 무렵엔 7학년 수준이 되었다. 지금 그 아이는 고등학교에서 최고성적은 아니다. 하지만 그의 담임은 이렇게 말한다. "딕의 긍정적 마음자세라면, 졸업반에서 상위 10 퍼센트 안에 들 거예요." 클럽의 많은 아이들이 학교에서 최고의 성적을 받고 있다.

일자리를 구하는 법

십대 소년이 돈이 필요한 건 당연한 일이다. 그는 정직한 방법으로 돈을 벌고 싶어 한다. 어떤 면에서는 필요 자체가 동기가 됐다. 하지만 나는 지난주의 과정을 반복해서 이렇게 했다.

1. *행동으로 이끄는 영감* : 나는 일의 즐거움과 뭔가를 성취할 때의 스릴을 언급하며 설렘을 주었다. 아이들에게 『바빌론에서 가장 부자인 사나이』책을 한 권씩 주고 그 책에 관해 토론하게 했다. 자기가 버는 돈의 10 퍼센트를 저축하고, 그것을 현명하게 투자하면 누구나 부자가 될 수 있다. 바로 그 자리에서 우리는 투자클럽을 만들었다.

2. *노하우와 지식* : 우리는 일자리를 구할 수 있는 몇 가지 방법을 이야기해 보았다. 한 명씩 아이디어를 내고, 나는 그것을 받아 적었다. 다음과 같은 아이디어가 나왔다: (1)구인광고와 고용센터, (2)가게마다 직접 가보기, (3)직접 장사하기 : 신문, 잡지, 크리스마스 카드, 특산물을 팔거나, 뭔가를 직접 만들어서 팔기. 그들은

유망 고용주에게 접근하는 방법, 거절당할 때 떠나는 방법 등의 기법들을 배웠다.

3. 지시사힝 : 일자리를 원하는 사람은 모두 부책임자인 톰 무어에게 이름을 등록하도록 지시했다. 톰은 10대의 도움이 필요한 가게들을 알고 있을 것이다. 내 조수인 아트 니만에게는 업타운 상공회의소와 현재 나와 있는 일자리 중 클럽 아이들에게 적합한 게 있는지 검토해달라고 했다. 그 결과는? 한 아이는 여섯 번을 거절당했지만 결국 멋진 일자리를 찾았다. 마찬가지로 일자리를 원했던 모든 아이들이 일자리를 구했다. 나중에 무슨 이유에서 해고당한 아이들은 혼자 힘으로 새 일자리를 구하거나 톰에게 와서 조언을 구했다.

좋은 시민은 태어나는 게 아니라 만들어지는 것이다. 열등생도 우등생이 될 수 있다. 일자리를 원하는 십대는 그것을 구할 수 있다. 16장, "재능은 타고나는 게 아니라 만들어지는 것이다"를 읽으면 당신도 이해할 수 있을 것이다.

커다란 문도 작은 경첩에 매달려 있다

모든 위대한 인물, 성공한 사람은 그것이 어떤 분야이든 다음 말 속에 들어있는 마법을 알고 있었다.

모든 역경에는 그와 동등하거나 그보다 더 큰 이득의 씨앗이 들어있다

Chapter 16

재능은 타고나는 게 아니라 만들어지는 것이다

당신은 재능 있는 사람인가? "예"라고 대답하든 "아니오"라고 대답하든, 당신은 *잠재적으로 재능 있는* 사람이다. 내 말을 믿어라. 그리고 당신이 그 잠재되어 있는 재능을 잘 사용해서 어떤 일을 수행하게 된다면 실제로 재능 있다는 칭찬을 받게 될 것이다. 이것을 안 믿을지도 모른다. 그렇다면 당신이 잠재적으로 재능 있는 사람인지 아닌지 스스로 확인해보라.

전문가들의 글과 정의를 이용해서 당신 자신을 평가해보는 것이 어떤가? 간단하다. 다음의 질문에 *네, 아니오* 만 대답하면 된다.

어떤 사람을 보고 재능 있다고 하는가? 전문가들이 하는 말을 살펴보자. 해당 용어와 정의를 살펴보는 것으로 시작해보자.

지능

웹스터 사전에서는 지능을 이렇게 정의한다:
- 어떤 상황, 특히 새로운 상황에 직면했을 때 그것에 맞게 행동

을 조절함으로써 성공적으로 상황에 대처하는 힘.

-당신은 이 힘을 사용하는가?

-이 힘을 사용하는 법을 배울 수 있는가?

-이번 장에서 모르는 단어가 나오면 사전으로 모두 찾아보겠는가?

● 원하는 목표를 향해 행동을 이끌어 갈 수 있도록 주어진 사실들의 관계를 이해하는 능력.

-당신은 이 능력을 사용하는가?

-이 능력을 개발할 수 있는가?

● 문제, 특히 새롭거나 어려운 문제를 성공적으로 해결하는 것.

-당신은 문제를 성공적으로 해결하고 있는가?

-문제를 더 잘 해결할 수 있다고 믿는가?

● 이해하는 능력. 주어진 환경에 대처하는 능력. 진실, 사실, 의미를 파악하는 능력.

-당신은 진실, 사실, 의미를 이해하는가?

-진실, 사실, 의미를 이해하는 능력을 개발할 수 있는가?

유명한 심리학자는 *지능*을 다음과 같이 말한다:

● "생물이 주어진 환경에 적응하는 능력." (티 엘 이글) (*심리학-원리와 적용*, World Book Company, 1945)

-당신은 주어진 환경에 잘 적응하는가?

-사람, 장소, 상황, 사물 등에 더 잘 적응하는 법을 배울 수 있는가?

● "개인이 새로운 상황이나 문제에 대처하는 능력." (레스터와 앨리스 크로) (*더불어 사는 법을 배우다*, D.C. Health&Co.,1944)
- 당신은 새로운 상황과 문제를 올바른 마음자세로 대처하는가?
- 당신은 기꺼이 자력으로 새로운 상황과 문제에 더 현명하게 대처하도록 노력하겠는가?

● "문제를 꿰뚫어보고, 과거의 경험에서 배운 것을 바탕으로 해결책을 생각해내는 능력. 지능은 더 갖거나 덜 가질 수 있는 뭔가가 아니라, 행동하는 방식이다. 지능은 지성과 깊은 관련이 있다. 지성은 관찰하고 이해하고 생각하는 것을 두루 뜻하는 넓은 범위의 단어이다. 지능은 지식에 의해 결정되지만 지식을 그저 소유하고 있는 것이 아닌 사용하는 것이다. 우리는 종종 그 사람은 아는 건 많은데 좀 멍청해 라는 말을 한다. 아는 것을 거의 활용하지 않기 때문이다." (로버트 더블유 우드워스, 메리 로즈 시한) (심리학 제1강, Henry Holt&Co.,N.Y., 1951)
- 당신은 문제를 꿰뚫어보고, 과거의 경험에서 배운 것을 바탕으로 해결책을 생각해내는가?
- 당신은 과거에 배웠던 것을 바탕으로 문제를 인식하고 해결책을 생각해내려고 노력하겠는가?
- 당신은 *"행동하는 방식"*이란 말이 이해가 가는가? 당신은 당신 자신이 관찰하고 이해하고 생각하는 능력을 종합적으로 살펴보았을 때 만족스러운가?
- 관찰, 이해, 생각을 더 잘할 수 있는가?

- 이 책에 나온 *지식*이란 말을 이해하는가?
- *노하우*라는 말은 이해하는가?
- 당신은 어떤 목표를 이루기 위해 *지식*을 이용하는가?
- 위에 나온 정의를 통해 *지능*이란 뭔가를 하고, 적용하고, 행동하고, 관찰하고, 이해하고, 생각하고, 사용하는 데서 평가된다는 것을 알겠는가?

● 윌리엄 이 로버츠는 이렇게 말한다. "지능은 지식이나 정보와는 다름을 명심하는 게 중요하다. 지능은 능력이다. 정보가 아니라 정보를 얻는 능력이다. 기술이 아니라 기술을 얻는 능력이다. 하지만 지능이 높다고 해서 꼭 학교나, 직장, 삶에서 성공하는 것은 아니다." (*써 먹을 수 있는 심리학*, Harcourt, Brace&Co., 1943)

- 지능은 지식도 아니고, 기술도 아니고, 기술을 얻는 능력이라는 점을 이해하는가?
- 지능이 높다고 꼭 성공하지는 않는다는 점은 확실히 받아들였는가?
- 지능이 잠재력이라는 것을 알겠는가?

● 조제프 티핀과 프레데릭 비 나이트는 이렇게 말했다. "지능, 혹은 지적인 행동은 다음에 따라 결정된다. (1)상황에 대해 분명한 인상을 받는 것, (2)완전히 이해하고, 그 이해를 계속해서 유지하는 능력, (3)풍부한 상상력, (4)상황에 민감하게 반응하는 것, (5)자기비판, (6)자신감, (7)강한 동기." (*보통 사람들의 심리학*, D.C.Heath&Co., 1940)

-당신은 이것들 모두를 개발할 수 있다고 믿는가?

-당신은 상황에 대해 분명한 인상을 받는가?

-당신은 뭔가를 완전히 이해하고 그 이해한 것을 계속해서 유지하는 능력이 있는가?

-당신은 상상력이 풍부한가?

-상상력은 개발될 수 있다. 노력해보겠는가?

-당신은 상황에 반응하는가? 예를 들어 당신 때문에 누가 기분이 상했다고 치자. 당신은 당신의 어떤 행동 때문에 그가 기분이 상했는지 알아차리고, 거기에 대해 뭔가를 하겠는가?

-당신은 더 나아지기 위해 건강한 자기비판을 하는가?

-당신은 자신감이 있는가?

-해야 하는 일이나 하고 싶은 일을 하기 위해 스스로에게 강한 동기를 줄 수 있는가?

재능, 소질, 천재성, 재주

"재능 있는 아이란, 가치 있는 영역에서 꾸준하고 반복적으로 두각을 드러내는 이를 말한다." 위티 박사의 강연에서 들었던 말이다. 폴 앤드류 위티 박사는 교육학 교수이자 노스웨스턴 대학의 교육심리 클리닉의 책임자이다.

-당신은 당신이 가치 있다고 생각하는 영역 중 몇 가지 분야에서는 다른 사람에 비해 뛰어난 성과를 꾸준하게 내고 있는가?

메리엄 웹스터 대학생용 사전에서는 다음과 같이 정의한다:

1. **재능 있는**: 재능을 원래 타고난; 재주 있는
-당신은 보통 사람들이 모두 재능을 타고났다고 믿는가?

2. **비슷한 말**: 능력, 소질, 천재성, 재주, 요령, 재능은 어떤 일을 수행하는 특정한 능력을 의미한다.
-누구에게나 어떤 일을 수행하는 특정한 능력이 있다. 당신은 그 능력을 발견했는가?
-아직 못했다면, 한 번 발견해보겠는가?

3. **소질**: 뭔가를 원래부터 좋아해서, 그 일에 성공할 가능성이 높음을 이르는 말
-당신이 원래부터 좋아하는 것은?

4. **천재성**: 타고난 정신적 재능 혹은 자질; 재주; *천재성*을 지닌 사람 이라는 표현에서처럼, 어떤 것을 발명하거나 창작해내는 힘이 뛰어난 것.
-보통사람 모두 다 정신적 재능, 자질, 재주를 타고 났다. 하지만 누구나 그것을 사용하는 것은 아니다. 당신은 뭔가를 성취함으로써 당신의 재주를 사용하고 있음을 증명했는가?
-어떤 것을 발명하거나 창작해보려고 노력한 적이 있는가?
-빠른 시일 내에 구체적인 어떤 주제에 대해 창조적인 생각과 노력을 하겠는가?

5. **재주**: 보통 천재성과 반대 의미로 사용되지만 늘 그런 건 아니다. 이것은 타고난 재능이지만 개인이 발전하고자 하는 만큼 달라

질 수 있다는 것을 암시한다.

-근면과 노력이 재주를 발전시킨다. 당신은 재주를 개발할 수 있는 타고난 능력이 있다. 그것을 개발하고 있는가?

전문가의 말

위티 박사는 강연에서 또 이렇게 말했다:

"재능 있는 아이는 또래 친구들에 비해 몸집, 힘, 전반적인 건강이 더 뛰어났습니다."

-당신은 힘과 전반적인 건강을 향상시킬 수 있는가?

"재능 있는 아이는 교육현장에서도 뛰어난 발달을 보입니다. 그들이 가장 잘하는 것은 읽기와 언어입니다. 가장 못하는 것은 손글씨 쓰기와 소리지르기입니다."

-당신은 읽기 속도와 이해력, 시대와 문화에 따라 달라지는 언어의 의미를 파악하는 능력을 키울 수 있는가?

"재능 있는 학생은 보통 언어발달과 표현이 뛰어나다."

-다시 말하지만, 이것은 습득하는 기술이다. 당신은 이것을 향상시킬 수 있는가?

"재능 있는 아이는 빨리 배운다. 이것이 그들의 중요한 특징이고 이 분야의 저자들이 계속해서 언급하는 점이다."

-당신은 빨리 배우는 방법을 찾을 수 있는가?

동기부여가 가장 중요하다

강연이 끝난 후, 나는 위티 박사에게 재능 있는 아이가 성장하는데 있어 동기부여의 중요성에 대해 물었다. 그 역시 동기부여를 가장 중요한 것으로 생각했다.

천재는 1 퍼센트의 영감과 99 퍼센트의 땀으로 만들어진다. 토마스 에디슨이 했던 말이다. 그는 이런 말도 했다. *성공의 주 재료는 상상력, 열정, 노력하려는 의지이다.*
- 동기부여를 통해 우리 모두가 상상력, 열정, 노력하려는 의지를 개발할 수 있다는 말은 옳은가?

위티 박사는 그의 책, 『재능을 지닌 아이들』에서 천재라는 말의 본질을 보여주었다. 이렇게 썼다:

"천재"라는 말은 아이나 젊은이에게 쓰기에는 잘못된 표현이다. 이 말은 중요하고 오래가는 가치가 있는 독창적인 기여를 한 사람을 묘사하는데 쓰이도록 남겨둬야 한다. 아이큐가 180 이상이고, 아직 발달단계에 있는 사람은 잠재적 천재이다. "천재"라는 칭호를 얻으려면 시간이 흘러 이 젊은이가 근면, 인내, 진취성, 독창성을 증명받아야 한다.

행동의 영감으로 근면, 인내, 진취성을 개발할 수 있다. 행동의 영감은 상상력을 자극해 독창성을 발휘시킨다. 당신은 이런 영감을 통해 중요하고 가치 있는 일에 독창적인 기여를 하고자 노력한 적이 있는가?

잠재적 천재를 소개하겠다

위의 질문들에 예, 아니오 표시를 아직 안 했으면 지금 하라. 그러면 당신은 한 가지 발견을 할 것이다. *"당신은 잠재적 천재이다."*

앞서 읽은 장들과, 다음 장 "운명을 바꾸는 힘"을 보면 알겠지만, 살아있는 모든 사람은 *행동의 영감, 노하우, 지식*을 통해 잠재의식의 힘-알려진 힘과 알려지지 않은 힘-을 활용할 수 있다. 나폴레온 힐은 토마스 에디슨이 이 힘을 *하늘 높은 데서 나오는 보이지 않는 힘*이라고 표현했다고 말한다. 당신이 호출해 쓸 수 있는 이 보이지 않는 힘과 당신이 물려받은 지적 능력, 당신이 선택하는 마음자세는 아이큐 검사로 측정할 수 없다.

위티 박사는 아이큐 검사에 대해 다음과 같이 말했다.

재능 있는 아이를 뛰어난 창조성을 발휘할 가능성이 있는 아이라고 한다면, 기존의 지능검사로 이들을 가려낼 수 있을지는 의문이다. 창조성은 독창성과 깊은 관련이 있고, 독창성이란 새로운 자료나 경험을 성공적으로 관리, 통제, 정리하는 것을 의미하기 때문이다. 지능검사에는 이미 학습한 내용들이 나오기 때문에 독창성이나 창조성을 드러내주기에는 턱없이 부족하다.

아이큐는 높일 수 있다

　몇 년 동안 나는 아이큐 검사가 측정하지 못하는 한 가지가 지능임을 깨달았다. 이 검사의 구성은 잠재의식의 창조적 힘을 놓치고 있다.

　이것을 알게 된 나는 사람들을 더 발전하도록 동기부여할 수 있었다. 나는 사람들이 목표를 향해 가장 잘 발전할 수 있는 환경을 선택하게 하고, 의식을 사용해 잠재의식의 거대한 힘을 자신이 원하는 방향으로 흐르게 할 수 있다는 것을 알리기 위해 그들에게 영감을 주었다.

*　고아원에 있다가 좋은 가정으로 입양된 아이들은 종종 아이큐가 상승한다. 큰 수치는 아니지만 10에서 20정도 상승한다.*

　『심리학 제1강』에서 로버트 우드워스와 메리 로즈 시한이 얘기한 게 이것이다. 어른의 교육에 관한 실험도 있었다. 이 실험에서는 어른이 어휘력과 독해력을 높이니 아이큐 점수가 올라갔다. 당신이 할 수 있는 방법이 있다. *"책 읽기."* 일 년에 적어도 책을 네 권은 읽고, 『리더스 다이제스트』 같은 잡지와 신문을 읽어라. 책 네 권 중에서 적어도 한 권은 자기계발서가 되어야 한다.

　속독 수업을 받을 수도 있다. 이용할 수 있는 것은 아주 많다. 당신이 수업을 신청했다는 것은 당신이 행동의 영감을 받았기 때문이다. 안 그랬으면 수업을 신청할 생각도 하지 않았을 것이다. 당신은 수업에서 지식을 얻을 것이다. 이것들이 *절대 실패하지 않는 성공시스템*이다.

그렇다면 아이큐 검사는 가치가 있는 것인가? 물론 있다. 그것은 구체적인 기준을 가지고 개인이 얼마나 준비되어 있는지 측정해줄 수 있다.

이제 당신은 당신 안에 내재된 힘을 알았다. 다음 장, "운명을 바꾸는 힘"에서는 내재된 그 힘을 어떻게 사용하는지 알려줄 것이다.

커다란 문도 작은 경첩에 매달려 있다

당신의 잠재력은 무한하다. 한계는 당신이 정하는 것이다. 어디까지 가볼텐가?

토마스 에디슨의 말을 기억하라:

성공은 상상력, 열정, 노력하려는 의지에서 자란다.

Chapter 17

운명을 바꾸는 힘

"유레카! 유레카! *찾았다, 내가 찾았어!*" 아르키메데스가 욕조에서 벌떡 일어나 소리쳤다.

아르키메데스는 고대 그리스의 위대한 수학자이자 발명가였다. 왕은 특이한 문제로 그에게 도움을 청했다. 금세공인에게 왕관을 순금으로 만들어 줄 것을 주문하면서 정확한 양의 순금을 주었는데 완성된 왕관이 과연 진짜 순금일까 하는 의문이 들었던 것이다. 그는 금세공인이 금을 일부 빼돌리고 다른 금속으로 채워 넣은 게 아닐까 의심했다.

왕은 아르키메데스에서 왕관을 손상시키지 말고, 순금이 맞는지 확인해 달라고 했다. 아르키메데스는 *생각하는 시간*을 가졌다. 며칠 동안 이 문제에 골몰했지만 해결책을 찾을 수 없었다. 하지만 그의 잠재의식은 언제나 그를 위해 일하고 있었다. 그러던 어느 날 아르키메데스는 물이 가득 찬 욕조로 들어갔을 때 물이 넘쳐흐르는 것을 보게 된다. 아르키메데스는 잠시 동안 그 모습을 바라보다, 기쁨에 넘쳐 소리 질렀다, "유레카!"

잠재의식이 갖고 있던 해답이 섬광처럼 번뜩이며 의식에 떠오른 순간이었다. 문제의 해답이 종종 예상치 못한 순간에, 가령 쉬고 있거나, 목욕을 하거나, 면도를 하거나, 음악을 듣거나, 잠에서 깨어날 때와 같은 순간에 나타나는 것처럼 말이다.

이러한 영감은 마음속에서 당신이 예전에 보고, 듣고, 냄새 맡고, 느끼고, 경험하고, 생각했던 어떤 이미지로 번뜩인다. 그 이미지는 당신이 보고 쉽게 연상해서 해석할 수 있는 상징물일 수도 있다. 특히 해답이 꿈으로 나타날 때가 그런 예이다.

아르키메데스에게 찾아온 아이디어는 다음과 같았다. 똑같은 그릇 세 개에 같은 양의 물을 채워 넣는다. 첫 번째 그릇에는 왕관을, 두 번째 그릇에는 왕이 금 세공인에게 줬던 양의 순금을, 세 번째 그릇에는 같은 부피의 은을 넣는다. 그러고 나서 각각의 그릇에서 물이 흘러넘치는 양이 어떻게 다른지 본다.

아르키메데스도, "*지금 하라!*" 라는 실행스위치를 썼던 사람들처럼 즉시 행동에 들어가 그의 아이디어를 테스트해보았다. 그는 실험으로 금 세공인이 속임수를 썼음을 확실하게 증명했다. 금 세공인은 왕관에 은을 섞어, 남은 금을 자기가 가졌던 것이었다. 아르키메데스의 결론은 지금은 잘 알려진 다음의 원리에서 나왔다. "액체 속에 있는 물체는 그 물체와 같은 부피의 액체의 무게만큼 가벼워진다."

아르키메데스도 우리가 아는 많은 과학자나 발명가처럼, 부를 얻고 사업을 하는 데는 관심이 없었다. 하지만 관심이 있었다면, 같은 방법을 써서 그의 의식과 잠재의식이 그를 위해 일하게 했을 것이다. 그는

운명을 바꾸는 힘을 사용할 줄 알았으니까.

운명을 바꾸는 힘을 사용하라

운명을 바꾼다는 이 힘은 대체 무엇인가?

이것은 당신에게 있는 힘이다. 하지만 모든 힘처럼, 이 힘 또한 긍정적일 수도 부정적일 수도 있다. 이 힘은 선한 목적으로도, 악한 목적으로도 사용될 수 있다. 당신에게 달렸다. 운명을 바꾸는 힘은 바로, *생각이다!*

모든 힘처럼, 이 힘 또한 숨어있을 수도 있고 드러나 있을 수도 있다. 집중될 수도 있고 분산될 수도 있다. 사용될 수도 있고 안 될 수도 있다. 그래서 이 힘을 이용하고 싶다면 올바른 마음자세로 생각해야 한다.

우리는 *모든 결과에는 그에 해당하는 원인이 있다*는 것을 안다. 그리고 *생각*은 모든 성취의 첫 번째 원인이다. 생각하지 않으면 성공하지 않는다. 잘못된 전제를 바탕으로 생각하면 올바른 답을 얻을 수 없다.

아르키메데스는 문제를 해결하기 위해 *생각하는 시간*을 가졌다. 그리고 나폴레온 힐은 자신의 책에 딱 맞는 제목을 찾기 위해 *생각하는 시간*을 가졌다.

뇌를 써라

나폴레온 힐이 책을 완성했을 때 그 책의 임시 제목은 *부자가 되는*

*열세 단계 방법*이었다. 하지만 출판사에서는 좀 더 잘 팔릴 만한 제목, 백만 달러짜리 제목을 원했다. 출판사 사람은 매일 전화를 걸어 새 제목을 재촉했다. 나폴레온 힐은 제목을 600개쯤 생각해냈지만 그리 썩 마음에 드는 것이 없었다.

어느 날 출판사 사람이 전화를 걸어 말했다. "내일까지는 제목을 결정해야 해요. 내일까지 제목을 안 주면 제가 정한 제목으로 갈 거예요. 굉장한 제목이죠-*너를 쓰면 배추잎이 들어온다*."

"이 책을 다 망쳐놓을 생각이에요?" 힐이 소리쳤다. "제목이 너무 우스꽝스럽잖아요."

"결정 났어요. 내일 아침까지 더 좋은 제목을 안 주시면 이게 책 제목이에요." 출판사 사람이 대답했다.

그날 밤, 나폴레온 힐은 잠재의식과 대화를 나누었다. 그는 큰 소리로 말했다. "너와 난 오랜 길을 함께 걸어왔어. 넌 날 위해 많은 걸 해주었지. 하지만 난 백만 달러짜리 제목이 필요해 오늘 밤 안에 말이야. 내 말 알겠니?" 힐은 몇 시간을 생각하다 잠이 들었다.

두 시쯤, 누가 깨우기라도 한 것처럼 잠에서 깼다. 잠이 깨자 그의 머릿속에 제목 하나가 은은하게 빛을 내고 있었다. 그는 타이핑기로 뛰어가서 옮겨 적었다. 그리고는 출판사에 전화를 걸어 소리쳤다. "됐어요, 백만 달러짜리 제목이 생각났어요."

그의 말이 옳았다. 『생각하라 그러면 부자가 되리라』는 그날 이후 수백만 권이 팔렸다. 그리고 자기계발 분야의 고전이 되었다.

최근 나폴레온 힐과 나는 뉴욕에서 노만 빈센트 필 박사와 점심을 먹었다. 이야기를 나누다가 힐은 『생각하라 그러면 부자가 되리라』는 책 제목이 어떻게 탄생하게 됐는지 말해주었다. 필 박사는 곧바로 대답했다.

"출판사가 딱 원했던 제목대로 주셨네요. 안 그래요? *뇌를 써라* 는 *생각하라*는 뜻의 속어죠. *배추잎이 들어온다* 는 *부자가 된다*는 뜻의 속어고요. *뇌를 쓰면 배추잎이 들어온다* 와 *생각하라 그러면 부자가 되리라* 는 똑같은 말이잖아요."

이 이야기에서, 그리고 앞서의 장에서 당신은 암시와 자기암시, 무의식적 암시가 어떻게 사용되는지 보았다. 당신은 이 책을 읽으면서 우리는 과거의 습관과 생각과 행동에 따라 반응한다는 것을 알게 될 것이다.

우리는 모두 자신의 생각을 지휘할 수 있는 힘이 있다. 생각을 잘 지휘하면 감정을 통제할 수 있다. 그리고 감정을 통제할 때 우리는, 유전적으로 물려받았지만 종종 스스로도 납득이 가지 않는 일을 하게 만드는 본능, 열정, 감정의 해로운 영향을 무력화시킬 수 있다.

그래서 *이것만은 반드시 지키겠다*는 높은 도덕기준을 세워놓으면 미래에 있을 만한 중대한 잘못으로부터 스스로를 보호할 수 있다.

그는 욕망에 이끌려 잘못을 저질렀다

12장 "만인의 길"에서, 판매원이 실패하는 네 가지 근본 원인이 섹스, 술, 속이기, 훔치기라고 얘기했었다. 이는 판매원뿐 아니라 모든 사람들에게 똑같이 적용되는 이야기이다. 그리고 이 네 가지 중 하나가 있는 사람은, 보통 어떤 형태로든 속이기와도 연관되어 있다.

조 이야기를 해보자. 나는 그가 자랑스럽다. 그는 내면의 전쟁에서 승리한 사람이다. 사건은 이랬다.

그는 영업회의를 통해 행동의 영감을 받은 판매원이었다. 하지만 인간은 습관의 결과물이었기 때문에 과거의 잘못된 습관이 계속해서 그에게 문제를 일으키게 했다. 그는 정직이라는 가치를 *이것만은 반드시 지켜야 한다는 기준*으로 세우지 못했다. 그래서 성과급을 둔 경쟁에서 정직하게 포상을 타내는 대신 다른 사람의 왕관을 빼앗았다.

의욕 넘치는 판매조직을 생각해보라. 열정이 넘치고 쉴 새 없이 추진력이 솟아난다. 판매원들은 판매 신기록을 세우도록 격려 받는다. 영업관리자는 판매회의에서 판매원들의 이성과 감정에 호소한다.

조가 참석한 영업회의에서 판매원 각자와 판매조직에게 매우 높은 목표가 설정됐다. 회의가 진행되는 동안 판매원들은 자신들이 목표를 달성할 수 있을 것이라고 믿는다. 그리고 회의가 끝난 후 그들은 행동을 취한다. 그러면 조직이 정한 목표를 달성하는 것이 가능하다.

할 수 있다고 믿을 때, 잠재의식은 소망을 현실로 바꿔놓기 때문이다.

이 회의가 있은 후에 조는 미국 전체에서 가장 높은 판매실적을 내기 시작했다. 판매량은 경이로울 정도였다. 그가 판매한 수백 건의 보험료가 빠짐없이 납입되었다. 성과급 프로그램이 끝날 때 조는 모든 상을 휩쓸었고 최고의 사랑을 받았다.

그의 도덕규범은 그를 막지 못했다

나는 전국 여러 곳에 조를 데리고 다니면서 판매회의에 같이 참석하게 했다. 판매회의에서 그는 자신이 어떻게 성공할 수 있었는지 아주 자세하게 이야기해주곤 했다. 그의 이야기는 진실되고 설득력이 있어서 사람들은 믿었다. 조는 다른 지역의 영업관리자로 승진했다. 하지만 조가 판매한 보험의 갱신시기가 오자, 우리는 그가 금 세공인처럼 속임수를 썼다는 것을 알았다. 그는 관리자들을 속여서 영웅의 왕관을 빼앗았던 것이다. 다른 사람을 속인 것도 잘못이지만 제일 나쁜 건 그가 자신을 속였다는 점이다. 그가 가상의 성공에 대해 거짓말을 하면 할수록 스스로도 그것을 믿게 되었다. 그의 잠재의식은 그렇게 움직였다.

도덕기준이 높았다면 이런 일을 하지 않도록 자제할 수 있었겠지만 그의 낮은 도덕기준으로는 무리였다.

나는 조를 돕고 싶었기 때문에 그가 대가를 치르게 했다. 그래서 그가 받았던 모든 상과 상금을 반환시켰다. 진짜 우승자에게 상을 돌려주었을 때 동료들은 모든 사실을 알게 됐고 그는 망신을 당했다.

나는 조에게 자신을 발견할 때까지 회사를 떠나있으라고 했다. 희망은 가장 위대한 동기 중 하나이다. 그래서 조에게 자신을 발견하고 나면 다시 회사에 돌아올 수 있다는 희망을 던져주었다. 나는 그에게 전문적인 정신과 치료를 받으면서 규칙적으로 치료 보고서를 보내라고 했다. 또한, 종교적인 도움도 받으라고 권했다.

이 일이 있은 후, 우리는 성과급 프로그램이 끝나면 상을 주기 전에 모든 판매 건을 검수하는 과정을 거치게 되었다. 조는 누가 봐도 훌륭한 사람처럼 보였지만 믿기 어려운 일을 저질렀다. 그는 인정을 받기 위해 자기 돈으로 보험료를 냈던 것이다.

조의 경우처럼, 도덕규범이 힘을 발휘하지 못하는 사람들이 있다. 그들은 잘못을 저지르고도, 자신이 왜 그랬는지 모른다. 그런 잘못의 진짜 원인은 *이것만은 반드시 지키겠다는* 높은 *도덕기준을* 세워놓지 않았기 때문이다.

높은 도덕기준은 범죄를 막는다

나는 이 문제 때문에 괴로웠다. 그래서 해답을 구하려고 노력했다. 속이는 건 무엇 때문인가? 어떻게 해야 이런 일이 다시 발생하지 않게 할 수 있을까? 조나 그와 비슷한 이들을 어떻게 도울 수 있는가? 내 생각은 이 문제에 집중되었다. 나는 스스로에게 질문을 던짐으로써 생각의 방향을 지휘했다.

당신도 생각의 방향을 지휘할 수 있다. 아르키메데스는 수학과 물리 법칙을 잘 알고 있었기 때문에 해답이 그에게 왔다. 그것처럼 나는 예전에 읽었거나 배웠던 원리를 현재의 문제에 적용했고, 해답이 나에게 왔다.

나는 에밀 쿠에의 유명한 『의식적 암시로 자기 지배하기』의 학생이었다. 여기서 *의식적 암시는* 내가 이 책에서 쓴 *자기암시와* 똑같은 말이다.

에밀 쿠에는 당신도 알다시피 사람들의 질병을 치료하고 신체적, 정신적, 도덕적 건강을 유지하게 도와서 세계적으로 유명해졌나. 에밀 쿠에가 쓴 방법은 확언인데, 나는 그것을 동기유발 도구라고 표현했다. 그의 확언 중 가장 유명한 것은 *"나는 날마다 모든 면에서 점점 더 좋아지고 있다."*였다.

이런 최면실험이 있었다. 최면에 걸린 피험자는 상상의 칼을 받는다. 그리고 앞에 서 있는 마네킹이 그를 해칠 거라는 말을 듣는다. 그리고 명령을 받는다. "상대방이 찌르기 전에 먼저 그를 찔러!" 하지만 그는 실제 사람이라고 믿는, 칼을 들고 있는 마네킹을 찌를 준비가 되었지만 이내 멈춰버린다. 잠재의식이 그가 살인을 저지르는 것을 허락하지 않은 것이다.

왜? 그 사람의 잠재의식에는 도덕기준이 뿌리 깊게 자리 잡고 있기 때문이다. 아무리 명령을 받았다고 하더라도 자신이 세운 도덕기준 이하의 행동은 반응을 거부하게 된다. 높은 도덕기준이 그가 범죄를 저지르는 것을 막았다.

하지만 예전에 사람을 찔러봤거나 살인을 저지른 적이 있는 사람이라면, 즉 이런 행동에 제약이 없는 사람이라면 최면상태에서 암시를 받았을 때 망설이지 않고 그 일을 할 것이다. 그런 사람은 일상에서 자각하고 있는 상태에서도 그 일을 할 것이다.

높은 도덕기준은 나쁜 암시를 물리친다

생각하는 시간을 갖고 있을 때, 내가 찾던 해답이 분명히 모습을 드러냈다:

1. 속이는 건 무엇 때문인가? 내가 내린 결론이다:

- 조는 역동적이고 열정이 넘치는 판매회의에 참석했다. 그는 성과급 프로그램에서 높은 판매성과를 낸다는 암시를 받았고, 이 암시의 힘으로 일정한 감정이 생겨났다. 그렇게 감정에 젖어있을 때는 매력적인 암시의 영향을 받기가 쉽다. 그는 자신이 높은 판매목표를 달성할 거라는 말을 들었고 그 말을 믿었다.

- 그는 정직의 기준을 높게 세워두지 않았다. 목표를 달성하는 데에 도움이 되더라도 정직하지 못하다면 그 행동을 하지 않겠다는 기준을 세워두지 않았다. 그래서 그의 양심은 속임수를 막지 않았고 자신이 팔지도 않은 것을 자신의 돈으로 충당하면서 팔았다고 거짓말을 했다. 그에게는 남을 속이는 습관이 있었기 때문이다. 처음에는 사소한 속임수에서 시작해서 점점 더 심각한 일까지 속이게 된다.

2. 이런 일이 다시 벌어지는 것을 막으려면?

- 판매회의에 참석하는 이들에게 정직과 진실성이 얼마나 중요한지 강조한다. 이렇게 그들의 정신을 길들인다. 다음의 동기유발 도구를 사용하게 한다. 진실을 마주할 용기를 가져라. 진실하라!

- 회사 소식지에 정직과 진실성에 대해 생각해보고 높은 기준을 세우도록 격려하는 글을 싣는다.
- 모든 판매 건은 면밀히 조사될 것임을 알렸다. *점검하지* 않으면 사람들은 당신이 *기대하*는 일을 하지 않는다.

3. 조와 비슷한 이들을 어떻게 도울 수 있는가? 내가 쓴 방법이다:
- 조는 내 충고에 따라 유혹이 없는, 봉급을 받는 직장을 얻었다. 조의 정신과 의사는 그가 잘하고 있다고 말했다. 조에게서도 같은 말을 들었다. 나는 조에게 편지를 써서 지금처럼 계속 잘하라고 격려했다.
- 나는 그에게 두 가지 동기유발 문구를 외우라고 했다: 진실을 바로 볼 용기를 가져라. 진실하라. 나는 그에게 10일 동안 매일, 하루에 여러 번, 특히 아침과 저녁에 이 문구를 반복하라고 했다. 그리고 거짓말이나 남을 속이고 싶은 유혹을 느끼게 되면, 잠재의식에 있는 이 동기부여 문구가 번뜩 의식에 떠오를 때 곧바로 옳은 일을 선택하라고 했다.
- 정직과 진실에 관해 높은 기준을 세우라고 격려하는 글을 써서 그에게 보냈다.
- 1년 후, 조와 그의 정신과 의사는 그가 준비가 됐다고 말했다. 나는 그와 직접 면담한 후에 그를 다시 고용했다. 그리고 자신과의 싸움에서 이긴 그가 무척 자랑스럽다고 말해주었다.

높은 도덕기준, 즉 외부의 상황이 어떻든 *이것만은 반드시 지키고 그 이하의 행동은 하지 않겠다는* 높은 도덕기준을 세워놓는 것은 얼마나 중요한가. 이를 깨닫는 것은 가슴 뛰고 멋진 경험이었다. 이 깨달음으로 인해 나는 온갖 종류의 사람들, 특히 아이와 십대를 도울 수 있는 기법을 추가로 발견했다.

이것은 나에게, 삶의 진정한 보물 중 하나이다.

12장에서 당신은 십대에게 암시를 사용하는 것에 관해 읽었다. 당신도 아마 알 것이다. 아이에게 계속해서 "넌 말을 안 들어. 넌 도움이 안 돼. 넌 제 구실 하긴 글렀어,"와 같은 말로 암시의 씨앗을 뿌리면 많은 아이들은 말을 안 듣고 도움이 안 되고 제 구실을 못하는 것으로 그에 응답한다.

물론 정반대의 아이들도 있다. 청개구리처럼 반응하는 습관이 있는 아이라면 "보여주겠어!"라고 생각할 수도 있을 것이다. 아이가 이전에 *할 수 없다*는 생각보다는 *할 수 있다*는 생각을 주로 선택해서 습관을 만들었다면 부정적인 암시를 받아도 종종 정반대의 반응이 나오기도 한다.

나는 시카고 소년클럽, 브루클린 청소년 복음전도, 시카고 소년원과 함께 작업하면서, 암시의 힘을 이용해 이른바 문제아들을 도울 수 있음을 알게 되었다.

아이가 좋은 행동을 했을 때 좋은 생각씨앗을 뿌려주면 아이는 즉각적으로 좋은 반응을 보인다. 몇 가지 좋은 생각씨앗은 이것이다.

"나아지고 있구나. 점점 더 좋아지고 있어. 네가 자랑스러워."

운명을 바꾸는 힘을 개발하는 법

지금까지 알아본 것:

- 생각의 힘은 운명을 바꿀 수 있다.
- 암시, 자기암시, 무의식적 암시의 중요성
- 의식과 잠재의식의 관계

우리는 또한 생각의 힘을 이용해 생각하는 방식을 바꿈으로써 문제를 해결할 수 있다는 것도 알았다. 여기서 생각이란 심사숙고의 결과로 마음속에 떠오르는, 표현되거나 표현되지 않은 아이디어를 말한다. 이렇게 심사숙고하는 데에는 시간이 걸린다.

이번 장의 목적은, 당신이 매일 공부하고 생각하고 계획하는 시간을 갖게 해서 당신의 운명을 바꾸는 힘을 개발하고 사용하게 하려는 것이다. 알렉시스 카렐 박사는 *"생각 자체를 위해 생각하는 것은 정신의 왜곡이다."* 라고 말했다. 생각에는 행동이 뒤따라야 한다.

이제 당신은 매일 공부하고 생각하고 계획하는 시간을 가진다면 운명을 바꾸는 힘을 개발하고 사용할 수 있다는 것을 알았을 것이다. 하지만 그 방법은 모를 것이다.

19장 "성공지표가 성공을 가져온다"에는 조지 세버런스와 그가 만든 시간기록 카드에 대한 이야기가 나온다. 그곳에서 당신은 자신만의 시간카드를 만드는 방법을 배울 것이다. 지침대로 매일 그것을 사용하면 당신의 성공은 따 놓은 당상이다. 자신의 의지대로 *행동의 영*

*감*을 일으킬 수 있는 힘, 당신이 관심 있는 분야의 *지식*과 *노하우*를 얻는 힘, 시간카드를 사용하면 이 힘을 키울 수 있다.

하지만 우선 *삶의 진정한 보물*들을 살펴보자. 유명인들에게 "삶의 진정한 보물은 무엇입니까?"라고 질문을 던졌다. 이 질문에 대한 답장의 일부 내용을 18장에 실었다. 그리고 이러한 보물을 얻은 사람의 이야기도 다음 장에서 읽게 될 것이다.

커다란 문도 작은 경첩에 매달려 있다

생각은 우주에서 가장 대단한 힘이다

친절한 생각을 하라… 친절해진다
행복한 생각을 하라… 행복해진다
성공을 생각하라… 성공한다
훌륭한 생각을 하라… 훌륭해진다
나쁜 생각을 하라… 나쁜 사람이 된다
질병을 생각하라… 아프게 된다
건강을 생각하라… 건강해진다
당신은 당신이 생각하는 그것이 된다

Chapter 18

삶의 진정한 보물

"안녕 잭," 오전 7:30, 전화기 저 편에서 누군가 말했다. 이 전화 한 통을 시작으로 젊은 사업가인 잭의 인생을 바꾼 사건들이 연이어 일어났다. 전화를 건 사람은 해롤드 스틸이었다. 그는 조지아 주 애틀란타에 있는 소년클럽의 전무이사이다. 그의 목소리에는 다급한 기색이 역력했다.

"차가 시동이 안 걸려서 중요한 약속을 못 지킬 것 같네. 오늘 아침 8시에 네 살짜리 아이와 그 애 엄마를 병원까지 태워다줘야 하는데 말이야. 아이는 백혈병 말기인데, 기껏해야 며칠만 더 살 수 있다고 들었다네. 자네가 나를 도와서 이 아이를 병원까지 태워다 주겠나? 자네 집 근처에 살고 있네."

8시, 아이의 엄마는 잭의 차 앞좌석에 앉았다. 아이는 힘이 없어서 엄마 무릎을 베고 발은 잭의 오른쪽 다리 위에 놓은 채 누워 있었다. 잭은 시동을 걸면서 아이를 흘끗 내려다보았다. 둘의 눈이 마주쳤다.

"당신은 신이세요?" 아이가 물었다.

잭은 머뭇하다가, 부드럽게 대답했다. "아니란다, 애야. 왜 그렇게 묻니?"

"신께서 곧 절 데리러 오신다고 엄마가 말씀하셨거든요."

"그리고 6일 후, 신께서 오셔서 그 아이를 데려갔어요." 잭이 나에게 말했다.

잭 스티븐스의 삶은 바뀌었다. 엄마 무릎을 베고 누운 아이, 무력한 눈빛, "당신은 신이세요?"라고 묻던 그 모습이 계속 잭의 머릿속에 맴돌았던 것이다. 그 모습은 잭에게 깊은 인상을 남겼고 결국 그를 행동하게 만들었다.

지금 잭 스티븐스는 애틀란타에 있는 소년들이 건강하고 성실하고 애국심을 가진 시민으로 자라도록 적극적으로 돕고 있다. 그는 이제 조제프 비 화이트헤드 기념 소년클럽의 책임자이다.

나는 종종 잭에게서 들은 이 이야기를 떠올리곤 한다. 이 이야기에는 생각의 힘이 잘 드러나 있다. 누구든 선이나 악을 생각하고 행할 수 있는 힘이 있다.

"당신은 신이세요?"

아무도 당신에게 이렇게 묻지 않을 것이다. 하지만 당신도 잭 스티븐스처럼 당신이 생각하는 삶의 진정한 보물을 찾고 싶은 열망이 있을 것이다. 그러한 보물은 많다. 선택만 하면 된다.

당신에게 삶의 진정한 보물은 무엇입니까?

최근에 있었던 미국 소년클럽 이사회 모임에서, 나는 로버트 이 우드 장군에게 "누군가 당신에게, 삶의 진정한 보물은 무어냐고 묻는다면 어떻게 대답하시겠어요?"라고 물었다. 그는 한 치의 망설임 없이 "행복한 결혼과 행복한 가정이죠."라고 대답했다.

난 집에 도착하자, 삶에서 자신이 원하는 것은 무엇이든 선택할 기회가 있었던 다른 유명한 사람들에게도 같은 질문을 해보자는 생각이 들었다. 그래서 나는 제이 에드가 후버, 프랭클린 델라노 루즈벨트 부인, 에디 리켄배커 기장에게 물었다. 내가 생각하기로는 지금 우리 나라에서 가장 존경 받는 세 사람이다. 나는 몇몇 주지사에게도 같은 질문을 했다. 내가 받은 대답 중 일부를 아래에 실었다. 이러한 견해들이 모두 모여 *진정한 성공*의 그림이 완성된다.

제이 에드가 후버:
"제 생각에 삶의 진정한 보물은, 우리가 나라와 인류에 봉사함으로써 소중한 유산을 보존하고 신성한 자유를 지킬 수 있음을 아는 데 있다고 봅니다."

엘리너 루즈벨트:
"삶의 진정한 보물은 다른 사람의 필요를 채워주었다는 느낌에 있는 것 같습니다."

에디 리켄배커:
"미국의 젊은이들을 돕는 것."

에스 어니스트 밴디버 (조지아 주지사):

"밀레지빌에 있는 조지아 주 정신병원을 방문했습니다. 제가 최근에 승인했던 광범위한 정신 의료개혁 프로그램과 관련해서 간 거였죠. 저는 빼곡히 모인 사람들의 얼굴을 내려다보았습니다. 몇 년 동안 그들의 얼굴에서는 어떤 희망도 보이지 않았습니다. 인간창고에서 반쯤 죽은 듯 지내는, 삶에 체념한 모습이었죠. 하지만 이 때는 그들의 얼굴에서 희망을 볼 수 있었습니다. 열렬한 희망, 새로 생긴 희망, 붙들고 싶은 희망이었죠. 저에게는 이것이 삶에서 최고의 보물 중 하나였습니다. 공직에 있는 사람은 삶의 진정한 보물을 얻을 기회가 훨씬 더 많습니다. 아마 가장 많지 않을까 합니다."

마이클 디살 (오하이오 주지사):

"저는 7형제 중 맏이였습니다. 어렸을 때는 먹고 살기가 무척 힘들었어요. 하지만 전 부모님들을 보면서, 가진 게 아무리 없어도 다른 이들과 나눌 수 있다면 행복하다는 것을 배웠습니다."

뷰퍼드 엘링턴 (테네시 주지사):

"진정한 보물 중 하나는 친구죠. 친구는 늘 가까이 있습니다. 친구는 당신의 행운을 크게 기뻐하고, 실망은 나눠 갖습니다. 당신의 문제는 그의 문제가 됩니다. 충실한 친구의 사랑과 이해가 있다면 옷이 낡고 지갑이 텅 비어도 결코 가난하지 않습니다."

존 앤더슨 주니어 (캔자스 주지사):
"인생에서 가장 중요한 것은 사람들에게 사랑 받고 존경 받는 게 아닐까 합니다."

존 그레이엄 말트만 (사우스 캐롤라이나 주지사):
"삶의 진정한 보물은 공익에 봉사하면서 가장 잘 얻을 수 있습니다. 이게 꼭 정치를 의미하는 건 아니고요."

존 뎀프시 (코네티컷 주지사):
"삶의 진정한 보물은 사람들에게 봉사하면서 느끼는 만족감으로 경험할 수 있습니다. 사람들에게 봉사하는 것을 자신의 주된 목표로 삼는 사람은 거의 틀림없이 행복한 결혼, 행복한 가정, 그리고 우리가 삶의 진정한 보물이라고 생각하는 모든 것들을 얻게 됩니다."

매튜 이 웰시 (인디아나 주지사):
"제 개인적인 생각으로는, 믿음, 행복한 가정, 도전적인 일이 행복한 삶을 만드는 요소라고 봅니다."

오토 케르너 (일리노이 주지사):
"제가 판단하기에는, 사람이 인생에서 모을 수 있는 가장 위대한 부는 다른 사람을 위해 봉사하는 데서 오는 영속적인 보상입니다. 다른 사람을 위한 헌신적인 활동을 통해서만 자신을 발견할 수 있습니다."

엘머 앤더슨 (미네소타 주지사):
"자신의 아이들의 행복과 성공."

노만 에이 에브 (아이오와 주지사):
"저에게 삶의 진정한 보물은, 인류에게 도움 되는 업적으로 남을 일을 한다는 특권과, 그 일이 완성되는 과정을 도왔다는 것을 아는 데서 오는 만족감이 포함됩니다."

알버트 디 로셀리니 (워싱턴 주지사):
"저는 아리스토텔레스의 말에 동의합니다. 즐거움 중에서도 으뜸인 것은 배우는 즐거움이지요. 또한 우리나라의 건국자들이 믿었던 것처럼 법아래 자유에도 동의합니다. 여기에 더해 건강, 행복한 가정, 다른 사람과 함께 일하거나 그들에게 봉사하는 기회도 들 수 있겠죠."

아치 거브러드 (사우스 다코타 주지사):
"건강과 만족감. 이게 상투적 대답일 수도 있어요. 하지만 생각해보면, 저에게는 그것이 신체적, 정신적 소망의 최종 지향점인 것 같아요."

제이 밀러드 타즈 (메릴랜드 주지사):
"제 소견은 이렇습니다. 하늘나라에 계신 하나님, 미국의 헌법, 위대한 어머니 자연."

패리스 브라이언트 (플로리다 주지사):
"제가 발전에 기여한 지식이 삶의 진정한 보물 중 하나입니다."

앨버트 엔 카벨 (델라웨어 주지사):
 1. 신체적, 정신적으로 튼튼한 건강.
 2. 광대한 지혜의 샘으로부터 지식을 쌓을 수 있는 기회와 소망.
 3. 인류의 복지를 위해 자신의 재능을 최대한 발휘하는 것.

리차드 제이 휴즈 (뉴저지 주지사):
"저에게 삶의 진정한 보물은 행복한 가족, 가깝고 충실한 친구들, 강하고 오래 지속되는 믿음입니다. 이것들을 얼마나 가지고 있는지, 그리고 자신이 가진 이런 축복을 얼마나 알아차리는지가 매일의 풍요로움을 결정합니다."

잭 알 제이지 (와이오밍 주지사):
"삶의 보물을 말하자면, 건강이 첫 번째입니다. 다음이 자신이 즐기는 일을 할 수 있는 특권이죠. 그 일을 열심히 하면 정직하게 취미와 여가를 즐길 수 있고요. 바꿔 말해, 일을 열심히 안 하면 다른 것들도 재밌지가 않습니다."

에프 레이 카이저 주니어 (버몬트 주지사):
"오직 하나의 대답이 있습니다. 영원한 평화와 같은 행복의 원리를 구하고 즐기려는 의욕."

"삶의 진정한 보물이 뭘까요?" 내 이발사인 스탠리에게 물었다. 그는 일리노이 주 에반스톤에 있는 오링톤 호텔에서 일하고 있다. 스탠리는 오랫동안 생각한 후에 이렇게 대답했다:
"함께함, 착한 마음씨, 기쁨을 구하고 발견하는 것."

당신의 대답은 무엇인가?

예술과 삶의 진정한 보물

삶의 진정한 보물 중에는 상상력과 미적 감각에 호소하는 것들이 있다. 그림, 스케치, 조각, 건축, 시, 음악, 춤, 연기와 같은 것들. 이것들은 예술에 속한다. 많은 사람들에게 있어 예술은 삶을 살아갈만한 가치가 있는 것으로 만들어준다. 예술은 휴식과 만족감, 기쁨을 가져다주고, 창조적으로 생각하게 자극하며, 나이와 계층에 상관없이 사람들에게 동기를 부여한다.

머리를 길게 땋은 이 소녀를 움직인 것은 음악에 대한 사랑이었다.

그녀는 너무 가난해서 인터로켄에서 열리는 내셔널 음악캠프에 갈 수가 없었다. 하지만 시간이 흘러 마침내 가게 되었을 때 그녀는 많은 이들을 위해 많은 것들을 성취했다. 그녀는 자신의 시간과 재능의 일부를 나누어서, 한 훌륭한 사람과 수천 아이들의 꿈을 현실로 만들어주었다. 다음은 그녀가 한 말이다:

"저는 조그마한 마을 미주리의 학교밴드에서 머리를 땋고 테너 색소폰을 불고 있었어요. 미국에 사는 수천 명의 어린이 음악가들처럼, 제가 간직한 꿈도 미시건 노스우즈에 있는 굉장한 장소에 가서 여름을 보내는 거였죠. 제가 인터로켄에 관해 아는 거라곤 이게 다였어요. 우리 모두에게 인터로켄은 마법의 단어였었죠. 인터로켄은 음악을 사랑하는 아이들이 가서 마음껏 연주할 수 있는 음악캠프예요. 우리 대부분에게 그것은 그림의 떡이었습니다. 그때는 경제도 불경기였고, 어린 시절의 헛된 꿈은 결코 이루어질 수 없음을 마음속으로는 알고 있었거든요."

이 소녀는 지금 시카고 *트리뷴* 지의 시사평론가인 누마 리 브라우닝이다. 어느 날 그녀와 그녀의 남편 러셀 오그는 우리 집에서 함께 저녁을 먹었다. 그녀의 새 책은 조제프 이 매디와 인터로켄에 관한 것이었는데, 그녀가 책의 원고 중 일부를 우리에게 읽어주었다. 아직 책의 제목은 정해지지 않았고 원고도 편집 전이었다. 그녀는 원고를 읽다가 아이디어가 번뜩 떠오르면 잠시 멈췄다. 그녀는 문득 이렇게 말했다. *"삶은 우리의 실망을 보상해주고, 빛나는 진주가 알알이 꿰어 있듯, 예상 못한 사건들을 차례로 엮어주는 재주가 있어요."*

그런 다음 계속해서 원고를 읽었다. 내용 중에는 그녀가 인터로켄에서 열리는 내셔널 음악캠프에 갈 수 있는 장학금을 놓쳤을 때 어떤 느낌이 들었는지에 관한 이야기도 있었다.

"고등학교 2학년 때였어요. 1932년, 저에게 충격을 준 일이 있었습니다. 엘리너 시스코라고, 저보다 한 학년 아래이고 클라리넷을 연주하는 아이였죠. 그 애가 인터로켄의 캠프에 선발됐어요.

"엘리너는 학교밴드와 오케스트라에서 수석 클라리넷 연주자였어요. 그 애 오빠는 코밋을 연주하고, 엄마는 훌륭한 피아니스트이자 교회 오케스트라의 감독이었죠. 엘리너만 생각한다면 기쁜 일이었지만 제가 인터로켄의 캠프에 선발되지 않은 일은 제게는 비극이었어요. 제 색소폰 실력이 엘리너의 클라리넷 실력만큼은 된다고 생각했었거든요. 음악선생님은 저에게 삶과 음악에 관한 몇 가지 사실을 요령 있게 설명해 주셨습니다. 그때 아마 처음 깨닫기 시작했을 거예요. 좋은 음악의 세계에 색소폰이 필수 악기는 아니라는 것을요. 게다가 엘리너는 피아노도 클라리넷만큼 잘했어요. 그녀는 인터로켄에서 장학금을 제안 받았습니다. 제가 색소폰 연주자로 장학금을 받을 가능성은 거의 없다고 봐야 했죠.

"인터로켄에서 돌아온 엘리너는 내셔널 음악캠프를 극찬하며 어떤 일이 있었는지 우리에게 말해주었습니다. 우리 모두는 부러운 눈길로 바라보았죠. 예전에도 캠프 얘기는 들어봤지만 우리 동네에서 간 건 이번이 처음있는 일이었거든요. 앞으로도 인터로켄에 가게 될 가능성은 없다는 걸 알았지만, 이 일은 깊은 인상을 남겼고 후에 제 삶의 원동력이 되었던 것 같습니다.

"그 이유는, 가 본 적도 없고 아는 것도 거의 없지만 음악을 사랑하는 저에게 깊은 인상을 남겼던 인터로켄이라는 한 단어 때문에, 저는 남몰래, 고집스럽게, 단호하게 마음을 먹었기 때문이죠. 언젠가는 인터로켄에 갈 수 있을 만큼 색소폰을 잘 연주하게 *될 거*라고요. 색소폰에 관해 부정적인 말을 들었음에도 불구하고, 저는 더 열심히 연습했습니다. 저는 음악가가 되겠다고 결심했고, 대학에 가서 *음악을 공부하기 위해* 돈을 모으기 시작했습니다."

그녀는 잠시 멈추더니 다시 말을 이어갔다.

"그런데 고등학교를 졸업하기 전 음악선생님이 말씀하셨죠. 제가 색소폰을 부는 것보다 시를 훨씬 더 잘 쓰니 신문학과에 가서 공부해보라고요. 저는 그렇게 했습니다."

그녀는 대학을 마치고 캠퍼스 커플이었던 러셀 오그와 결혼했다 (그는 지금은 잘 알려진 사진작가이다). 이 두 사람은 뉴욕으로 출발했고, 작가-사진작가 팀으로 활동하며 시너지 효과를 냈다.

"1941년 여름이었어요." 노마 리가 말했다. "러스와 전 *리더스 다이제스트*에 실을 기사 때문에 북 미시건에서 운전 중이었어요. 갑자기 우리 앞으로 도로표지판이 흐릿하게 나타났어요. 표지판에 적힌 글자를 보자 달콤쌉쌀한 기억이 떠올랐습니다.

인터로켄

내셔널 음악캠프

좌회전

"갑자기 어린 시절의 향수가 밀려오면서, 저는 소리쳤죠, '저길 가 봐야겠어. 진짜 상상했던 것만큼 그렇게 아름다운지 꼭 봐야겠어.'"

그곳은 어릴 적 그녀가 꿈꾸던 모든 것이었고 그 이상이었다. 그녀는 자신의 새 책에 그곳을 아름답게 묘사했다.

현재 예상 못한 사건들의 사슬이 완성되었다. 재미있는 사실은, 그녀의 집은 너무 가난해서 그녀를 인터로켄에 보낼 수 없었고, 그녀의 테너 색소폰은 장학금을 탈 등급이 안 됐는데, 지금 그녀는 인터로켄의 교수가 됐다는 것이다. 노마 리 브라우닝은 새로 설립된 인터로켄 예술학교에 초청된 첫 번째 교수가 되었다. 물론 음악을 가르치는 것이 아닌, 창조적 글쓰기에 대해 가르치고 있다.

그녀는 그곳에서 작가로서의 영향력을 발휘해 매디 박사를 제외한 그 누구도 못했던 많은 일을 해냈다. 또한 재능 있는 아이들을 위해 이 학교를 짓고 지원하는데 필요한 수십만 달러를 모았다.

나에게 삶의 진정한 보물 중 하나를 알려준 사람이 노마 리 브라우닝이다. 왜냐하면 그녀 덕분에 미국에서 가장 위대한 사람 중 하나인 조제프 이 매디 박사를 만나고 가까운 친구가 될 수 있었기 때문이다.

그는 음악에 대한 사랑을 함께 나누며 진정한 보물을 발견한다

그런 사람을 만나본 적이 있는가? 처음 본 순간 이 사람과 가깝게 지낼 수 있다면 영광이겠다는 느낌을 주는 사람. 내가 조제프 매디 박사를 처음 봤을 때의 느낌이었다. 그리고 그에 대해 더 많은 것을 알게 된 지금도 그 느낌은 여전하다. 그는 됨됨이가 훌륭하고 긍정적인 마음자세를 지닌 사람이다. 그는 자신이 뭘 원하는지 알고, 그것을 쫓아가 손에 넣는다.

그의 아내 페이는 사람들이 좋은 아내, 좋은 엄마 하면 떠올리는 모습의 여인이다. 미국에서 위대한 음악가를 발굴하겠다는 소망, 그리고 음악에 대해 지니고 있는 사랑을 모든 사람들과 함께 나누겠다고 하는 강렬한 소망, 그리고 음악과 아내 페이의 존재는 매디 박사가 원하는 것을 끊임없이 이루게 만들어주는 원동력이다. 매디 박사는 이야기하기를 좋아한다. 그리고 사람들도 그가 하는 이야기를 듣고 싶어 한다. 그가 주로 하는 이야기는 우리 시대의 위대한 음악가들의 이야기이다.

노마 리 브라우닝의 새 책에는 매디 박사가 음악에 대한 사랑을 함께 나누고 진정한 보물을 발견한 이야기가 실려 있다. 하지만 나는 그의 철학과 그가 했던 일들의 일부를 박사가 내게 얘기해줬던 내용 그대로 이야기해보겠다. 이것을 읽으면 당신도 *행동으로 이끄는 영감, 노하우, 지식*이라는 그의 *절대 실패하지 않는 성공시스템*을 알 수 있게 될 것이다. 다음은 그의 말을 받아 적은 내용의 일부이다:

"제 삶의 목표는 음악을 교과과정의 일부로 만드는 겁니다."

"제 믿음은 경험을 토대로 만들어졌습니다."

"동기유발은 음악을 가르치는데 중요한 필요조건입니다. 동기를 제대로 일으키면 성공하고, 그렇지 않으면 실패합니다."

"우리가 인터로켄에서 개발한 시험무대 성격의 트라이아웃 공연 제도는 음악분야에서는 잘 알려져 있는데, 음악학생들이 뛰어난 실력을 발휘하도록 영감을 불어넣는 데는 최고의 동기유발 도구입니다. 그 제도 안에서 모든 학생들이 경쟁체제를 통해 자신의 실력을 인정받을 기회를 갖습니다."

"제가 왜 음악교육에 뛰어들게 됐는지 설명하기는 좀 어렵습니다. 전 그냥 가르치고 싶었어요. 부모님은 두 분 다 학교 선생님이었죠. 그래서 가르치는 재주는 타고난 것 같았어요. 다른 이유를 꼽자면 전 항상 새로운 악기를 보면 다 연주하고 싶어 했던 것을 들 수 있겠네요. 아마 이것 때문에 음악교육 분야에 들어온 것 같습니다."

한 번은 조에게 물었다. 조는 매디 박사의 애칭이다.

"당신이 개발한 교수법은 독일이나 다른 유럽 나라에서 쓰는 교수법과는 어떻게 다르죠?"

"유럽식은 기계적 교수법입니다." 그가 대답했다. "악기를 완전히 숙달될 만큼 연주하기 위해 지루한 시간들을 보내죠. 학생들은 교실수업이 아니라 개별적으로 배웁니다. 그런데 제 방식은 동기유발입니다. 우선 저는 학생들이 음악 자체를 사랑하고 그 아름다움을 느낄 수 있도록 영감을 줍니다. 그런 다음 단순하고 인기 있는 노래를 틉니다. 그걸 듣고 학생들은 자신의 악기로 천천히 연주해봅니다.

"인기 있는 노래나 곡을 듣고 다음날 아침에 그걸 부르거나 콧노래로 흥얼거려 본 경험은 누구나 있을 거예요. 제 학생들은 머릿속에 있는 선율을 자신의 악기소리로 옮겨놓는 것뿐이에요. 귀로 듣고 연주한다는 표현이 있죠, 바로 그거예요. 학생들은 재미있기 때문에 이걸 하는 거예요. 그러니 학생들이 테크닉을 완성하도록 동기부여하는 건 간단한 일이죠."

매디 박사는 이렇게 "보편적 교사"라고 불리는 교수법을 개발했다. 미국에서는 이것을 기본 교수법으로 사용하고 있다. 그러면 이 수업을 듣는 학생들은 큰 학급에서 모든 종류의 악기를 함께 열성적으로 배운다.

오늘날에는 수백만의 젊은이들이 악기를 꽤 능숙하게 연주할 수 있다. 그 이유는 기계적 방식이 아닌 동기유발 방식으로 배웠기 때문이다. 매디 박사는 말한다.

"제가 했던 가장 중요한 일은 바로 티 피 제딩스 박사와 함께 한 일입니다. 이것 때문에 미국의 모든 작은 마을에 교향악단을 만드는 게 가능해졌죠. 또 학교 크기가 크든 작든 모든 종류의 악기를 가르칠 수 있게 되었고요.

"유럽에서는 아직도 단독연주자를 훈련시킵니다. 여기서는 관현악단을 훈련시키죠. 우리는 1400개가 넘는 교향악단이 있습니다. 전 세계에 있는 교향악단의 80 퍼센트에 이르는 숫자죠. 인터로켄 음악캠프의 훈련방식이 이것입니다. 이번에 설립한 예술학교에서도 똑같이 할 거예요."

나는 이 책의 마지막 장의 맺는 글에서 조제프 매디 박사를 삶의 진정한 보물을 가진 사람으로 언급했다. 그는 생각의 힘을 이용해 좋은 일을 한다. 행복한 결혼을 하고 행복한 가정을 누린다. 나라와 인류를 위해 봉사한다. 다른 사람의 필요를 채워준다. 이 땅의 젊은이들이 훌륭한 됨됨이를 기르도록 돕는다. 희망을 불어넣는다. 다른 이들과 함께 나눈다. 많은 충실한 친구들과의 우정으로 인해 풍요롭다. 사람들에게 사랑과 존경을 받는다. 자신이 사랑하는 일을 도전적으로 한다. 진정 헌신적인 분야에서 성공했다. 아이들의 성공에서 행복을 발견한다. 새로운 것을 배우며 가슴 뛰는 경험을 한다. 건강하고 만족하며 산다. 만족하면서도 발전을 멈추지 않는다. 즉, 매디 박사는 삶의 진정한 보물을 많이 얻은 사람이다.

목표를 높게 세웠지만 실패하는 이들이 있다. 그들은 시작조차 하지 않았거나, 조금 해보다 그만둔다. 조금 더 했을 지도 모른다. 하지만 그들은 끝까지 달려가지는 않았다. 목적지에 도달하려면, 목적지가 어디든 간에 끝까지 가봐야 한다.

당신을 막는 것은 없다. 당신은 무한한 기회의 땅에 서 있다. 이 세상은 삶의 진정한 보물을 구하는 자에게 그것을 얻을 수 있게 해준다. 당신은 무엇이든 선택할 수 있다. 이러한 보물을 상기하기 위해 위대한 허버트 후버가 했던 말을 들어보자:

> 이 나라의 독특한 시스템은 이곳의 모든 아이들에게 다른 어떤 나라들보다 더 많은 기회를 주었습니다. 하지만 무엇보다도 중요한 것은, 우리나라가 그 어떤 나라들보다 개인의 권리와 시민으로서의 존엄성을 존중한다는 것입니다.
>
> 우리의 철학이 영적인 면에 있어서 다른 철학(공산주의)과 가장

뚜렷하게 구별되는 특징은 연민입니다. 그것은 가장 고결하게 표현된 인간의 특성입니다.

저는 종교적 믿음으로 승리를 거둘 수 있을 뿐 아니라, 그것이 모든 인류에게 반드시 필요하다고 생각합니다.

종교적 믿음을 바탕으로, 건국의 아버지들은 산상수훈 이후 인류 발전사에서 가장 기본적인 법을 명확히 밝혔습니다. 그들은 모든 사람이 신으로부터 누구도 빼앗을 수 없는 고유한 권리를 부여 받았고, 법과 정의를 통해 아무도 그 권리를 침해할 수 없게 해야 한다고 말했습니다.

미국인의 삶의 보물 중 하나는 사람들의 마음속에 리더십의 거대한 근원이 있다는 것입니다.

그것(자유)은 영혼에 속하는 것입니다. 사람이 숭배하고, 생각하고, 자기 의견을 갖고, 두려움 없이 말하기 위해서는 자유로워야 합니다. 잘못된 것과 탄압에 정당하게 도전하기 위해서는 자유로워야 합니다. 사람이 자신의 인생을 자유롭게 수놓을 수 있을 때, 자유롭게 재능을 개발할 수 있을 때, 노후의 안전수단으로나 가족을 위해 자유롭게 돈을 벌고 쓰고 저축하고 획득할 수 있을 때 비로소 그의 정신과 영혼이 자유로울 수 있습니다.

사실 조직화된 사회가 존재하는 이유는 정의, 자유, 인간의 존엄성에 대한 존중, 생활의 개선과 안전을 보장하기 위해서입니다.

(Addresses Upon the American Road, Stanford University Press, Stanford, California)

커다란 문도 작은 경첩에 매달려 있다

"삶의 진정한 보물"이란 말이 당신에겐 무엇을 뜻하는가? 아래의 빈자리에 이 질문에 대한 대답을 적어서 생각을 구체화하라. 생각이 물밀듯이 밀려오기 시작하면 놀랄지도 모른다.

SUCCESS

5부-탐구가 끝이 나다

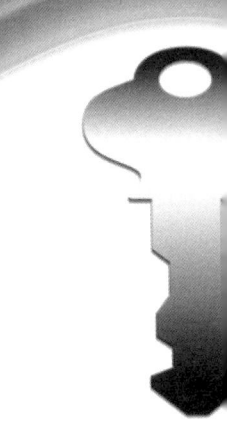

Chapter 19

성공지표가 성공을 가져온다

당신은 실패할 수가 없다!

다시 말하겠다. 이 장에서 설명하는 지침만 따른다면 당신은 실패할 수가 없다. 다음의 내용들에 대해 말할 것이다:

- *성공지표*가 무엇인지.
- *성공지표*를 어떻게 만드는지.
- 나만의 *성공지표*를 어떻게 사용하는지.
- 왜 *성공지표*가 성공을 가져오는지.

당신의 *성공지표*를 사용하면 동기를 유발해 당신이 보다 높은 것을 이룰 수 있게 해준다. 나쁜 습관을 없애고 좋은 습관을 기르게 된다. 빚에서 벗어나게 한다. 저축할 수 있게 된다. 부와 건강, 행복을 얻게 된다. 삶의 진정한 보물들을 많이 발견하게 된다. 난 이것들을 장담한다!

증명해 보시지, 라고 생각할 수도 있다. 당신이 나를 위해 한 가지만 해준다면 내가 증명해 보이겠다. 이 장의 뒷부분에 나오는 대로 당신의 *성공지표*를 만들어서 매일 사용하라. 그러면 당신은 구체적인 증거를 보게 될 것이다. 당신은 자신에게 나타나는 중요한 변화를 알아채기 시작할 것이다. 한번 해보라. 해보면 모든 것을 얻을 수 있고, 잃을 건 없다. 하지만 타성과 무관심, 게으름 때문에 시도하지 않는다면 많은 것을 잃는다. 당신은 뭘 놓쳤는지도 모르고 평생을 살 것이다.

유명한 정치인, 철학자, 성직자, 그리고 모든 분야의 많은 사람들. *성공지표*를 탄생시킨 원리를 사용했던 사람들은 무수히 많고, 그들은 그 결과로 오직 좋은 것만을 받았다.

하지만 먼저, 에드워드 알 듀이가 선행지표에 관해 쓴 편지를 읽어보자. 11장에서도 이에 관해 언급했는데 이것은 당신의 삶에 엄청난 영향을 줄 수 있다.

선행지표

당신이 하고 있는 일의 앞날에 뭐가 놓여있는지 알고 싶은가? 여러 가지 방법이 있다. 그 중 하나가 *선행 지표*들을 살피는 것이다.

선행지표란 어떤 특정한 일이 일어나기 전에 나타나는 일들이다. 예를 들어 먹구름은 비의 선행 지표다. 잎이 떨어지는 것은 겨울의 선행 지표다. 토끼인형은 부활절의 선행 지표다. 모든 경우에 선행지표는 어떤 특정한 일이 일어나기 전에 먼저 일어난다.

어떤 산업수치는 다른 산업수치에 앞서 상승하거나 하락하는 경향이 있다. 다시 말해, 전반적인 산업수치가 최고점을 찍었다가 다시 하락하기 시작하거나, 최저점을 찍었다가 다시 상승하기에 앞서, 특정

산업수치가 그보다 먼저 그렇게 되는 경향이 있다.

내구소비재 신규주문은 잘 알려진 선행지표 중 하나이다. 주문이 하락한다. 그러면 생산도 하락한다. 직원들을 해고한다. 그러면 그 사람들은 소비를 줄인다. 소매점의 매출이 하락한다. 소매점은 주문을 줄인다. 등등…

다른 선행 지표로는 제조업 노동시간, 신설법인의 수, 주가, 건설 수주, 실패율이 있다. 실패율(불량률 혹은 채무 불이행)은 반대로 해석하면 된다. 실패율이 올라가면 나쁜 조짐이고, 실패율이 내려가면 좋은 조짐이다.

가이신저 지표

산업지표들의 특별한 조합과 연관성을 통해 산업의 변화를 알려주는 지표가 있다. 그것은 일반적으로 알려진 지표들보다 더 빨리 경고해줄 수 있는 지표이다. 이러한 지표조합 중 하나는 오하이오 주 트로이에 사는 로버트 가이신서가 발견한, 가이신저 지표이다. 가이신저 지표는 산업생산지수의 흐름이 바뀌기 약 아홉 달 전에 먼저 바뀐다. (산업생산지수는 산업분야의 생산량을 나타내는 기준이다)

세상에 딱 세 사람만이 가이신저 지표가 어떻게 만들어졌는지 알고 있다. 그 세 사람은 밥 가이신저, *순환 매거진*의 편집자인 거트루드 셔크(680 West End Ave. N.Y. 25, N.Y), 그리고 나이다.

*순환 매거진*은 구독자들이 산업 전반(산업생산지수)의 미래를 미리 짐작할 수 있도록 돕고자 매달 잡지에 가이신저 지표를 싣는다.

연관 짓고 완전히 내 것으로 만드는 방법

이 책 곳곳에서 당신은 자주 반복되는 다음 표현을 읽었을 것이다.
"연관 짓고 완전히 내 것으로 만들어라."

뻔한 내용이라도 늘 이해하고 있는 건 아니기 때문에 듀이가 선행지표에 관해 쓴 편지에 나와 있는 원리들을 어떻게 자신과 연관 짓고 완전히 자신의 것으로 만들 수 있는지 알아보자.

당신의 사업, 가족, 사회적·개인적 삶(신체적, 정신적, 도덕적 삶)의 앞날에 뭐가 있는지 알고 싶은가? 다음을 기억하라.

선행지표는 어떤 일에 앞서 먼저 일어나는 일이다.
모든 경우에 지표는 그 일보다 먼저 일어난다.

하지만 당신이 관찰한 것에 무슨 의미가 있는지 알려면 그것을 해석하는 *지식*과 *노하우*가 있어야 한다. 먹구름이 비에 앞서고, 낙엽이 떨어지는 것은 겨울에 앞서고, 부활절 인형이 팔리는 것은 부활절에 앞선다는 것을 모르면, 이런 선행지표들은 당신에게 무의미할 것이다. 마찬가지로 사람이 습관의 결과물임을 모른다면, 훔치는 행동이 그를 도둑으로 만들고, 거짓말하는 것이 그를 거짓말쟁이로 만들고, 진실을 말하는 것이 그를 진실한 사람으로 만든다는 것을 깨닫지 못할 것이다.

어떤 특성이 훌륭한 됨됨이의 선행지표이고, 어떤 특성이 그렇지 않은지는 쉽게 알 수 있다. 당신은 자신이 원하는 사람이 되도록 만들어주는 특성을 선택할 수 있다. 하지만 선행지표에 대처하려면 생각을 해야 한다.

어떤 일이 일어난다. 당신은 과거의 경험들을 토대로 이 일이 어떤 결과를 낳을지 논리적으로 추론할 수 있다. 그런데 경험이 부족하다면 당신이 논리를 이끌어내는 전제 자체를 잘못 대입할 수 있고, 그렇게 된다면 결론 또한 엉뚱하게 나올 것이다. 이 때문에 당신이 충분히 자신의 경험을 쌓을 때까지는 다른 사람들의 경험을 귀 기울여 듣는 것이 그토록 가치가 있는 것이다.

지금 어떤 결과가 있다. 당신은 과거의 경험과 연역적 추론을 통해 그 원인을 발견할 수 있다. 원인을 알고 나면 그것이 미래에 같은 결과를 가져올 선행지표가 된다.

간단한 예가 있다. 새로 온 판매원이 올바른 마음자세를 가지고 있으면 그것은 하나의 선행지표이다. 그가 우리의 판매수업에서 이론을 배운다면 그것 역시 선행지표가 된다. 이 선행지표들은 그가 우리 회사의 판매원으로서 성공할 것임을 알려준다.

조지 세버런스를 처음 만났을 때 나는 그의 됨됨이가 훌륭하다는 것을 알았다. 그는 또 긍정적 마음자세를 가지고 있었고, 자신의 일을 사랑하는 그 일의 전문가였다. 이 사실들을 토대로 나는, 그가 자신이 선택한 분야에서 성공하고 있음을 논리적으로 추론할 수 있었다.

그의 시간기록 카드와 절대 실패하지 않는 성공시스템

조지가 어떻게 시간기록 카드를 계발하고 자신의 건설자가 될 수 있었는지 내가 3장에서 말했던 것을 기억할 것이다. 자, 처음으로 조지의 성공비결이 당신에게 공개된다. 조지가 말했다.

"대부분 사람들의 삶에서 큰 문제는, 근무 중에 실제로 *판매에 들이는 시간*을 기록하지 않는 판매원의 예로 설명할 수 있습니다. 이런 판매원들은 그들이 낭비하는 *판매시간*의 금전적 가치를 깨닫지 못합니다. 이들은 자신이 인생에서 어디로 가고 있는지, 가고 싶은 곳이 있다면 어떻게 가야 하는지 모릅니다. 이건 그들이 시간카드를 갖고 있지 않기 때문이에요."

"당신은 이 문제를 어떻게 해결했나요?" 내가 물었다.

"먼저 매일 뭔가 더 나아지고 싶다면 매일 하는 일에서 어떤 잘못이 있는지 분명히 알아야 해요. 잘못을 알면 이걸 개선해야겠다는 생각이 들게 되죠. 시간기록 카드가 하는 일이 바로 그거예요. 시간카드를 통해 저는 *덜 일하면서 더 성취할 수 있게* 되었습니다."

"어떻게 그렇게 되죠?" 내가 물었다.

"음, 구체적인 삶의 목표가 있어야 합니다. 월슨 대통령은 이렇게 말씀하곤 했죠. '*비전이 없는 사람은 죽어간다.*' 방향이 없으면 당신은 자신이 어디로 가고 있는지 모릅니다. *인생에는 목적이 있어야 합니다.* 내일 벌어질 일은, 오늘 우리가 무엇을 하고 내일을 위해 어떤 계획을 세우는지에 따라 결정됩니다. 그래서 저는 다음을 준비하기 위해 매일 내가 잘 하고 있는지 알고 싶은 것입니다."

"그럼, 조지, 말해주세요. 시간기록 카드를 구체적으로 어떻게 사용했습니까?"

"명심하세요. 제가 만든 카드는 장갑처럼 저에게 딱 맞는 것입니다. 하지만 제가 적용한 원리는 누구라도 똑같이 이용해서 자신만의 *시간카드*를 만들 수 있죠. 시간기록 카드를 이용하면, 어떤 분야를 선택하든 거기에서 성공할 수 있도록 동기를 부여받을 수 있습니다. 물론 *매일 사용해야겠죠*. 여기 보시면, 이 카드에는 *사무작업, 점심식사, 저녁식사, 회의, 잡담, 면담 추가시간, 스포츠, 집안일, 밤늦은 시간*이라고 있습니다. 예를 들어 스포츠를 보면 저는 늘 열렬한 스포츠맨이었습니다. 판매원을 하던 초기에 저는 탁구와 스쿼시에 빠져서, 실력 좋은 사람들이 많은 클럽을 찾아다녔습니다. 우리는 12시에 만나서 3시까지 게임을 했죠."

"시간기록 카드에는 그게 어떤 식으로 나타나나요?"

"스포츠 줄, 낭비된 시간 칸에 '2시간'이라고 씁니다. 월말에 합계를 내죠. 저는 *판매시간* 중 25시간을 탁구나 스쿼시를 하며 보냈다는 것을 알았습니다. 뭔가 *조치를 취해야 한다*는 걸 알았죠. 오해는 마세요. 저는 지금도 탁구와 스쿼시를 합니다. 단, *여가시간*으로 정한 시간에만 하죠."

"시간기록 카드가 어떻게 *판매시간*을 낭비하지 않겠다고 마음먹게 만들었습니까?" 내가 물었다.

"카드에는 *개선 필요-일과 개인사* 라는 제목의 칸이 있습니다. 개인사 칸에 '*판매시간*에 탁구와 스쿼시 안 하기'라고 표시합니다. 그런데 이 말 그대로 쓰는 게 아니라, 간단히 기호를 만들어서 씁니다. 그러면 다른 사람이 제 카드를 보게 돼도, 제 결점을 알지 못할 테니까요. *매일 새로운 카드*를 쓰면서 스포츠에 판매시간을 빼앗길 때마다 그것을 명료하게 알아차릴 수 있었고, 그러면 저는 뭔가 바로잡는 행동을 취하게 되죠. 월말에는 스포츠에 판매시간 중 총 몇 시간을 빼앗겼는지 볼 수 있습니다. 이걸 보면 뭔가를 해야겠다는 마음이 듭니다."

"시간기록 카드에서 합계 시간은 어디에 있습니까?" 나는 물었다.

"월말에는 합계용 카드를 하나 더 만듭니다. 시간기록 카드 중 하나를 꺼내 윗줄에서 '일'을 '월'로 고치고, 시간의 합계를 적습니다."

"이런 게 당신에게 어떤 영향을 줍니까?"

"*개선 필요* 란 아래에 '탁구와 스쿼시 안 하기'라고 매일 쓰면 분명 잠재의식에 영향을 줄 겁니다. 전 성공하고 싶었고, 낭비하는 시간을 유익한 판매시간으로 돌려놓는 습관을 제 때 길렀습니다. 스포츠도 했습니다. 단 여가시간에 했지요."

"조지, 어떤 카드에 있는 목록은 모두 *판매시간을 빼앗는 것*과 관련이 있는 것 같은데 제 말이 맞나요? 구체적으로:

- *잡담*은 판매시간에 사람들을 방문했다가 커피 한 잔 하면서 낭비되는 시간을 말하는 건가요?
- *면담 추가시간*은 면담이 불필요하게 길어져서 허비한 시간을 뜻하나요?

- *집안일*은 판매시간 동안 가족들을 위해 심부름을 해주거나 쇼핑을 해주는 걸 뜻하나요?

"그리고 *밤늦은 시간*은 회의가 끝난 후에도 늦게까지 회사에 남아서, 가족과 집을 위한 시간이 줄어드는 걸 뜻하나요? 그리고 목은 목표, 백만은 수천 달러어치의 생명보험을 판매하는 것을 뜻하나요?"

"정확해요," 조지가 말했다.

"부제목이 *저녁*으로 돼있는 건 뭔가요?" 내가 물었다.

"제 일은 때때로 고객을 저녁에 방문해야 할 때가 있어요. 시간기록 카드를 쓰면서 주 6회 정도 하던 이 일을 최대 주2회로 줄였어요. 하지만 이런 날에도 업무를 일찍 마치고, 가족과 시간을 보내거나 취미생활이나 공부를 하지요. 진정 성공적인 삶을 위해선 이런 것들이 제일 중요해요."

나는 말을 이었다. "카드 뒷면에는 방문할 사람들의 이름을 적어놓으신 거죠? *방문시*는 방문하기로 약속한 시간, *면담시*는 실제로 잠재고객을 만나서 있었던 시간, 영업방문 아래쪽에 *방문후*라고 적힌 건, 첫 방문 이후 2차, 3차로 방문하는 걸 말하는 것 같은데, 제 말이 맞나요?"

"맞아요, 그리고 전 영업방문과 사전면담을 서로 구별하고 있습니다. 방문을 해도 굳이 팔려고 애쓰지 않는 경우도 많아요. 그냥 정보를 구하거나 영업방문을 위한 준비를 하는 거죠. *체결시도*라고 표시된 것 보이시죠, 이건 계약을 체결하려고 *시도한* 게 몇 번인지를 뜻합니다. 계약을 체결하려고 시도하지 않으면, 하나도 팔 수 없겠죠. 판매량은 생명보험을 얼마나 팔았는지를 나타내고, *서비스 콜*이라는 제목은 서비스 방문을 한 횟수를 말합니다. 서비스 방문으로 잠재고객을 많이 확보하거든요. *잠재* 란에는 그렇게 확보한 잠재고객의 수를 적습니다. *클럽* 란에는, 클럽 활동으로 확보한 잠재고객의 수를 적습니다. 저는 업무시간에도 좋은 잠재고객을 확보할 가능성이 있으면 골프 약속에 응합니다. 그것도 일의 일부죠."

나는 물었다. "*대체고객* 란에는 새로운 잠재고객의 이름을 적는 겁니까?"

"맞아요." 조지가 대답했다. "목재회사에서 하는 일과 비슷하죠. 나무를 베어내면, 다른 나무를 심잖아요. 대체할 것을 마련해두지 않으면, 얼마 안 가 망하고 말 거예요. 전 첫 영업방문에서 거의 95%는 판매를 성사시킵니다. 미리 이전의 사전면담에서 준비를 했기 때문에 가능했던 거죠. 저는 같은 사람을 세 번 넘게 방문하지 않습니다. 오래된 잠재고객 카드를 찢어버릴 용기가 있습니다. *판매시간*을 낭비하고 싶지 않거든요."

"뒷면 아래쪽의 두 줄은 뭔가요?"

"이건 중요한 거예요. 목표가 있어야 하고, 그 목표가 잘 진행되고 있는지 알아야 되잖아요. *매일 새 카드를 만들면서* 그날의 구체적인 목표를 적어요. 제가 한 달 동안 작업한 카드를 검토해보면 무슨 일이 실제로 일어났는지 보여주는 뉴스영화를 보는 것 같아요. 처음에는 카드 내용을 보고 부끄러웠습니다. 하지만 그것 때문에 행동을 취할 수 있었죠."

앞면   시간기록카드

자신을 점검해야만 발전할 수 있다
시간기록 카드

이름		요일		날짜	
낭비 시간의 합		성공적인 하루였는가?	그렇다 / 아니다	스케줄	

	적절한 시간	낭비된 시간	개선필요	주간 목표	목표	실제
1. 사무작업			사무	M	시작시간	
2. 점심식사, 저녁식사						
3. 회의				월간 목표	끝나는 시간	
4. 잡담				M		
1. 면담 추가시간			개인사	연간 목표	저녁	
2. 스포츠				M		
3. 집안일					공부&계획	
4. 밤 늦은 시간				*M= Million Dollar Round Table		
저축 - 독립의 열쇠						
목표액		실제 저축액				

성격 및 인격

더욱 발전시킬 긍정적인 측면	제거해야 할 부정적인 측면
1.	1.
2.	2.
3.	3.

뒷면

오늘 내가 무엇을 했냐에 내일의 성공이 결정된다
판매 시간 점검

방문고객이름	판매시간		영업방문			사전면담			결과		기타 시간				
	약속 시간	면담 시간	1차	2차	추가	1차	2차	추가	체결 시도	판매 건수	서비스	잠재고객	클럽활동	전화	점심식사

대체고객

이름	주소	나이	수입	자녀
:				
:				

녁약속		이동시간		영업시간 (현장)		영업시간 (사무실)		
목표		목표		목표		목표		목표

점검하지 않았으면 기대도 하지 마라

에픽테토스는 말했다. *지옥으로 가는 길은 좋은 의도로 포장되어 있다.*

그는 일단 습관이 들면 지속되는 힘이 있고, 바꾸기가 어렵다는 것을 알고 있었다. 조지 세버런스도 그 사실을 알았다. 프랭크 베트거도 그 사실을 알았다. 벤자민 프랭클린도 그 사실을 알았다. 그리고 당신도 알고 있다.

나는 이렇게 말하겠다. 에픽테투스도 내 말에 동의할 것이다:

천국으로 가는 길은 좋은 의도로 포장되어 있다.

당신이 행동을 취하고 좋은 습관을 새롭게 만들어서 나쁜 습관을 대체한다면 말이다. 당신은 좋은 의도를 실현시키기 위해 바람직한 행동을 할 *영감*을 받았을 수 있다. 하지만 필요한 *지식*이 부족할 지도 모른다. 아니면 게으름 때문에 필요한 *기술*을 사용하지 않을 수도 있다. 그러면 좋은 습관을 기를 수 없다.

하지만 에픽테토스, 프랭클린, 베트거는 무엇을 어떻게 해야 하는지 알고 있었다. 그들은 자신들의 매일의 의도를 실현시킬 수 있게 만드는 *성공지표*를 사용했기 때문이다. 당신도 당신에게 딱 맞는 *성공지표*를 만들 수 있다.

*성공지표*란 무엇인가? 조지 세버런스에게는 시간기록 카드와 판매 시간의 통제가 그의 *성공지표*였고 벤자민 프랭클린에게는 작은 노트였다. 벤자민은 자서전에서 이렇게 말했다.

"저는 작은 노트를 만들어서 각 페이지의 윗부분에 한가지의 미덕과 간단한 설명을 적었습니다. 그리고 페이지마다 빨간색 세로줄을 쳐서 7 칸을 만들어 윗부분에는 각 요일의 첫 글자를 표시합니다. 그리고 빨간색 가로줄을 쳐서 13줄을 만들어 각 줄의 시작 부분에 열세 가지 미덕의 첫 글자를 표시합니다. 저는 하루를 마무리하면서 저 자신을 되돌아보며 그날에 각 미덕에 어긋나는 잘못을 했으면 해당 칸에 작은 검은색 점을 표시합니다."

겸 손							
예수와 소크라테스를 닮자!							
	일	월	화	수	목	금	토
절제							
침묵	*	*				*	
질서	*	*	*		*	*	*
결단			*				*
절약			*	*			
근면			*		*		
진실함	*	*		*			
정의		*			*		
중용			*	*			*
청결	*				*		
평온			*		*		
순결		*			*	*	
겸손							

프랭크 베트거는 자신의 책, 『내가 판매 실패자에서 판매 성공자가 된 방법』에서, 그가 벤자민 프랭클린의 원리를 정확히 어떻게 사용했는지 말해준다. 그는 노트 대신 조지 세버런스처럼 더 편리하게 카드

를 사용했다. 조지 세버런스와 벤자민 프랭클린처럼, 그는 각 카드의 윗부분에 동기유발 문구를 적었다. 그의 첫 번째 카드는 "열정"이고, 문구는 "열정을 가져라, 열정적으로 행동하라"였다.

위의 사람들은 여러 가지 목적으로 *성공지표*를 사용했다. 그 중 하나는 매일의 활동을 점검하기 위해서이다. 성공적인 회사에서는 업무성과를 규칙적으로 보고하는 것을 의무로 한다. 하지만 개인이 자신의 습관을 매일 점검하는 것은 흔치 않다. 여기에 성공의 비밀이 있다:

점검하지 않았으면 기대도 하지 마라.

당신이 매일 자기자신을 점검하고 계속 노력한다면, 새해의 결심을 훨씬 더 효과적으로 지킬 수 있다. 그렇지 않은가?

당신만의 *성공지표*를 만드는데 도움이 될 몇 가지 제안을 하기에 앞서, 우선 *점검*하는 것이 정말로 얼마나 중요한지 생각해보자. 스스로와 다른 사람을 믿어야 하지만, 그것이 눈 먼 믿음이 되어서는 안되기 때문이다.

라페

"라페"는 스페인의 유명 화가인 호세 고삭스가 템페라 물감으로 그린 그림이다. 호세 고삭스는 산토도밍고에 있는 도미니카 미술학교의 교수이다. 이 그림 속 여인의 두 눈은 모두 감겨 있는 것처럼 보이지만 자세히 보면 한 쪽 눈은 살짝 떠져 있다.

믿음 역시 그렇다. 믿음은 어떤 사람이나 어떤 것에 대해, 설혹 그것이 의문이나 의심의 여지가 있는 것이라 해도 완전히 신뢰하는 것을 의미한다. 그런데 두 눈을 아예 닫아버린 눈 먼 믿음은, 상황을 제대로 볼 수가 없고 이해하려고 하지도 않는다. 이것은 무지의 어머니이고, 종종 고통과 재난의 원인이 된다.

믿음은 한 눈을 감고, 다른 한 눈은 살짝 뜨고 있을 때 강해지지 않는가? 그게 사람에 대한 믿음이든, 어떤 생각, 어떤 철학에 대한 믿음이든 간에 말이다.

당신은 종종 어떤 어머니가 십대 아들이 절도나 다른 범죄로 고발될 때 괴로움에 차서 한숨 쉬며 말하는 것을 들었을 것이다.

"정말 착한 아인데, 이런 적이 한 번도 없었는데." 이 어머니가 두 눈을 모두 다 감지 않고 한 쪽 눈을 조금 열어두었다면, 일은 어떻게 달라졌을까?

한 쪽 눈을 조금 열어둔다고 조금이라도 못 믿는다는 뜻은 아니다. 믿음이 있어야 조화롭고 행복할 수 있는 모든 관계에서 한 쪽 눈을 조금 열어두면, 오히려 믿음을 더 잘 보존할 수 있고, 그 믿음의 유효함을 강화하고 보호하고 확실하게 만들 수 있다.

스스로를 믿어라, 다른 사람을 믿어라. 하지만 현실에 눈 감진 마라. 다른 사람들은 "라페" 그림 속의 눈들처럼, 두 눈이 다 감겨 있는지, 한 쪽 눈이 조금 열려 있는지 정확하게 알 필요는 없다. 그들도 당신처럼 자기 결정을 내리고 그에 따라 살아가기 마련이다.

스스로에게 정직하라

"정직한 사람이라면, 다른 사람에게 한 약속을 지킨 것이다. 하지만 그것만큼이나 *당신 스스로에게 정직한 것*도 중요하다. 그러니 당신 자신에게 한 약속도 지켜라. 그리고 지킬 생각이 없으면 약속을 하지도 마라." 조지 세버런스의 말이다.

당신에게 달렸다

엄숙하게 약속하라:

나는 나 자신에게 다음과 같이 약속한다:

1. 오늘 잠자리에 들기 전 나만의 *성공지표*를 만든다.
2. 앞으로 30일 간, 공부하고 계획하고 생각하는 시간을 적어도 매일 30분씩 갖는다. 이것은 자기개선에 노력을 집중하는 시간이다. 이 시간을 통해 *성공지표*에서 최상의 결과를 얻는다.
3. 매일 30분 자기개선을 위해 쓴다는 약속을 지키지 못했다면, 그 날부터 새로 다시 시작해서 30일을 채워라.
4. 30분, 자기개선의 시간을 가질 때, 신에게 길을 구하고 내가 누리고 있는 축복들에 대해 감사하면서 시작하라. (쭉 열거해 보라)

다음의 제안이 도움이 될 것이다:

- 종이와 연필을 준비하라. 나중에 효과 있는 양식을 완성하면

그것을 인쇄해서 써라. 조지 세버런스의 카드는 인쇄된 것이지만, 처음에는 그냥 빈 종이로 시작했다.

- 첫 줄에는 동기유발 문구가 있어야 한다. 얼마간의 시간 간격을 두고 바꿀 수 있지만, 한 문구를 적어도 일주일간 유지하라.
- "나의 *성공지표*"와 같이 적당한 이름을 정해라.
- 처음에 도안을 생각해내기 힘들다면, 이 장에 나온 양식 중 적절한 것을 따라 하라.
- 목표를 이루었거나 일시적으로 실패했을 때, 그것에 대해 표시할 수 있는 적당한 빈 칸을 만들라.
- 아니면 상대적인 진행상황을 보여주는 양식도 괜찮다.
- 당신이 얻기를 바라는 긍정적인 특징을 적어라. 부정적이기보다는 긍정적으로 표현하기를 권한다. 예를 들어 당신의 단점이 속이기라면, "속이는 습관을 없애라" 대신에, "진실하라" 혹은 "정직함"이라고 적어라.
- 열정의 불은 계속해서 연료를 주지 않으면 꺼질 수 있다. 따라서 하루에 적어도 5분은 자기계발 관련 글을 읽어라.

당신은 자신을 위해서 생각해야 한다. 당신의 생각을 지휘하고 감정을 지배할 수 있는 힘을 가진 사람은 당신 밖에 없다. 따라서 이 프로그램이 효과를 보려면 당신만의 양식을 만들어야 한다. 자신의 이득을 위해선 자기가 노력해야 한다.

커다란 문도 작은 경첩에 매달려 있다

성공을 향해 계속해서 나아가게 하는 가장 강력한 도구는 매일의 습관을 글로 기록하는 것이다. 제대로 쓰면, 이 글쓰기는 당신이 매일을 살면서 어떤 노력을 하고 어떤 행동을 하는지 비춰볼 수 있는 거울이 될 것이다. 이것 안에는 당신을 *다시 방향 잡아줄 수 있는 커다란 생명력*이 담겨 있다. 이 장에 나온 원리와 예시들에 따라, 오늘 당장 자신만의 *성공지표*를 만들어라.

Chapter 20

작가는 자신의 글을 되새겨본다

작은 잉크 방울이
수천, 어쩌면 수백만의 사람들을 생각하게 만든다.

바이런이 돈 *후안*에서 한 말이다
이 책의 맨 첫 부분에서 썼던 말이다.
이 책의 목적은 독자들에게 다음과 같은 의욕을 고취시키기 위해서이다.

1. 어떤 분야에서 누가 적용해도 지속적인 성공을 얻을 수 있는 세 가지의 간단하고 알기 쉬운 개념을 배워서 사용한다. 이것이 이 책의 정수다. 이 세 가지를 함께 쓰는 사람은 어떤 분야에서도 실패할 수가 없다.

● *행동으로 이끄는 영감* : 그 행동을 하고 싶어서 하게 만드는 것.

● *노하우* : 적용했을 때 한결 같은 결과를 가져다주는 기법이나 기술. 이것은 지식을 제대로 사용하는 것을 말한다. *경험의 반복*

으로 노하우는 *습관*이 된다.
- *지식* : 당신이 관심 있는 활동, 서비스, 제품, 방법, 기법, 기술에 관한 지식.

2. 매일 배움에 힘써 보는 눈을 넓힌다.
3. 더 나은 사람이 되고자 힘쓰고, 세상을 나와 다른 사람이 살기에 더 좋은 곳으로 만들려고 노력한다.
4. 내가 읽는 글, 만나는 사람, 매일 겪는 일로부터 원리를 발견하고, 이해하고, 관련짓고, 완전히 내 것으로 만들어서, 사용하는 습관을 들인다.
5. *삶의 진정한 보물*이 핵심임을 기억하라. 그러면서 더불어 경제적 부와 사업의 성공도 얻어라.
6. 자유와 평등의 가치를 간직하고 지킨다.
7. 당신의 종교적 가르침에 따라 살려고 애씀으로써 살아있는 철학을 느끼고, 살고, 행한다.
8. 삶의 진정한 보물을 구하고 발견한다.

다시 말하겠다. 작은 잉크 방울이 수천, 어쩌면 수백만의 사람들을 생각하게 만든다. 그래서 자기계발 책은 수많은 사람들의 삶을 바꾸어 더 낫게 만들었다. 풀러 듀크의 예를 살펴보자.

제 정신은 눈을 떴어요

풀러는 성공한 판매원이었다. 그리고 그는 나를 위해 성공적인 영업관리자가 돼주었다. 그런 그가 시력을 잃었다. 다른 판매원처럼 풀러도 자기계발 책과 음반 *"절대 실패하지 않는 시스템"* 등을 받았다. 풀러는 행복한 결혼 생활을 하고 있고, 훌륭한 여섯 아들과 멋진 다섯 딸의 아버지이다.

그리고 그에게는 살아있는 종교적 믿음도 있었다. 그의 과거의 삶이 이것을 충분히 증명해줬고, 지금 내게 보내준 다음의 편지가 현재도 그렇다는 것을 보여줬다. 다음은 그 편지의 일부이다.

"저는 미국 최고의 안과의사에게 진료를 받았습니다. 그는 제 시력을 살리려고 온갖 노력을 다했지요. 하지만 그가 마지막 검사결과를 보고, 이제 더 이상 수술이나 치료를 해 봤자 소용이 없다는 사실을 발견하곤 무척 속상해했습니다. 제 미래에 관해 생각해보았습니다. 저는 모든 불행에는 그와 동등하거나 그보다 더 큰 이득의 씨앗이 있음을 마음속에 새기고, *절대 실패하지 않는 시스템*을 사용함으로써 행동의 영감을 받았습니다. 저는 곧바로 행동에 들어가, 한계가 있다면 어디까지가 내 한계인지 알아내기 위해 노하우와 지식을 습득하기 시작했습니다. 그 발견은 가슴 떨리는 것이었습니다. 저는 결국 최종목표로 가는 길을 조금 돌아서 가는 것뿐이었죠. 지난 목요일 이후, 저는 여러 명의 전문가와 경영자, 사업가들과 이야기를 나누었습니다. 그리고 알게 됐죠. 3개월만 학교를 다니면 점자를 배울 수 있고 혼자 여행도 갈 수 있다는 것을요. 간단히 말해 정상적인 생활을 해나갈 수 있다는 뜻이죠. 저는 많은 브레인스토밍을 해오고 있고, 제 생각은 모두 긍정적입니다. 물론 치료법 찾기를 멈추진 않을 거예요. 『긍정적 마음자세로 성공하기』에 나오는 조지 캠벨 씨처럼 저 또한 아직 성공할 수 있음을 증명해 보여서 제가 가진 긍정적 마음자세를 사람들에게 보여줄 수 있으면 좋겠어요. 기적의 시대는 아직 끝나지 않았다는 게 제 확고한 믿음이에요. 이것이 신의 의지라면, 제 가족과 친구들의 기도가 응답되지 않은 채 사라지는 일은 없을 거예요. 제 눈은 감겼지만… 제 정신은 눈을 떴어요!"

당신과 내가 정신을 눈뜨게 하는 방법이 있다. 계속해서 배우는 것이다.

보는 눈을 넓혀라

"교육은 개개인에게서 최선의 것을 끄집어내는 것이다. 우리는 사람들에게서 지적, 신체적, 도덕적, 영적 행복을 계발하려는 시도를 하고 있다." 케이 리차드 존슨 박사가 말했다. 그는 일리노이 주 에반스톤에 있는 국립 교육대학의 총장이다.

그리고 폴 폴로이는 그의 유머 있으면서도 현실적인 책, 『그리고 여덟이 있었다(doubleday&Company, New York)』에서 이렇게 말했다.

"…아이들의 진짜 교육은 학교나 예배당에서 시작되는 게 아니에요. 그것은 어머니의 무릎에서 시작됩니다."

"…부모와 아이들이 더 자주 만난다면 나중에 서로 연락을 끊는 경향이 덜할 것입니다."

"...아동 지도 전문가들은 뭐라고 말할지 모르겠어요. 하지만 우리는, 탁자 위에 과자가 있을 때 순무를 먹지 않을 만큼 영리한 아이는 스스로 한 행동에 책임질 만큼 영리하다는 이론 하에 작업을 해왔습니다."

나 자신은, 아동 지도 전문가의 조언보다는, 자신은 아이가 없지만 아이 기르기에 관한 지식과 노하우를 가지고 있는 이 사람의 조언을 권장하겠다.

자기계발 책이 그의 인생을 바꾸었다

그래서 나는 이 책을 쓰는 게 맞겠다고 생각했다. 나는 모든 분야의 사람들에게 동기를 부여할 수 있는 경험과 지식, 노하우가 있으니까.

동기부여의 한 방법은 자기계발서를 소개해주는 것이다. 나는 어떤 책을 소개하든, 그 책에 나오는 도움을 빌은 사람의 진짜 이야기를 해주면서, 그 책의 가치를 설렘과 함께 전해준다. 이 기법은 효과가 좋다. 특히 소년클럽, 고등학교, 대학교, 교도시설에서 알게 된 십대 소년 소녀들에게 다가갈 때 효과가 좋았다.

프랜시스 맥케이는 시카고 소년원의 사회복지사이다. 그는 『성공의 과학-긍정적 마음자세』과정의 학생이었고, 자기계발서를 이용해 다른 사람의 동기를 유발시키는 방법을 배웠다. 얼마 전 나는 그가 담당했던 십대 중 한 명에게서 편지를 받았는데, 그것은 나에게 영감을 주는 편지였다. 다음이 그 편지의 일부이다.

선생님께:

지금 막 선생님의 책 『긍정적 마음자세로 성공하기』를 다 읽었습니다. 이런 책을 써주셔서 감사하다는 말씀을 드리고 싶어요.

그 책은 정말로 저에게 영감을 주었고, 그 책 덕분에 저는 생각하는 방식을 바꾸게 됐어요. 그 책은 "뜻이 있는 곳엔 길이 있다"는 것을 저에게 보여줬습니다.

전 열아홉 살이에요. 그리고 당신이 책에서 말씀하신 *문제아*와 *찰리 워드*는 바로 저였어요. 거울을 보면 그들의 모습이 보였죠. 저는 갱단에서 최고로 나쁜 아이라는 데서 자부심을 느끼고 있었어요. 이런 자부심과 환경, 친구들 때문에 저는 지난 4년 동안 학교와 같은 곳들을 제 뜻대로 바꿔놓으려고 했었어요. 지금은 압니다. 이제는 어른이 돼서 어울리던 무리를 떠나고 새로운 내가 되어야 할 때라는 것을요.

몇 년이 흘렀고, 저는 남부끄럽지 않은 사람으로 살아가며 일도 하고 있어요. 훗날 되돌아보면서 그 사회복지사와 그가 준 책들을 기억할 거예요. 저는 제가 선을 만들 수 있다는 걸 알아요. 그리고 신의 도움아래 그렇게 할 거예요.

예전에는 제 인생 신조가 "오늘을 살아라, 내일은 잊어라"였어요. 그런데 지금은 인생관이 바뀌었어요. "내일을 위해 살아라!"

나는 다음의 말을 결코 잊지 못할 것이다. 이것은 내가 믿는 바이기도 하니까.

마음은 자신이 상상하고 믿는 것을 성취할 수 있다.

따뜻한 마음을 가진 규율담당자

아서 워드는 시카고 소년원의 감독관이다. 그는 따뜻한 마음을 가진 규율담당자로 알려져 있다.

수감자의 삼분의 일 이상은 알코올 중독자이다. 워드 자신도 그랬다. 하지만 그는 부인과 교구 목사의 격려를 통해, 술을 마시자는 유혹에 "아니"라고 말할 수 있는 용기와 힘을 길렀다. 그는 자신의 건설자였기 때문에, 자신이 극복했던 바로 그 불행으로 고통 받는 사람들에게 영감을 주고 그들을 가르치는 방법을 알고 있었다.

그는 *희망*이 동기부여의 마법재료임을 알고 있었다. 그래서 *희망 작동시키기*라고 불리는 철학을 발전시켰다. 소년원을 떠날 때, 그들은 자신의 외모와 가슴 속의 고부석인 철학에서 자부심을 느낀다. *희망 작동시키기* 철학에 따라, 그들은 어울리는 옷을 받고, *긍정적 마음자세-성공의 과학*의 원리와, 다른 영감을 주는 내용을 배울 기회를 갖기 때문이다.

"*희망 작동시키기*란 게 제 인생 이야기라고 생각하실 거예요. 저한테는 이게 진정한 삶의 보물을 상징하는 것이에요. 다른 사람이 삶이라는 게임에서 최선을 다해 완전히 플레이할 수 있게 도울 때 느껴지는 보람이죠."

다른 사람은 어떻게 생각할까?

"삶의 진정한 보물은 무엇입니까?" 질문에 대한 또 다른 대답이다:

데이비드 사노프 장군:
"사다리의 아래쪽에 있으면서 행복과 평화와 평정을 얻을 수 있다는 것은 사실입니다. 하지만 성취함으로써 희열을 느낄 수 있는 것도 사실입니다. 보통 사람들이 말하는 성공이란 말은, 내면의 힘을 최대한으로 경험하고 깨달을 수 있는 기회를 뜻합니다."

존 에이 노트 주니어 (로드아일랜드와 프로비던스 정착지의 주지사):
"제가 생각하기에 진정한 보물은 영혼입니다. 그런 보물은 즐거운 가족생활, 의도적으로 단련한 믿음, 매일의 삶에서 고귀한 이상에 따라 행동하는데서 나오는 것 같습니다."

프라이스 다니엘 (텍사스 주지사):
"인생의 성공은 우리가 이 땅에서 이웃을 위해 무엇을 하느냐에 따라 온전히 결정됩니다. 이것은 시험입니다. 선지자가 말한 것처럼 우리는 최후 심판의 날에 행실대로 심판 받을 것입니다. 그의 말처럼, 너희가 여기 내 형제 중 지극히 작은 자 하나에게 한 것이 곧 내게 한 것이 될 것입니다."

조앤 마가렛 수녀 (아이티 포르토프랭스의 성 빈센트 장애아동 학교의 책임자):
"삶의 진정한 보물이 뭔지 물으셨지요. 아주 간단해요. 신의 사랑과 이웃에 대한 사랑이죠. 이는 다시 성경으로 되돌아옵니다. 저는 확실하게 믿어요. 진실한 거라면 무엇이든, 정직한 거라면 무엇이든, 정당한 거라면 무엇이든, 순수한 거라면 무엇이든, 사랑스러운 거라면 무엇이든, 평판이 좋다면 무엇이든, 미덕이나 칭찬할 만한 것이 있다면 무엇이든, 그것들에 관해 생각하는 거라는 것을요."

나는 조앤 마가렛 수녀의 나이를 모른다. 나는 그녀의 생김새를 모른다. 하지만 그녀가 삶의 진정한 보물을 발견했다는 것을 안다. 이 미국 여성은 아이티의 장애아동들을 위해 너무나 많은 일을 했다. 나에게 있어 그녀는, 성당에 봉사하기 위해 자신의 삶을 헌신하는 모든 훌륭한 여성의 상징이 되었다. 그녀는 모든 사람들을 지극히 사랑하고, 특히 아픈 자와 장애인들에 자비심을 가지고 있다.

포르토프랭스에서 삶의 진정한 보물을 발견한 또 다른 미국 여성은 바로 라비니아 윌리엄스 야보로이다. 그녀는 아이티 댄스학교를 책임지는 유명한 춤꾼이다.

제 사람들을 사랑하니까요

라비니아는 최근 나에게 보낸 편지에서 이렇게 썼다.
"1954년 태풍 헤이즐이 불어 닥쳤을 때 처음 조앤 마가렛 수녀와 일하게 됐어요. 그녀는 굉장한 일을 했죠. 아이티 곳곳으로 날아가 피해자들에게 먹을 것과 옷을 전달해 주었어요. 그렇게 다니던 중, 그녀는 어느 마을에서 6개월 된 아기를 발견했어요. 아기는 그 마을의 유일한 생존자였죠. 그녀는 아기를 포르토프랭스로 데려와서 건강해지도록 보살폈어요. 아기는 아프고 굶주려 있었어요.

"전 수녀님께 말했어요. 이 애가 세 살 정도 돼서 자기 몸을 개발할 수 있는 나이가 되면 아이에게 운동을 가르쳐주겠다고요. 아이는 나이에 비해 무척 작았거든요. 하지만 지금 그 아이가 어떻게 변했는지 보셔야 해요. 아름답고, 건강하고, 보통의 아이와 다름없죠. 여전히 춤을 추고 있고요.

"저는 농아들과도 함께 작업했어요. 성 빈센트 학교에서 제가 가르쳤던 농아 중 한 명은 지금 조앤 수녀의 아이들에게 춤을 가르치고 있어요. 전 학생들을 제 콘서트에서 말없이 춤추는 재능 많은 사람들로 여기고 있어요. 사람들은 그들이 농아라는 사실을 몰라요. 저 자신도 그 아이들을 보통 아이들과 구별하지 않거든요. 지금 전 네 명의 농아를 가르치고 있어요. 모두 최고의 아이들이에요. 이 아이들은 팔다리에 힘을 기르려고 발레를 배워요. 전 또 성 빈센트 학교의 아이들도 가르치고 있어요."

커다란 문도 작은 경첩에 매달려 있다

이번 장은 책 전체 내용을 되새기기 위한 장이다. 이 장을 보면서, 책 전체를 통해 흐르는 생각을 이해했을 것이다. 포커스는 삶의 진정한 보물에 맞춰져 있다. 그것을 구하면서 경제적 부와 성공도 얻을 수 있으므로.

프라이스 다니엘 텍사스 주지사는 연설에서 이런 이야기를 들려주었다.

"몇 년 전 남미의 한 대통령이 왜 북미의 경제적 번영이 남미를 훨씬 능가하고 있는가, 라는 질문을 받고 다음과 같이 대답했습니다. '북아메리카는 신을 찾아 나선 사람들이 정착한 곳입니다. 남아메리카는 황금을 찾아 나선 사람들이 발견한 땅이지요.'"

텍사스 주 와코에서 내 영업관리자로 있는 사람의 부인인 나오미 나이버그는 책을 한 권 쓰고 있다. 제목은, "커다란 문도 작은 경첩에 매달려 있다." 그 제목은, 멜로디가 귓가에 맴돌듯, 내 머릿속을 맴돌았다. 그래서 나는 나오미에게 이 제목을 내 책의 부제목이나 장의 제목으로 써도 되냐고 물었다. 나오미는 친절하게도 이 생각을 당신과 함께 나눌 수 있는 영광을 나에게 주었다.

이렇게 해서 당신이 각 장에서 "커다란 문도 작은 경첩에 매달려 있다."라는 글을 볼 수 있었던 것이다. 열린 문은 인간에 대한 믿음을 나타낸다. 외부세계와 내면세계에 대한 당신의 비전, 이곳이 바로 보물이 숨겨진 곳이다. 너무 분명해서 눈에 띄지 않는 곳.

보물이 숨겨져 있는 곳

옛 힌두 전설에 이런 이야기가 있다. 신들이 세상을 만들고는 말했다.

"가장 귀중한 보물을 잃어버리지 않으려면 어디에 숨기는 게 좋을까? 인간의 욕망과 탐욕이 이 보물을 훔치거나 파괴하지 못하게 하려면 어떻게 숨기는 게 좋을까? 이 보물이 인류를 위해 대대로 이어지게 하려면 무엇을 해야 할까?"

그래서 신들은 너무 분명해서 눈에 띄지 않는 곳을 최선이라고 생각하고 숨길 곳을 정했다. 그리고 그곳에 삶의 진정한 보물을 놓아두고, 그 보물이 끝없이 도로 채워지게끔 마법의 힘을 부여했다.

*절대 실패하지 않는 성공시스템*을 이용하면 모든 땅 위에 살아 숨쉬는 모든 사람이 이 비밀장소에 있는 보물을 찾을 수 있다.

커다란 문도 작은 경첩에 매달려 있다

삶의 진정한 보물은
인간의 마음과 정신 안에 숨겨져 있다

역자 후기

성공을 위해 사람들은 세 가지 다른 방식으로 접근한다.

1. 첫 번째 부류는 육체적 노력파이다. 그들은 말한다. '사당오락,' 네 시간 자면 합격하고 다섯 시간 자면 떨어진다. 그들은 하루 12시간도 일할 용의가 있고, 주말도 반납할 용의가 있다. 그들은 더 많은 시간의 노력이 더 많은 결과를 낸다고 믿는다. 그들은 피곤할수록 좋아한다. 그것은 그들이 잘하고 있다는 증거다. 오늘 하루가 충분히 고되었다면, 밤에 맘 편히 잠들 수 있다. 즐겁게 웃고 지낸 날은 낭비했다는 기분이 든다.

이런 이들이 성공하는가? 이들은 회사의 관리자들이 좋아할 만한 타입이다. 관리자들은 이런 똑같은 이들을 수천 수만 명 거느리고 큰 돈을 벌 것이다. 이들을 다루기는 힘들지 않다. 이들은 열심히 일한다. 아주 열심히.

육체적 노력은 결과를 가져온다. 하지만 첫 번째 부류는 이게 전부라고 생각한다. 과연 이게 전부일까?

2. 두 번째 부류는 최근에 많이 생겨났다. 이들은 정신적 노력파이다. 그들은 침대에 앉아 상상한다. 깃털이 떨어지기를, 구름이 원하

는 모양대로 되기를, 통장에 큰 돈이 찍힌 장면을, 멋진 차를 운전하고 근사한 집에 사는 장면을, 멋진 애인과 데이트하는 모습을, 완벽한 몸매가 된 자신의 모습을 상상한다. 이들은 정신의 힘이라는 새로운 가능성에 열광한다. 창조자로서의 역할에 심취해있다. 그들은 침대에 앉아서 상상만 한다.

이들은 집요하게 상상한다. 어찌 보면 두 번째 부류도 첫 번째 부류와 비슷하다. 그들의 삶에도 긴장이 가득하다. 이들은 정신을 밀어붙인다. 정신 속에서 거대한 싸움이 일어난다. 부정적인 생각이 일어나면 그것을 무찔러서 긍정적인 생각의 콘크리트로 뒤덮는다.

이들은 마음 한 켠으론 '생각으로 창조한다는 게 사실이 아니면 어쩌지' 하고 불안해한다. 하지만 이것이 참일 거라는 왠지 모를 내면의 확신이 있어서 불안하면서도 쥐고 있다.

정신의 활동, 즉 생각은 결과를 가져온다. 하지만 두 번째 부류는 이게 전부라고 생각한다. 과연 이게 전부일까?

첫 번째 부류는 육체적 노력이라는 한 쪽 극단으로 치우쳐 있고, 두 번째 부류는 정신적 노력이라는 다른 쪽 극단으로 치우쳐 있다. 세 번째 부류가 이제 예상이 될 것이다.

3. 세 번째 부류는 영감에 찬 행동을 한다. 그렇다. 이들은 먼저 영감에 차고 그 다음 행동한다. 이들은 먼저 행복해지고 그 다음 어떤 활동을 한다. 이들은 먼저 성공의 이미지를 그리고, 성공했다는 느낌

을 품은 채로 그 다음 행동한다. 이들은 지금 가진 건강에 감사하고 그 다음 운동을 한다. 이들은 신과 우주의 완벽함에 감사하고 그 다음 판매를 한다. 이들은 사랑의 마음을 품고, 그 다음 그림을 그리고 음악을 쓴다.

첫 번째 부류는 시선이 바깥으로만 향해 있다. 두 번째 부류는 시선이 안으로만 향해 있다. 세 번째 부류는 신비로운 시선을 가지고 있다. 그들은 바깥의 모든 것을 보면서도 동시에 내면의 시야를 유지한다.

그들의 행동의 결과는 경이롭다. 더 큰 힘의 안내를 받은 행동이기 때문이다. 그들은 첫 번째 부류처럼 자신을 육체적인 존재로 한정시키지 않고, 더 큰 힘의 도움에 자신을 열어놓는다.

그들의 앎은 탄탄하다. 두 번째 부류의 믿음은 불안하게 흔들린다. 믿음과 의심은 동전의 양면이기 때문이다. 세 번째 부류는 삶을 100% 경험한다. 삶을 환영한다. 그 과정에서 믿음은 서서히 앎으로 바뀐다. 삶의 경험에서 나온 앎은 흔들리지 않는다.

이 책의 저자인 클레멘트 스톤은 절대 실패하지 않는 성공시스템을 세가지로 요약했다: 행동으로 이끄는 영감, 지식, 노하우.

첫 번째가 영감이다. 이것은 정신적인 과정이다. 확언 등 긍정적인 생각으로 정신을 조율한다.

두 번째가 지식이다. 가령 영어를 잘하고 싶다고 하자. 침대 위에 앉아서 자신이 영어를 유창하게 하는 모습을 백날 상상만 해서는 결코 영어를 잘할 수 없을 것이다. 어떤 분야든 그 분야의 기본적인 지식이 필요하다.

   세 번째가 노하우다. 이것은 자신의 삶의 경험을 잘 관찰하는 데서 나온다. 어떤 일을 했는데, 잘 됐을 때가 있고 잘 안됐을 때가 있다. 그것을 기록해야 한다. 잘 됐을 때는 어떻게 해서 잘됐는지, 잘 안됐을 때는 어떻게 해서 잘 안됐는지, 그 원리를 뽑아내서 기록해야 한다. 좋은 결과를 가져왔던 원리는 또다시 쓰고, 안 좋은 결과를 가져왔던 원리는 버리면 된다. 이렇게 간단하다.

   참 단순한 시스템이다. 하지만 우리가 성공했던 경험을 돌이켜보면 이 세가지를 모두 이용했다는 것을 알 수 있을 것이다.

   대개 우리는 첫 번째, 정신적 조율 과정을 소홀히 한다. 혹은 노력 자체에 너무 매몰돼서, 자신의 경험에서 성공원리를 뽑아내는 과정, 즉 노하우를 소홀히 하기도 한다. 아니면 침대 위에 앉아서 기본 지식도 갖추지 않은 채 하늘에서 감이 떨어지기만을 기다리고 있을 수도 있다.

   하지만 이 세가지를 모두 이용한다면 어떤 일에서든 성공을 거둘 수 있다. 한 번 시험해보자. 믿지 말고, 과학자처럼 일단 가정을 내리고 시험해보자. 자신의 삶에서 한 번 시험해보고, 진짜 이 시스템이 작동하는지 직접 확인해보자.

역자 : 장영빈

펴낸곳 서른세개의 계단

사색에만 빠진 철학은 삶과의 괴리를 만들고, 현실의 이익에만 눈을 돌린 자기계발은 삶의 의미를 잃고 방황하게 만듭니다. 그래서 실천적인 형이상학, 즉 현실에 도움이 되면서 삶의 의미를 명확하게 할 수 있는 책을 발간하고자 하는 것이 서른세개의 계단 출판사의 목표입니다. 좋은 책을 발간하도록 계속 노력하겠습니다.

책 내용에 관심이 있으신 분은 방문해주세요.

서른세개의 계단 출판사 홈페이지 http://33steps.kr
비욘드더시크릿 카페 http://cafe.naver.com/beyondthesecret

불황 때문이라고 말하지 마라
절대 실패하지 않는 성공시스템

2012년 9월 16일 초판 1쇄 발행
2024년 1월 17일 초판 4쇄 발행

지은이   이상민
펴낸곳   서른세개의 계단 070.7538.0929
블로그   http://blog.naver.com/pathtolight
ISBN   978-89-97228-04-1 03320
잘못된 책은 바꿔 드립니다. pathtolight@naver.com

믿음은 단지 생각하는 것이 아니라, 그렇게 되는 것이다!

-네빌고다드-